采集认知 · 赋能于人

帝企鹅

U0311649

这本书献给我亲爱的家人：兜兜、糖糖、老孙、老曲和老井。

硅谷
增长黑客
实战笔记

曲卉◎著

机械工业出版社
CHINA MACHINE PRESS

增长黑客这个词源于硅谷，简单说，这是一群以数据驱动营销、以迭代验证策略，通过技术手段实现爆发式增长的新型人才。近年来，互联网公司意识到这一角色可以发挥四两拨千斤的作用，因此对该职位的需求也如井喷式增长。

本书作者曾在增长黑客之父肖恩·埃利斯麾下担任增长负责人，用亲身经历为你总结出增长黑客必备的套路、内力和兵法。本书不仅有逻辑清晰的理论体系、干货满满的实践心得，还有Pinterest、SoFi、探探、Keep等中美知名互联网公司增长专家倾囊相授的一线实战经验。

无论你是对增长感兴趣的一线产品经理或市场运营人员，还是想要在公司内引入增长团队的公司管理层或创始人，本书将彻底为你解答做增长的疑问，帮助你首次真正将增长黑客理论落地应用，通过系统性的方法取得指数型、可持续的增长！

图书在版编目（CIP）数据

硅谷增长黑客实战笔记／曲卉著. —北京：机械
工业出版社，2018.1（2024.10重印）
ISBN 978－7－111－58870－2

Ⅰ.①硅…　Ⅱ.①曲…　Ⅲ.①高技术企业-企业管理
-研究　Ⅳ.①F276.44

中国版本图书馆 CIP 数据核字（2017）第 319630 号

机械工业出版社（北京市百万庄大街22号　邮政编码100037）
策划编辑：刘　洁　　　　　责任编辑：刘　洁
责任校对：舒　莹　　　　　责任印制：邓　博
北京盛通印刷股份有限公司印刷
2024 年 10 月第 1 版·第 18 次印刷
170mm×242mm·17 印张·3 插页·248 千字
标准书号：ISBN 978－7－111－58870－2
定价：65.00 元

凡购本书，如有缺页、倒页、脱页，由本社发行部调换
电话服务　　　　　　　　　　网络服务
服务咨询热线：010－88361066　机工官网：www.cmpbook.com
读者购书热线：010－68326294　机工官博：weibo.com/cmp1952
　　　　　　　010－88379203　教育服务网：www.cmpedu.com
封面无防伪标均为盗版　　　金书网：www.golden-book.com

推 荐 语
Praises

2013 年，我与人合著了《精益数据分析》，旨在教人们如何利用数据更快更好地创业。Hila 的新书《硅谷增长黑客实战笔记》在精益数据分析的基础之上，提供了一个创业日常执行中如何迭代和实验的实操指南。如果你是公司创始人、产品经理或营销人员，现在就拿起这本书吧，因为它将帮助你为你的公司打造一台驱动增长的强大引擎。

——Benjamin Yoskovitz　《精益数据分析》作者，

Highline BETA 创始合伙人

2016 年 GrowingIO 举办中国首届增长大会，我很荣幸邀请到增长黑客之父 Sean Ellis 和 GrowthHackers. com 的增长负责人曲卉回国分享硅谷关于增长黑客的经验。当时曲卉分享的主题"从增长黑客到增长团队"获得了与会者的一致好评，其中增长黑客必备的"套路、内力和兵法"内容更是让我印象深刻。今天，曲卉把她多年的增长经验总结成这本书，凝练了增长领域的一系列精华的方法论和案例，强烈推荐给所有对增长感兴趣的读者。

——张溪梦　GrowingIO 创始人 & CEO，

前 LinkedIn 美国商业分析部高级总监，《首席增长官》作者

硅谷增长最快的公司越来越多地开始通过增长团队来达成爆炸式同时可持续的增长。仅仅是开发一个有价值的产品已经远远不够了，你还需要竭尽所能让用户体会到并理解这种价值——这就是增长团队所做的事情。当我加入 Pinterest 的增长团队时，我们正挣扎于如何提高用户基数，尤其是在全球范围内。通过使用增长框架，

Pinterest 目前达到了 2 亿的月活跃用户数，其中超过一半的人在美国之外。这本书将帮助你了解如何在你的公司里搭建一个增长团队，让你的产品走上爆炸性和可持续增长之路。

——Casey Winters　前 Pinterest 增长团队负责人，
现 Greylock Partners 风投增长顾问

在如今这个流量越来越贵的时代，对于创业公司而言，除了打造产品价值之外，如何快速有效地实现可持续增长，也是永恒的话题和功课，而这也正是增长黑客志在解决的挑战。多年前，我和曲卉第一次谈起增长黑客这个新兴职业。几年后，我惊喜地读到她的这本凝聚了领域内深厚积累的《硅谷增长黑客实战笔记》，很高兴推荐给大家：这本书提供了非常系统的方法论，具有很强的可操作性，还配以丰富的来自硅谷的实例，相信读后能获得不少增长的灵感！

——戴丽丹　今日资本副总裁

增长黑客是源自硅谷的互联网实战方法论，为不少硅谷公司创造了奇迹，很高兴看到曲卉将原汁原味的这套落地方法带给中国的读者，期待更多公司走上独角兽之路。

——刘唯劼　硅谷创业者学院（Founder Institute）
中国区 CEO、天使圈 CEO

曲卉老师的这本新书，有对经典增长理论的重新解读，也有在实战中积累的宝贵经验。另外还向我们展示了中美互联网公司做用户增长的不同视角，以及把用户增长落地的经验和教训。对于已经大致了解用户增长理论，迫切想要把这些理论应用在自己工作中的读者，具有非常大的借鉴价值。

——张弦　Keep 数据和增长负责人

增长黑客的概念早已风靡硅谷，但是在国内还不够普及。增长黑客是互联网公司的核心能力之一，因为它可以大幅度降低获客成本，而获客成本往往是决定公司竞争的胜负手。两年前就和曲卉探讨过增长的问题，感谢她带给我们的这本实战性很强的书，希望中国出现越来越多高水平的增长黑客。

——华章　微信公众号"奴隶社会"共同创始人，

磁场和一土学校共同创始人

增长就是效果可衡量的市场营销，增长成为硅谷最佳实践的原因只有一个：它的效果是实实在在的。这本书是了解增长如何运作、学习如何思考和驱动增长，以及架构增长团队的有力启蒙书。每个公司和商业领袖都需要了解增长，因为你的竞争对手一定会的，这本书会确保你不被落下。

——陈思齐　前 Postmates 增长副总裁，

两度创业者，天使投资人

Hila 在增长这个话题上有着丰富的经验，这在本书内容的广度和深度上都有所体现。对于想要成为增长实践高手的人来说，这本书是一本必修读物。

——Andy Carvell　Mobile Growth Stack 作者，

前 SoundCloud 用户留存负责人

建设一个强有力的增长文化对于硅谷公司的有效迅速扩张至关重要。Hila 为你呈上了一本实用指南：不仅告诉你创业早期建设和加强增长文化的益处，还直接分享了那些超速增长的公司所采用的相关框架和方法。不容错过！

——Steven Dupree　前 SoFi Finance 市场副总裁，增长团队专家

增长黑客，因为翻译时使用了"黑客"二字，在国内传播时，有时会被过度渲染其黑科技、黑魔法的一面。曲卉作为一位美国加州的增长专家，通过本书尝试矫正国内对于增长黑客的"邪术"偏见，还原其作为正派武功方法论的一面。

——韩知白　探探用户增长总监

增长黑客其实是一套非常严谨的科学方法论和思维模式，所有的套路、技巧、

诀窍都是现象层的演绎，所以"招式"固然重要，而"心法"才是奥义所在。曲卉是硅谷第一代增长黑客之一，这本《硅谷增长黑客实战笔记》正是她多年增长实战的秘籍沉淀，特别是书中在每章末还精心设计了"拿来就能用的模板"用于阅后即刻演练，搭配理论框架使用效果更佳！

——陈思多　Camera360 大数据和增长业务副总裁

即使在硅谷，不少人说到增长黑客的各种招式，还会觉得是一种类似于"屠龙术"的东西。可事实上，自从 Facebook 在 2008 年发明了增长的概念后，增长黑客已逐渐发展为一整套理论与实践相结合的组合拳法，在各种大小创业公司中早已深入人心。本书作者作为长期从事第一线工作的增长专家，把一整本诚意满满的干货呈现给大家，无疑值得每一个用心的创业者仔细研读。

——罗阳　Square 增长研发经理

前 言
Foreword

作为一个奋斗在"增长"第一线的从业人员，又加上在美国增长黑客网（GrowthHackers.com）的工作经历，我有幸接触到很多一流的增长黑客和前沿的增长实践方法。在过去几年中，我见证了增长团队从一个硅谷小圈子里的非主流概念，演变到被越来越多的人所关注和接受，甚至成为不少初创公司的默认配置。

增长到底是什么？首先，增长不是一系列零散的技巧，单个的技巧诸如"如何打造爆款"不能说没有用，但是缺乏可复制性；增长也不等同于新用户获取或病毒传播，真正可持续的增长是以用户留存为基础，涵盖用户生命周期的各个阶段；增长区别于传统的市场营销，它以数据为导向，对技术手段的运用也更加得心应手，同时不仅仅依赖外部渠道，很多时候有效的增长机制需要存在于产品之中。

增长的精髓是一套体系和方法，它以数据为指引，以实验的方式，系统性地在用户生命周期的各个阶段（包含用户获取、激活、留存、推荐、变现、回流等），寻找当下性价比最高的机会，在具体的执行上横跨市场、产品、工程、设计、数据等团队，通过快速迭代实验的方式达到目标。由于这套体系的结果可以衡量、方法可以重复，并且打通了各个部门之间的藩篱，与传统的市场营销相比，在效果和效率上的提升都是实实在在的。

2016 年年底，我受邀参加国内知名的增长大会，认识了不少非常棒的国内创业者和管理者，他们凭借着敏锐的商业直觉，对增长黑客这个概念充满兴趣，希望为自己的公司引入增长团队，但是苦于没有合适的人来引路。同时我也感受到了来自一线数据、运营、市场和产品经理们对增长黑客方法论的热情：他们迫不及待地想要在自己的工作中引入增长的理念，但是在具体执行上不知道该从哪里下手，很多时候还面临着需要向管理层争取资源的挑战。

在收到机械工业出版社编辑的约稿后，我思索再三，答应了这份颇有意义但并不轻松的工作。

说这份工作颇有意义，是因为写这本书的初衷就是把我过去几年里的实操心得和观察总结分享给大家，给想要从纸上谈兵到开始亲手实践的人们，准备一本条理清楚、体系严谨的增长黑客上手指南。

对于新手，这本书可以让你看到增长黑客工作的脉络，知道应该从哪些方面提升自己的能力；对于已经入行的从业者，这本书如同一本课堂笔记，包含了我在做增长的过程中亲身实践过的最好用的思维框架和方法流程；对于创业者和管理者，这本书可以指导你从零开始，在公司内引入增长体系，打造一支跨部门的高效增长团队。

说这份工作并不轻松，是因为增长黑客即使在美国也属于新兴领域，处于不断演化中，很多时候一个公司有一个做法，并没有一套完全成形的理论，所以想要提炼出一套清晰普适的方法论，其实并不容易。我结合自己的实践制定了初步的框架之后，对于每个领域都进行了大量研究和分析，提取出最实用的思维模型和最有启发性的案例，然后结合对业内专家的采访，一遍遍地继续精简完善。

从收集读者需求、完成图书大纲、进行读者测试、修改大纲、完成初稿、收集读者反馈，到之后的几易其稿，这本书的写作就像是一个增长实验的迭代过程，不断推翻、不断优化。作为两个孩子的妈妈，同时又在创业公司全职工作，我唯一的写作时间就是每晚孩子入睡之后的几个小时和周末的两个整天。在过去的一年里，我每周六、周日一大早，就背着电脑和水壶去社区的图书馆自习，感觉仿佛回到了大学时代，以至于孩子们都学会了和周末来访的客人们解释："我妈妈今天不是去上班，而是去写书了。"

最近听到一句话，"把电梯送回一楼"，说的是如果你在生活中有任何一点点的心得体会，都应该把它们分享给更多的人。于我，如果这本书能够成为感兴趣的读者们的电梯，能帮你在创业和工作的路上更进一步，我就知足了。我坚信，增长黑客并不神秘，也不是一门只有少数人才能掌握的像造火箭一样高深的科学。如果想要去尝试，只要掌握了正确的方法和必要的技能，套用一句流行的话："人人都可以是增长黑客。"

本书的主要内容

我曾经讲过增长黑客需要有"越女剑法"、"降龙十八掌"和"武穆遗书"三本秘籍，也代表着从关注"套路"到修炼"内力"，再到演练"兵法"的成长。我自己亲身经历了这几个阶段，因此本书的章节设置也符合这样一个编排：

- 第 1 章通过故事的形式分享我个人做增长的实践经验，引出增长的一些基本概念和理念；
- 第 2 章从宏观的角度系统讲述增长的方法论，教大家在行动之前制定增长作战计划；
- 第 3 章～第 5 章探讨了用户获取、推荐、激活、留存等不同阶段的增长技巧和实战案例；
- 第 6 章和第 7 章探讨了增长之战的"排兵布阵"，教大家从头开始组建增长团队并打造增长流程；
- 第 8 章通过对 9 位中外增长专家的采访，让大家了解一线增长人员的最新实践和职业路径。
- 附录分享了增长黑客的技能金字塔、入门路径和职业发展。

"纸上得来终觉浅，绝知此事要躬行"，每一章后面，都配上了可以直接取用的模板和工作表，帮助大家在实践中思考、理解、提高。

"授人以鱼，不如授人以渔"，书中案例以美国市场的案例居多，具体的做法也许不能直接照搬，但背后的道理却是殊途同归，只要掌握了这一套方法体系，通过不断试验，总是能够找到适合特定产品和市场的方法。

本书的读者定位

本书的定位是一本从入门到精通的增长参考书。本书的读者群主要是对增长黑客感兴趣的、有一定工作经验的产品经理、市场营销人员、互联网运营人员、程序员和设计师等人群，以及已经在做增长相关工作的增长产品经理、增长负责人、产品总监、市场总监、运营总监，还有想要在公司内引入增长流程和团队的公司管理层和创始人等。希望这样一本有理论、有案例、有实战体会的书籍，能够帮助处于不同阶段、有不同需求的读者各取所需，都能有所裨益。

曲卉（Hila Qu）

2017 年 11 月 5 日

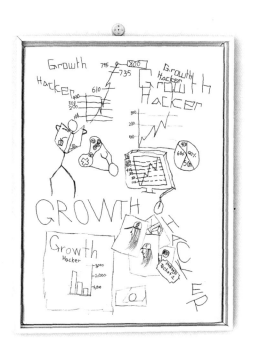

图为 7 岁的老大主动请缨为我的新书设计的封面

目　录

Contents

第8章　专访：中美增长专家的增长经验谈 //199

第 1 章 我的增长黑客旅程

1.1 从一篇招聘启事起源的"增长运动"

2010 年 7 月的某天，在硅谷，肖恩·埃利斯（Sean Ellis）正为找到自己的继任而发愁。他在担任 SaaS 公司 LogMeIn 的市场副总裁期间，发展出一套和传统模式不尽相同却行之有效的"营销"模式，并最终帮助这家公司完成了 IPO（首次公开募股）。之后，他先后在当时的早期创业公司 Eventbrite、Dropbox 等担任"代理增长负责人"，每家公司任期半年。在短短的半年时间里，他通过数据寻找机会，通过测试驱动指标、搭建系统、设立流程，并倡导数据驱动的文化，到他离开时，这些公司的关键指标数据都有了令人十分满意的增长。但他却发现，他面临的最大挑战竟然是：找到一个合适的继任者，然后把这套模式交到继任者手上。

当贴出招聘启事后，他收到了很多看起来十分耀眼的简历，有的应聘者有名校的市场营销学历和明星公司的市场工作经验。但是肖恩知道，他们的背景里缺了点什么。肖恩所采用的策略并不是传统市场营销的做法，所以应聘者丰富的"公关""活动""广告购买经验"并不一定适用。而且对于一个创业公司来说，"管理市场营销团队和外部供应商""打造战略性营销计划""管理上百万元广告预算"这样的技能也不一定用得上。

早期创业公司只关注一件事，那就是"增长"。

肖恩在一次和几个创业圈的朋友的交谈中，聊起了他的困境，没想到大家都面临着类似的问题。交谈之下，他们开始定义这样一个新的"市场营销"角色：他有企业家精神，有着强大的内在动力能挑起增长的责任，迫不及待地要将产品推广给更多用户；他创造性地尝试新方法，对新技术充满好奇，而不只是依据所谓的最佳

1

实践按部就班；他应用数据得心应手，通过数据分析寻找好的想法，并且按照科学实验的方法论，对这些想法进行测试。

受这次交谈的启发，肖恩意识到了他面临困境的原因：原来他的招聘启事写错了，他写的是招聘"市场副总裁"，自然招收到的是传统的"市场副总裁"的候选人。于是，他决定写一篇全新的招聘启事。没想到，他文思如泉涌，很快写就了一篇文章"给你的创业公司找一名增长黑客"，并发表在他的个人博客"创业公司营销"上。

这是"增长黑客"（growth hacking）这个词语第一次出现在人们的视野中。

从那之后，人们对增长的兴趣和关注与日俱增（见图1-1）。增长黑客也从一个单打独斗的独行侠形象，演变为多个职能合作的增长团队，增长副总裁、增长产品经理、增长工程师、增长分析师等职位如雨后春笋般应运而生。在增长文化的发源地硅谷，所有快速增长的创业公司例如 Airbnb、Pinterest、Slack 等无一例外全都设立了增长团队，各大风险投资和天使投资公司如 Y Combinator、Greylock、500 Startups 也都设立了"增长咨询师"的职位，为旗下的公司提供增长咨询。不仅是创业公司，增长运动也开始向大型高科技公司延伸，Google、IBM、Adobe 纷纷成立了增长实验室或增长团队，甚至传统行业的可口可乐公司也于 2017 年宣布设立首席增长官。

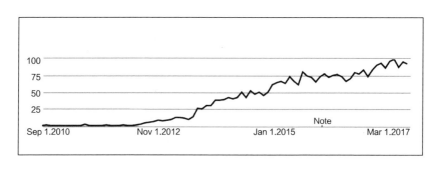

图1-1　从2010年到2017年，growth hacking 的 Google 搜索热度持续攀升

如今，如果你搜索增长经理（growth manager），只看英文结果，会看到搜索结果的第一条竟然出自《哈佛商业评论》，文章的题目就叫作"Every Company Needs a Growth Manager"（每个公司都需要一位增长经理）。这篇文章的成因是哈佛商学院 MBA 专业的毕业生对"增长"职位趋之若鹜，于是哈佛商学院的两位教授经过一年

的访谈研究，为学生们编写了一篇"增长就业指南"。这篇文章指出，"每个公司都需要一位增长经理"，他可能被叫作"增长黑客""增长产品经理"或者"增长负责人"。具体来说，增长经理在公司里负责：搭建数据基础设施，定义增长目标，提供用户洞察，排序增长项目，设计并上线实验。增长经理将原先各自为政的产品开发和营销职能有机整合起来，科技公司如 Facebook 或 Pinterest 都通过这种全新的方式取得了爆发性的增长。

"我们认为增长经理在未来几年内会成为一个标准的职能，和其他许多组织创新一样，这场从创业公司兴起的风潮，很快会席卷那些希望以创业公司风格运行的大型组织机构。"两位哈佛商学院教授如是说。

加入这场"增长运动"，你准备好了吗？

1.2 和"增长黑客之父"一起做增长

从 MBA 毕业之后，我一直在一家世界 500 强的科技公司总部里做战略计划和数据分析。我被这家大公司的全球销售副总裁招入麾下，这个职位的曝光率很高：进行战略机会分析，和数据科学家一起构建预测模型，组织全球销售团队领导层的每月例会，汇总和预测全球销售数据，分析竞争对手情况，每天的分析和报告直接送到销售副总裁、CFO，甚至 CEO 的面前。但是身在其中的我，却逐渐失去了工作的兴趣。

终于，我做出了一个看起来不太靠谱的决定：离开高薪稳定的工作，跳槽。当时有几个不错的机会摆在我面前，正当我考虑的时候，我发现了我一直很喜欢浏览的"增长黑客网"在招募一名产品经理。我第一次听到增长的概念是在播客，当时一位嘉宾描述他们为了证明某个假设，针对产品设计实验，从真实的用户行为数据中收集结果，最终证明了假设的正确性。我听完兴奋了，这不是和我以前在实验室里做生物实验异曲同工吗？

说实话，"增长黑客网"的机会最初看起来并不起眼，但我做了一番研究之后了解到，这家公司的创始人和 CEO 肖恩·埃利斯，竟然就是传说中发明了"增长黑客"这个名词的人。"增长"这个方兴未艾的新浪潮，让我看到了未来市场营销的发展和商业组织进化的新方向。于是，我毅然决然地跳槽了。

"增长黑客网"的背后是一个精简的团队，而我的职位是增长产品经理（Product Manager，Growth）。说实话，这个职位最开始让我也感到很困惑，又是产品经理，又是增长，这到底是个"产品经理"职位，还是个"市场营销"职位？

加入团队之后，我才发现这个职位非常关键，而我也是公司实际上的增长负责人。为什么要叫这样一个名字呢？因为传统的产品经理负责产品开发流程，他们更多的是以解决方案为导向的；而增长产品经理，虽然也遵循类似的流程，来上线功能或者实验，但出发点是"增长"，也就是通过用户行为的改变，来推动某个业务指标的增长，这又和很多市场营销岗位类似，因为营销部门传统上是负责新增用户数、用户参与度、留存率等指标的。所以，简单地说，增长产品经理，就处在"产品"和"营销"的一个交界点上，负责用产品的手段达到营销的目标。

下面来看看我在增长黑客网的日常职责吧：

1）负责增长指标；

2）构建增长模型；

3）制定数据追踪方案，收集用户行为数据；

4）定义关键子指标，构建数据看板；

5）组织每周增长例会；

6）设计增长实验，领导工程设计团队一起上线实验；

7）分析实验结果，产生可以指导下一步实验的洞察；

8）进行用户访谈和用户问卷调查；

9）探索新的用户获取渠道；

10）设计新用户引导系列邮件。

可以看出，增长产品经理既是增长目标的负责人，又是实验方案的执行者，还要协调跨部门的团队完成项目，其具体关注点几乎涵盖了增长"海盗指标"（见图1-2）的方方面面。

海盗指标（Pirate Metrics）：由美国著名的风险投资机构 500 Startups 的创始人戴夫·麦克卢尔（Dave McClure）提出，包含用户获取（Acquisition）、用户激活（Activation）、用户留存（Retention）、用户推荐（Referral）、盈利（Revenue），很多团队还会加入挽回流失用户（Resurrection）。可以看出，和传统市场部门仅仅侧重于获取用户不同，增长团队的关注点几乎涵盖了一个用户生命周期的各个环节。

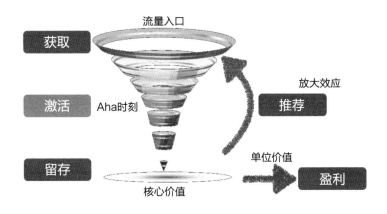

图 1-2　海盗指标

在这个创业团队里，我个人身兼产品经理、数据分析、市场营销等数个职位。每天忙得不亦乐乎，但学习新东西的乐趣却让我甘之如饴，各种知识、想法、问题在我脑子里转来转去，互相碰撞。有时候到了晚上，脑子还停不下来，隔三岔五地做各种关于增长实验的梦。就如我那段时间在 Linkedin 的自我介绍所言："每一天我都生活在增长、数据分析和产品的世界里，有些晚上也是。"（Everyday I live in the world of Growth，Analytics and Products，some nights too.）

在"增长黑客网"的很多经历都是全新的，然而理科生出身的我，却欣喜地发现，其实增长的整套方法论都是基于我所熟悉的：实验。一名增长产品经理每天做的最重要的事情，其实和我从前在实验室里穿着白大褂对着小白鼠做的实验相比，并没有本质的不同：需要针对一个目标，产生一个实验假设，设计实验，分析结果，看看假设是对还是错。如果对了，把假设投入应用；如果错了，修正假设，继续下一个实验。增长方法论的精髓之一就是按照科学实验的原则，"尽量"准确地设计实验和测量结果，从而建立起一个"开发—测量—学习"的反馈闭环（见图1–3）。

图1–3　"开发—测量—学习"闭环

举个例子，利用"石蕊试纸"监测液体是酸性、碱性还是中性，是绝大多数人在中学就做过的实验，看看表1–1展示的化学实验是不是和增长实验很类似？

表1–1　化学实验和增长实验的对比

	化学实验："石蕊试纸"变色实验	增长实验：新用户激活实验
实验目的	检测白醋是否为酸性	让更多的新用户注册第二天继续返回网站
实验假设	如果我们把白醋滴在石蕊试纸上，红色石蕊试纸不变色，蓝色石蕊试纸变成红色，就说明白醋是酸性，因为石蕊试纸遇酸会有这样的变化	如果我们给新用户提供一个任务清单，就可以提高新用户第二天继续返回网站的概率，因为任务清单既可以帮助新用户了解网站的主要功能，也能督促他们完成上面的项目，他们用得越多，发现的价值就越多，第二天返回的概率会越大
实验设计	对照组：不滴白醋到石蕊试纸上 实验组：将白醋滴到石蕊试纸上	对照组：新用户看到现有流程 实验组：给新用户显示一个任务清单，告诉新用户可以通过哪些行动试用网站

（续）

	化学实验："石蕊试纸"变色实验	增长实验：新用户激活实验
实验结果	和对照组相比，实验组的红色石蕊试纸没有变色，蓝色石蕊试纸变为红色，验证了我们的假设，说明白醋是酸性液体	和对照组相比，实验组提高了新用户注册第二天访问率达50%以上，验证了我们的假设，说明任务清单的确可以帮助用户更好地发现产品价值

> **增长实验（Growth Experiment）**：增长黑客网曾经做过一次调查，用三个词定义"增长黑客"，其中得票最多的一个答案是"Experiment Driven Growth（实验驱动增长）"。这里的实验就是指 A/B 测试。得益于各大社交网站和搜索引擎对广告平台的大力开发，以及许多商用 A/B 测试软件的出现，付费广告和产品内部的 A/B 测试的成本越来越低。大家不必猜测哪个版本表现最好，持续测试并不断优化，才是王道。

不光是实验本身，增长黑客网的工作流程，其实也和实验室有异曲同工之妙，很有系统性。

每周的工作安排，都是围绕着周二的增长例会来进行的（见图 1-4）。增长例会耗时 1 小时，由我来组织，参与者包括 CEO、产品副总裁、首席设计师、数据分析师、销售总监和工程副总裁。因为公司的领导层都要参与这个会议，机会成本高，所以每一分钟都有详尽的安排。

增长黑客网每周增长例会流程

- 11:00—11:15：检查增长指标、问题和机会
- 11:15—11:30：回顾上周的增长实验
- 11:30—11:45：讨论实验结果
- 11:45—11:55：决定下周实验
- 11:55—12:00：查看备选实验想法

图 1-4　增长黑客网每周增长例会流程

最开始的 15 分钟主要用来看指标：**北极星指标**和目前**聚焦领域**指标的变化趋势是怎样的？和上一周相比，指标是变好了，还是变差了？为什么？有没有哪些渠道或者群组的数值看起来比较异常？

然后，我们会用 15 分钟迅速回顾上周的增长实验，看看进展如何。如果有延误，障碍是什么？是程序员忙不过来了，还是产品经理没有及时回复有关实验设计的问题？因为各部门领导都在，我们会尽量在会议上解决这些问题，为执行扫清障碍。

接下来的 15 分钟，大家会一起回顾已经结束的实验结果。这是我最喜欢的部分，因为很多当时觉得不起眼的小实验，却往往有着最意想不到的收获。大家也会挑战实验假设和结论，提出一些很难的问题，在碰撞中经常会产生很多新的实验思路。

再接下来的 10 分钟，我们会决定下周需要做什么实验。在增长黑客网，我们的目标是每周上线至少 3 个实验。针对目前的聚焦领域，每个与会者都有机会提名 2 个实验想法，并且在 30 秒时间内阐明为什么应该做这个实验。最后综合考虑想法质量和资源分配，决定下周要做的 3 个实验。

最后的 5 分钟，我们会看一下备选实验想法库的情况，看看有多少个实验想法，上周谁产生的实验想法最多，谁产生的最少，给他一点无形的压力。当时我们的备选实验想法库一直保持在 500 个想法以上……让我这个产品经理深感责任重大，深深体会到“说起来容易，做起来难”。

接下来一周的工作，我们会围绕着增长例会上制定的计划展开。为了达到每周 3 个实验的目标，会议一结束，我就会把决定要做的实验快速浏览一遍，有少数是可以分派给别的团队成员做的，大多数都是由我来做。我会将这些实验分类：哪些是产品里的 A/B 测试，需要设计师和程序员合作；哪些是渠道上的测试，我自己就可以解决。我会迅速地排出任务的优先级，当天下午就完成基本的实验方案，并和设计师沟通设计思路。

每周三早上之前，我就会拿到设计初稿，然后和增长程序员团队开会沟通。接下来，就是很多的反复讨论。同时，我会开始着手做其他的市场渠道测试。

到了周五，我会和大家发邮件沟通项目的进度，看看是否能完成预期的 3 个实验的目标。下周一，检查正在运行的实验，哪些有了显著结果，并可以进行分析。同时，我会汇总实验的上线情况，更新指标数据，准备下周二的增长会议。

下周二早上 11 点整，大家围坐在桌子旁，增长例会再次准时开始。

怎么样？这样的描述是不是颇有在实验室里开组会的感觉？

做增长越久，我越意识到，从某种程度上说，增长是一项"实验""流程""文化"三位一体的工作。很多刚入行的人，往往都更关注具体的实验想法和套路，其实"流程"（见图 1-5）和"文化"才是增长团队做大、做强，驱动可持续增长的根基。

> **增长流程（Growth Process）**：增长关注的范围虽然广，但并不是东一榔头，西一棒槌地做实验，而是应该有策略、有重点地按流程进行。首先是根据北极星指标，找到目前对这个指标影响最大的领域，比如，新用户激活，然后对这个领域进行分析，找到一个突破点，产生一系列可能的实验方向和想法；然后，进入到快速实验迭代的阶段，以一两周为一个周期设计实验，产生实验想法后给想法按优先级排序，然后开发和上线实验，分析数据结果，再把结果应用到下一个实验中，并在全过程中，关注指标的变化趋势。

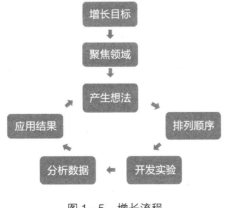

图 1-5　增长流程

曾经有人在 Twitter（推特）上问我，在增长黑客网做增长，与增长黑客之父天天学习和工作是一种什么样的感受？我非常诚实地回答，其实对我而言体会最深刻的是，即使是增长黑客之父，也没有做增长的万能灵药。他总是问："你的假设是什么？如果合理，那咱们就试试看。"

所以，在增长黑客网的经历彻底地解放了我的思维，因为我知道增长没有银弹，不是请来一位专家就能瞬间为你实现曲棍球式的增长，而是需要团队基于对产品和用户的独特认识，产生合理的假设，不断进行实验。有时候不能马上成功，但是没关系，你可以从失败中学习，最终这些失败会指引你找到正确的方向。这套科学的方法才是增长的精髓，才是长期持续成功的有力保障。

"任何事情都是一个实验，通过它，你或者实现增长，或者学到经验。"

（"Everything is an experiment, you win or learn."）

1.3 增长黑客的最初 90 天计划

在增长黑客网工作的期间，我像是参加了一个"增长培训生项目"，独立负责用户增长的方方面面。从增长黑客之父那里耳濡目染，和来自世界各地的顶尖增长专家密切交流，都让我有机会加速成长。但是同时一个想法也在我心里产生，毕竟"增长"是一套新的方法论，在增长黑客网大家对这一套体系非常认同，实行起来自然如鱼得水。但如果把这一套方法论带入一个没有认知基础的团队，会怎么样？如果让我做增长负责人，从头开始搭建增长流程，组建增长团队，引入增长文化，我能做得到吗？

我为自己寻找下一个公司的计划，定了一个秘密目标：找一个没有增长团队和文化基础的公司，在 90 天内，步步为营，建立一个基本的增长实验流程，引入增长文化，并且产生足够好的实验结果，获得全公司对"增长"这个新鲜事物的初步支持。

为此，我还煞有介事地制定了一个"增长黑客的最初 90 天计划"（见表 1-

2、表 1-3、表 1-4），一条一条列出了，加入新公司最初的 90 天里，我要做什么，以最大化成功的概率。

表 1-2　增长黑客的最初 90 天计划：第一周

主题：认识工具、数据、产品、团队和顾客	
1. 了解增长工具箱	迅速熟悉公司内部使用的各种工具：例如渠道管理工具、邮件、移动推送等 CRM（客户关系管理）工具，用户行为追踪、数据可视化看板等数据分析工具，A/B 测试工具，以及项目管理工具。记录下任何需要填补的漏洞
2. 深入研究历史数据	全面了解历史数据，比如对于一个移动应用来说，看它的下载量、注册比例、激活用户比例、长期留存率、老用户推荐比例、盈利来源等。如果没有现成的数据看板，需要从不同的源头收集各种数据，把它们放在一起来查看。收集所有关键数据点，可以帮助我从大框架上了解现状，发现问题
3. 和直接经理/CEO 会谈	和直接经理或 CEO 安排一小时的会议。这是一个重要会议，因为需要完成下面几件事： ● 了解工作背景信息 ● 沟通双方的工作风格 ● 讨论增长的计划和优先级 ● 了解如何和工程师、设计师合作，以便上线实验 这个会谈最关键的议题是讨论应该先集中火力在哪个方面进行实验
4. 和团队及合作者开会	因为增长天然需要跨部门的合作，除了和自己的下属会谈之外，也应该专门安排时间来认识合作团队，了解事情现在是如何运转的，处理好和同事的关系。如同"新用户激活"对于用户的增长很重要一样，给大家的第一印象也很重要，给合作者和团队安排尽可能多的一对一谈话、边走边谈、吃午饭及喝咖啡时闲聊等，争取更多的"盟军"
5. 倾听用户的声音	即使不能做用户拜访，或者给用户打电话，也可以阅读用户评论和社交媒体留言，找机会参与一个用户研究访谈，或是坐下来听听客服电话。我认为离用户更近的公司最终会取得胜利，因为它们能更好地倾听用户的声音，了解用户的需要，并且更好地把这些知识反馈在产品中，那么它们自然而然就会抢占更多的市场份额

表 1-3   增长黑客的最初 90 天计划：第一月

主题：产生快速的胜利	
1. 确定增长指标	选择一个正确的增长指标可能听起来很简单，但是实际上，很多公司都失败在这一步。举个例子。假设你做了一个针对大学生的笔记应用，增长指标应该是什么呢？在人云亦云地套用"日均活跃用户"之前，有些问题需要想清楚： ● 我的用户需要天天用我的应用吗？不是的，因为大学生不是每天都有课，所以也许"周活跃用户"更加合适。 ● 应该如何定义"活跃"？仅仅是打开应用不代表用户正确使用了产品，并从中得到价值。是不是可以把"活跃"定义为一些更有价值的行为，比如读笔记、记笔记，或者二者都做？ 行动之前，花时间和团队以及管理层讨论增长指标，并且认真地把它想透，要不然接下来的工作都是瞎忙
2. 找到一个聚焦领域	这是第一个月最重要的任务，没有之一，因为它将直接影响到你是否可以在最初 90 天里取得几个"快速的胜利"。 运用收集到的所有信息，深入地分析各种数据，并且和团队讨论，战略性地选择第一个聚焦领域。理想情况下，在这个领域进行实验，应该是潜在影响大、资源要求少、成功概率高。 因为只有 90 天的时间，所以要避免那些看上去潜力很大，但是工作量也很大的领域。重点去找那些"低垂的果实"，因为最初的胜利至关重要，即使是较小的胜利，也可以带来对于"增长"和"实验"的正面的第一印象
3. 上线增长实验	当明确了聚焦领域，目标就是上线第一个实验来改善指标。这听起来容易，做起来却可能没那么容易，尤其是当你刚开始在新公司工作，而该公司之前又没有一个成型的增长团队和实验流程的时候。 在第一个月里，把目标定为上线一个实验。如果遇到阻力，例如工程师或产品团队说不保证以后一直会有资源做实验，不用担心，而需要做的就是坚持推进直到第一个实验成功上线。希望通过之前做的分析和准备工作，使这个实验能带来一些正面的结果。从那之后，所有的事情都会变得容易很多
4. 定期与用户交流	对于一个增长黑客，定期与用户交流绝对是一个好习惯。因为，做的实验越多，越会发现有很多问题是 A/B 测试回答不了的。不管是用户问卷调查、顾客发展电话还是用户社群，需要找到一个可以定期和用户对话的途径。对用户了解得越多，就能越好地找到用户痛点和让用户惊喜的办法，实验成功率就越高
5. 弥补工具、数据、基础设施的漏洞	在第一周的数据和工具检查中，很可能发现一些漏洞：有些关键的用户行为没有被记录下来，一个系统里的数据和另一个系统不能交流，完成某个特殊任务的工具不存在等。 有些问题容易改善，有些需要更长的时间。但是在你的第一个月里，你应该明确哪些问题更关键，然后制定计划，逐一击破

表1-4 增长黑客的最初90天计划：第一季度

主题：建立增长模型、增长流程和增长文化

1. 搭建增长模型	从同事和团队那里，以及从数据和测试那里，对驱动公司增长的因素有了进一步的了解。接下来，需要后退一步，试着把所有的信息组装在一起，提炼成一个高度概括的增长模型。 增长模型是一个解释业务里不同的变量，以及它们如何互相影响转化成增长的数学公式。它能帮助你更加有效地了解业务、协调团队、设计实验和衡量结果
2. 设立增长实验流程	当上线了最初的几个实验之后，应该开始建立一个增长实验流程。这个流程包含下面两个阶段： • 战略制定阶段：通过审视增长模型和指标和深入的数据分析，找到一个聚焦领域，这是目前对增长潜在影响最大的领域。 • 战术执行阶段：针对聚焦领域，开始快速地进行"开发—衡量—学习"的迭代流程，产生备选实验想法，排列优先级，上线实验，收集数据进行分析，然后应用实验结果，把心得用到下一个实验中
3. 选择实验记录系统	建立增长流程之后，应该选择一个系统来记录实验想法和实验结果。有很多不同的工具可以选择，最简单的工具就是一个共享的表格和文档，也可以使用公司内部已有的项目管理软件。 不管使用哪个系统，目的是一样的：每个实验想法都应该记录下来，设计每个实验时都应该有清晰的假设和计划，每个结果都应该经过恰当的分析并存档。所有这些信息都应该存储在一个共享的系统中作为历史记录，同时供现在和未来的团队使用和学习
4. 组织增长会议	增长团队"全栈"的特点可以省掉一些沟通成本，但是必要的会议也是需要的。从每周召开一个增长团队例会开始，它可以帮助沟通增长目标、管理增长流程、促进团队成员间的交流，增加他们的参与感。在这个会议上，可以监测指标进展，回顾增长实验的上线情况，分析讨论结果等。其他可能有用的会议，视团队情况取舍： • 每日增长团队站立会议 • 每周增长细分团队间实验结果交流会议 • 每两周管理层交流会议 • 每月全公司想法收集午餐会 • 不定期设计冲刺会议
5. 倡导增长文化	增长需要多个部门的支持和参与，真正持续地增长必然根植于强大的增长文化中。当建立了增长实验的系统和流程后，在全公司范围内倡导增长文化，并做好"宣传委员"工作，是必不可缺的一环。可以从下面两件最简单的事情开始： 一是把实验的结果和心得向全公司公开，让每个人都可以知道增长团队的进展，并且也可以把这些心得应用到他们自己的工作中； 二是鼓励每个人都来贡献实验想法，因为即使是针对同一个问题，每个人也都有不同的视角。比如，销售和客户服务团队离用户更近，工程师团队对程序更熟悉，很多时候他们都会带来出其不意的想法

增长的最初 90 天计划制定完毕，从目标到方案都有了，就差一个机会进行实验了。

1.4　第一个月，如何打响"增长第一炮"

合适的机会终于出现了，带着一点点不舍和一点点兴奋，我离开增长黑客网加入了新公司，一家知名的小额投资应用公司。公司的产品有一个非常忠实的客户群，但是内部没有专注于实验的增长团队。公司的领导层对增长的认识是全面的，因此他们决定招募第一个"用户留存"负责人，这个方向刚好是在增长环节里我非常感兴趣的想要深入做的。

对"增长黑客"了解得越多，越明白好的用户留存对增长的重要性。增长圈里有一句话叫"Growth is good，but retention is forever"（增长固然好，但是留存却是永恒）。听起来平凡的"用户留存"其实是增长里最为重要和基础的一环。因为，对于一个产品来说，如果用户留存上不去，就如同漏水的桶一样，永远都存不住水，只能不停地注入新的用户流。但是哪个公司能有取之不尽的新用户可以随时用低价获取呢？从另一个角度来说，如果用户本身的留存率还可以，但是还有改进空间，那么任何一点的提升都可以为公司带来更多的利润，从而给招揽新用户提供更多的弹药。

进入新公司的第一周，我按照自己的 90 天计划迅速地熟悉工具、数据，并且安排了和多个团队成员的会谈，还在客服部门听了一个下午的客服电话。果然如我所料，发现了一些漏洞，比如没有一个非常清晰的涵盖 AARRR（海盗法则）各个关键指标的数据看板，有些重要用户行为没有追踪，但是也有一些惊喜，比如数据平台和测试平台都基本搭建完毕，所有的数据都存在那里，只是没有物尽其用。

在新公司的第一个月是"产生快速的胜利"的关键时期。我集中精力做了下面几件事：

一是确定增长指标。

埋头干活之前，先要抬头看路。要做留存，我第一个要搞清楚的事情是留存的定义是什么？在大张旗鼓地开始做增长实验之前，我要找到留存的"北极星指标"。

> **北极星指标（North Star Metric）**：又叫作 OMTM，唯一重要的指标。之所以叫北极星指标，是因为这个指标一旦确立，就像北极星一样，高高闪耀在天空中，指引着全公司所有人员向着同一个方向迈进。这个指标应该是全公司统一的成功指标，同时它应该对应你的产品给用户传输的价值。比如对于 Airbnb 就是订房天数；对于淘宝就是销售额。

在与老板和团队的交谈中，我发现目前公司衡量留存的指标存在两个潜在的问题：一是测量周期过长；二是没有很好地和用户得到的价值联系起来。经过一系列分析和讨论，我的第一个建议是停止使用公司现有的留存指标，转而使用一个新的指标。得到整个团队的认同之后，我才开始针对新指标设计增长实验。

二是找到聚焦领域。

有了正确的指标，接下来，留存从哪里做起呢？

在留存负责人这个职位本来的招聘广告上，写着如下的内容：

■ 大量的邮件营销经验
■ 了解重定向广告
■ 和设计、文案团队合作测试文案
■ 采用多渠道营销唤回流失用户

显然，这是一个传统的"通过市场手段改善留存"的职位，主要的要求和期望都是使用各种客户通信渠道来管理用户关系，减少流失、加强留存。

在面试时，我和未来公司的老板开诚布公地表明了我的思路：用"增长黑客"的方法去攻克留存这个难题，不仅仅局限在传统的客户通信渠道里，而是同时也考虑从产品中寻找机会。不管是黑猫白猫，看哪只猫性价比最高，就是好猫。幸运的是，这个看上去有些打乱部门界限的想法得到了老板的大力支持。

> **寻找杠杆（Finding Leverage）**：增长黑客在任何时候都需要有清晰、准确的目标，然后针对这个目标，找到所有领域里"杠杆效应"最明显的地方，然后针对这个地方，进行实验改进。所谓"杠杆效应"，就是性价比最高，相对而言资源投入小的地方，比如要求的工程师或设计师资源不多，却能够带来较大的回报，对指标有很大的提升。

事实上，对于绝大多数产品而言，改善留存，最具有"杠杆效应"的领域都存在于产品之中。我们可以用一些虚构数据及行业平均数据做一个非常简单的计算：

- 邮件：假设我们有 10 万名用户，每个人都留了邮箱地址，假设邮件的平均打开率为 30%，平均点击率为 2%，那么每周发送一封邮件，最终可以影响 600 人。
- 移动推送：同样假设我们有 10 万名用户，一半使用苹果手机，一半使用安卓手机，苹果手机的允许推送比例为 60%，而安卓手机为 90%，假设一般移动推送的点击率在 5%，那么一周发送一个推送，可以影响到的人数是 3 750 人。
- 产品：还是 10 万名用户，假设周活跃用户占 50%，那就是 5 万的周活跃用户，如果一个关键页面或流程是至少一半用户每周都要访问一次的，在这里进行优化改善，那么可以影响到的人数是 25 000 人。

这些数据很明显地告诉我们，如果产品里存在改进空间，其影响力是最大的。这并不是我一个人的想法，事实上 Pinterest 的前任增长团队负责人凯西·温特斯（Casey Winters）在分享他对于提高用户留存的经验时说，改善用户留存的最有力的手段之一是对产品进行"疯狂"的改善。很多时候，产品团队开发出一个新功能后，就马上进入下一个功能的开发。但实际上，这些功能即使用户渗透度不错，也还是有很多可以优化改进的空间。尽可能地去掉一些障碍，让更多的用户都能体验到产品的价值，这些用户自然而然就留住了。

确定了以产品内 A/B 测试为主要方向之后，具体应该做什么工作呢？

我决定双管齐下：一是和在公司里工作时间比较长的一些同事开始了一系列的一对一会谈；二是向数据分析部门的同事寻求帮助，希望通过定性和定量结合的方式来得到一些想法。

一周多之后，一位战略部门的同事提到的一个数据引起了我的兴趣，他曾经做过一个分析：当用户使用我们的"定期投资"这个功能时，即使只有一段时间，也比其他用户的留存率有明显提升。不久以后，数据团队的分析也印证了这个结论：虽然比例不高，但使用"定期投资"功能的用户的留存曲线明显要更好。

这似乎是个显而易见的结论，但是一直以来，因为我们的应用主打其他的投资功能，所以"定期投资"的功能在历史上是被忽略的，用户渗透率也不高。如果"定期投资"的用户留存率明显提高，是不是可以尝试提高"定期投资"功能的渗透度，从而改善留存呢？

有了这个大的聚焦领域，接下来就是要找到具体的切入点了。

三是上线增长实验。

于是我做了这样一件事，把目前应用中所有可以设置定期投资的路径都找到，把它们的截屏和转化率数据都放在一起。当我把 6 条路径依次排列、左看右看的时候，第三条路径"新用户注册"引起了我的注意。

用户刚刚注册时，对产品的兴趣和热情最高，产品对用户的影响力也很大，但新用户的定期投资使用率看起来不高，应该有比较大的改善空间。另外，如果我们能提高定期投资功能在新用户群体的渗透度，那么影响会贯穿用户的整个生命周期，属于"一本万利"的买卖。

确定了这个方向，我们定了一个很激进的目标：在一个月以内，把"新用户开通定期投资"的比例提升 50% 以上。

经过一番紧锣密鼓的筹划，我们上线了第一个实验：在新用户定期投资的确认框上，进行一个最简单的文本实验。选择在确认框上的主要原因是，这是一个性价比非常高的实验点。仅仅是做文案的变化，需要的工程师资源很少、设计师资源为零，但因为是一个关键节点，所以产生的影响可能会很大。

原本的文案是："你愿意开通每周 10 美元的定期投资吗？"

实验组 1："每周 10 美元，5 年后就是 2 600 美元。你愿意从今天开始吗？"

实验组 2："已经有×百万用户使用定期投资功能。每周存 10 美元，你愿意从今天开始吗？"

上线这个实验时，说实话我并没有很高的期望值。没想到的是，仅仅是一个小小的文案变化，对于成功率有了巨大的提升。实验组 1 的版本 1 是把小额积累的结果量化了，带来了 40% 的提升。实验组 2 的版本 2 则依赖于用户的从众心理，威力更大，把转化率提高了 60%。

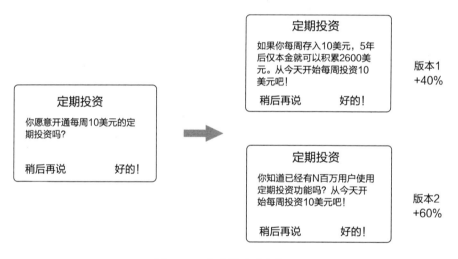

图 1-6　实验前后对比结果

所以，仅仅是第一个小实验，我们已经达到了预先设定的目标。团队深受鼓舞，乘胜追击，在接下来的后续实验中，我们把"定期投资"这一步骤的位置改变了，这个实验又把转化率提高了近一倍。

一个月的时间，两个实验，耗费工程师资源不到两天、设计师资源几小时，我们把"新用户定期投资投资率"提高了几倍，远远超越了最初 50% 的"激进"目标。但我们没有止步，从这个实验中我们获得了两个洞察：把小的结果积少成多呈现出来，或者强调有很多其他人在使用这个功能，对用户的心理有着强大的影响。

这些洞察被我们充分应用到了用户留存、用户获取，以及产品的方方面面：我们做了更多的测试和改变，比如更改了应用商店文案、广告设计，以及做了一个小功能叫增长计算器，帮用户直观地看到积少成多的结果。

不仅如此，在后续的观察中，用户的留存率也明显提升。旗开得胜，第一个月下来，我的"增长第一炮"开了一个好头。

1.5 组建独立增长团队：挑战仍在继续

早期取得了不错的成果后，我感到公司内部对于"增长实验"的态度慢慢发生了转变，我能调配的工程师和设计师资源也明显增多。于是，我乘胜追击，又在产品内外的其他关键路径上进行了一系列测试，也取得了很好的结果。

结果就是硬道理，我一直以来倡导的独立运营的增长团队，终于得到了 CEO 和管理层的全力支持。

但是我没想到，组建增长团队的过程，远没有想象得顺利。招募增长团队的成员是第一关。

在招募增长工程师的过程中，我感觉到公司里的同事有不少顾虑，于是我跑去和那些做过增长实验的程序员们聊天，了解到以下想法：

"增长实验都是些很小的改动，这边换个文字，那边换个颜色，没意思……"

"做好几个版本，最终肯定有一些版本的代码是需要扔掉的，感觉自己白干了……"

"……但是我喜欢的部分是可以清晰地看到自己工作的结果，有时候做产品功能，做了很久，突然被停掉了；或者即使上线了，也不知道到底有没有用……"

了解了程序员们的顾虑之后，我明确了以下几点：

第一，应该尽量把程序员从烦琐的文本测试和小改动中解放出来，让他们去做更复杂、更有挑战性的实验。采用提前埋点的方法或者第三方测试工具里的高级功能，其实可以很有效地解决这个问题。

第二，程序员喜欢看到自己的工作有影响力，要充分调动他们的积极性，需要让他们参与到产生实验假设和实验设计的整个过程中去，并且及时地把结果反馈给他们。

第三，不是所有程序员都适合在增长团队，如果只追求技术深度，在增长团队里显然不是最合适的；但是对于那些有产品思维，喜欢看到自己的工作对用户和业务有影响的程序员来说，增长团队的工作其实是更有吸引力的。

本着这样几点原则，我终于成功地找到了几位合适的程序员。在设计师方面，我们的一位资深设计师，很顺利地加入了增长团队。他是完美的增长设计师人选，业务水平高、出活快，最关键的是他对增长指标和用户心理有深刻了解，认同"设计最终为用户服务"的理念，不歧视"简单却有效"的设计。

有了这样一个"全栈"团队，增长实验的上线基本上可以不依赖其他团队了。每天早上，我们团队会有10分钟的站立会议，汇报昨天做了什么、今天要做什么，以及有什么障碍。以两周为一个周期，一般我们能上线好几个增长实验。

得到其他团队的支持是第二关。

很多增长团队诞生初期，会面临要向全公司证明自己的局面，我们也不例外，时不时听到来自其他团队的怀疑的声音：

"为什么要有统一的增长团队？不是应该每个产品功能团队自己设计实验驱动增长吗？"

"程序员资源这么紧张，专门去做实验那不是浪费了吗？"

"我们辛辛苦苦做的设计，凭什么增长团队说改就改？"

……

正如前文所说的，增长是一件"套路""流程"和"文化"三位一体的工作。在组建独立增长团队的过程中，我再一次认识到增长文化的重要性。因为，"增长"对大多数人来说，是一个新鲜事物，大家对它的了解程度并不高，甚至有些人还会有种种的误解和恐惧。但增长又是一个天然需要跨团队合作的工作。因此，作为一个增长团队的负责人，你需要花足够多的时间，做好教育和宣传工作，让大家了解并认可你们团队的工作，给予支持。

我的尝试从组织一个每周实验心得分享会开始。我邀请了产品部门、市场部门、设计部门和客户服务部门的代表参加，每周分享实验的结果和从中得到的心得。开始只是增长团队分享，很快市场团队的同事也开始分享广告测试的结果。大家互相提问，提供意见，还经常一起玩"猜猜哪个版本赢"的游戏。没过多久，这个会议就被很多人称为他们在公司里"最喜欢"的会议。

除了这个每周实验心得分享会，我还在公司的企业通信工具 Slack 上面开通了一个"实验心得"的群组，每周定期发布实验的结果和心得，针对不同目标组织一系列面向全公司的头脑风暴讨论会，并且组织了一个"每周管理层增长讨论会议"。

经过一系列的努力，在不到一年的时间里，我从加入公司时公司没有增长团队，发展到建立了一个独立运转的增长团队，这期间，我们通过增长实验达成了好几个领域指标的大幅度提升，并且逐渐地让全公司对增长实验感兴趣，同时对增长文化有一定的认同。我给自己这一年的"增长黑客之旅"打 80 分。

而我所面对的挑战，也是所有增长团队负责人所面临的挑战，仍在继续：

1）在"低垂的果实"慢慢被摘掉之后，如何持续保证产生好的实验结果，驱动增长指标？

2）面对激烈的竞争和变化的环境，如何离用户更近、如何持续创新让增长实验成为产品的竞争优势？

3）如何保证增长流程高效运作、增长团队内部紧密合作、有主人翁的感觉？

4）如何确保和其他团队以及管理层的良好沟通和合作，得到大家支持，达成共赢？

5）如何让增长实验和数据驱动成为公司文化的一部分？

……

环境瞬息万变，增长永无止境，挑战层出不穷，这也是对我而言，增长最有意思的地方之一吧！

拿来就能用的模板

1. 模板 1：增长负责人的最初 90 天计划

增长黑客的最初 90 天计划：第一周	
主题：认识工具、数据、产品、团队和顾客	
1. 了解增长工具箱	
2. 深入研究历史数据	
3. 和直接经理、CEO 会谈	
4. 和团队及合作者开会	
5. 倾听顾客声音	

增长黑客的最初 90 天计划：第一个月	
主题：产生快速的胜利	
1. 确定增长指标	
2. 找到聚焦领域	
3. 上线增长实验	
4. 定期与用户交流	
5. 弥补工具、数据、基础建设的漏洞	

增长黑客的最初 90 天计划：第一季度	
主题：建立全面的增长模型和增长流程，打造增长文化	
1. 搭建增长模型	
2. 设立增长实验流程	
3. 选择实验记录系统	
4. 组织增长会议	
5. 倡导增长文化	

2. 模板 2：每周增长会议安排

每周增长会议安排		
时　间	项　目	内　容
10 分钟	检查增长指标、问题和机会	
15 分钟	回顾上周的增长实验	
15 分钟	讨论实验结果	
15 分钟	决定下一周的实验	
5 分钟	查看备选实验想法	

3. 模板 3：增长负责人每周任务清单

增长负责人每周任务清单	
持续性任务	• 检查未上线实验的开发进度 • 监测已上线实验的运行结果 • 管理成功实验的 100% 发布 • 分析数据、寻找机会 • 产生新的实验想法
增长会议三天前	• 向团队重申目前的聚焦领域 • 提醒团队提交实验想法
增长会议一天前	• 和数据分析师一起更新关键指标 • 分析已结束的实验 • 提醒团队成员提供实验想法和提交实验心得
增长会议当天	• 组织增长会议
增长会议后一天	• 分派实验任务 • 制定实验方案 • 和设计师沟通设计思路 • 和程序员沟通开发方案

参考文献

［1］Jeffrey Bussgang, Nadav Benbarak. Every Company Needs a Growth Manager ［EB/OL］.［2016-02-19］. https：//hbr. org/2016/02/every-company-needs-a-growth-manager.

［2］Sean Ellis. Building a Company-Wide Growth Culture：SaaStr Annual 2016［EB/OL］.［2016-02-10］. https：//www. slideshare. net/seanellis/building-a-companywide-growth-culture-saastr-annual-2016.

［2］Alistair Croll, Benjamin Yoskovitz. Lean Analytics：Use Data to Build a Better Startup Faster ［M］. Sebastopol：O'Reilly, 2013.

第 2 章 制定增长作战计划

2.1 从美剧《硅谷》说起

大热的 HBO 美剧 *Silicon Valley*（《硅谷》）刚刚播出了第四季，就已经充分地俘获了广大程序员和非程序员的心。我的很多程序员朋友对这部剧一致的评价是非常写实。从搜索引擎大公司 Hooli 内部的浮夸文化到形形色色的风险投资人再到 Pied Piper 从一个程序员理查德（Richard）的业余项目跌跌撞撞成长为独立的公司，这期间走过融资、烧钱，几度濒临破产又置之死地而后生的全过程，简直可以被称为一部活脱脱、华丽丽的硅谷真人秀。

在第三季的倒数第二集，当投资人和公司员工兴奋地开派对庆祝 Pied Piper 的重大里程碑 50 万个安装用户时，Richard 却处在巨大的恐慌中。为什么？因为在这近 50 万个安装用户里，只有不到 2 万，也就是不到 4% 的日均活跃用户数（DAU，Daily Active User）。

Pied Piper 的产品毫无疑问有着很高的技术含量，要不然也不会在 TechCrunch 上一战成名。但是从以上的数据可以看出，它面临着一个活跃用户的"增长"问题。假如在这个时候，这家硅谷新晋的热门创业公司决定组建一个增长团队，由你来领衔担当增长负责人，你会如何解决这个问题呢？

- 选项 1：乘胜追击，利用 Pied Piper 的媒体关注度继续大肆做公关宣传？因为媒体的热度会转瞬即逝。
- 选项 2：在 Facebook、Twitter 等社交平台，大量购买付费线上广告？反正目前公司账上有钱，这可能是见效最快的获取新用户的方法。
- 选项 3：想方设法增加 DAU，给那些下载了但不再登录的流失用户发送移动推送和邮件促销？毕竟我们有这些用户的联系方式，让他们回来，比去招揽新用户见效要快得多。
- 选项 4：或者是像影片中的人物一样，无所不用其极，从印度皮包公司花钱买点击……

……

看来作为 Pied Piper 的增长负责人，可以做的事情还真不少！那么你是不是接下来就应该快马加鞭、多管齐下地开始行动了呢？

答案是否定的。正因为增长涵盖的范围十分广泛，可以尝试的方向和技巧有很多，在做增长时，很容易落入"扔飞镖"的陷阱——希望有几根飞镖能够黏在靶子上面。但实际上，做增长和做许多其他事情一样，是最符合二八定律的，在任何给定时刻，对增长推动最大的事情可能就只有那么一两件。

增长成功的秘诀不在于同时做很多事，而在于找到目前影响增长率的最关键的那一两件事。换句话说，找到"做什么"和"怎么做"，比"做"本身要重要得多。

回到 Pied Piper 的例子上，剧集中的数据已经揭示了一些增长问题。首先，日均活跃用户数指的是每天至少登录 Pied Piper 平台一次的用户，安装数高可能是因为刚刚上市的宣传导致很多人下载了该应用，而活跃用户比例低说明很多安装用户没有成功转化为使用者。这个问题可能是因为营销定位的精准度差，导致下载用户中有很大一部分不是目标用户；也可能是因为产品对这些用户来说没有很大的价值；还有一个可能原因是产品有价值，但是太复杂，很多新用户没弄明白产品怎么用，所以很快就流失了。

其实，在剧集中，Piped Piper 的投资人之一 Monica（莫妮卡）根据自己的产品试用经验提出：虽然这个产品在技术上很领先，它的用户界面设计却很让人困惑。接下来 Richard 进行的用户聚焦小组也反映出很多人都不理解这个产品应该怎么用。但当 Richard 亲自解释之后，大家都恍然大悟，并纷纷表示这个产品太棒了。所以，对于 Pied Piper 来说，种种迹象显示，现阶段增长的最重要杠杆可能是"新用户引导"。

Richard 是影片中的人物，自带主角光环，在影片中自然可以逢凶化吉；但在现实世界中，如何找到公司增长的秘诀？什么是衡量公司增长的正确指标？怎么找准推动增长的杠杆？你要做的不是东一榔头、西一棒槌地瞎碰运气，而应该是绘制一份目标明确、重点突出的增长作战计划书，然后在实战过程中，以这个计划书为蓝图问问题、提假设、做测试、得结论，步步为营，不断地调整和修正你的假设，揭示增长的问题和关键所在，最终达到目标。

这张增长作战计划书上需要有以下几样东西：

■ 方向标：北极星指标
■ 路线图：增长模型
■ 仪表盘：关键指标看板（定量数据）
■ 参考书：用户心理决策地图（定性数据）

在行动之前，制定一份增长作战计划书来帮助你找到"做什么"和"怎么做"吧！

2.2 找到增长的北极星指标

北极星指标就像北极星一样，高高闪耀在空中，指引着全公司所有人员向着同一个方向迈进。

2.2.1 为什么北极星指标那么重要

找到公司的北极星指标是做增长的第一步，也是至关重要的一步。

北极星指标有哪些作用？

第一，北极星指标可以指引方向：当公司达到一定规模，如果没有一个明确、统一的数据指标指引，很容易出现不同的队伍劲儿不往一处使的情况。

第二，北极星指标可以帮助大家明确任务的优先级：做增长涉及公司运营的方方面面，没有统一指标的指引，可能会眉毛胡子一把抓，无法有效地集中火力、抓住重点。

第三，提高行动力：设定一个数据指标，能够大幅度提高行动力。如同 YC 联合创始人保罗·格雷厄姆（Paul Graham）所说："一旦你选定了你的目标，你只有一件事情可以做，努力达到那个目标。"

第四：指导实验，监测进度：通过这个目标，你可以知道公司的现状，有针对性地上线各种增长实验，然后观察有无成效，如此反复。

2.2.2 Facebook 如何突破 MySpace 重围

早在 Facebook 成立之前，美国社交网络的老大是 MySpace（见图 2 - 1）。MySpace 历史久、用户多，还有东家加大金主新闻集团（News Corp）撑腰，从任何一个角度看，它都应该可以轻易碾压由几个辍学大学生创办的 Facebook，但它最终却输得一败涂地。

图 2 - 1 MySpace 与 Facebook 的较量

其中的原因当然不止一个，但是它们之间有一个有趣的区别是：MySpace 公司运营的主要指标是"总注册用户数"，而 Facebook 在 CEO 马克·扎克伯格（Mark Zuckburg）的指引下，在成立的初期就把"月活跃用户数"作为对外汇报和内部运营的主要指标。

你可能听说过所谓的虚荣指标（Vanity Metric）。虽然总注册用户数并不是一个彻头彻尾的虚荣指标，但它却有"虚荣"的成分在。为什么这么说？如果 MySpace 号称自己有 100 万名注册用户，这里面有多少是 5 年前注册的？有多少注册之后从来没有二次访问过？有多少试用了几次就变成了"僵尸用户"？有多少仍然在使用但是半年才上线一次？

100 万的注册用户可能在给投资人的数据里看起来好看，在员工那里说起来好听，但在公司的内部运营上，它也可能让 MySpace 误判了形势、走偏了方向、抓错了重点，最终在和 Facebook 的较量中败下阵来（见图 2 - 2）。

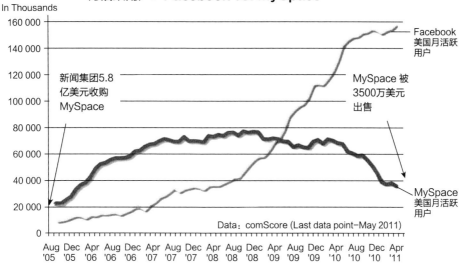

图 2 - 2　Facebook 月活跃用户数超越 MySpace （来源：Business Insider）

相比之下，从"总注册用户数"到"月活跃用户数"，看起来只是改变了三个字，却确保了 Facebook 内部的任何决策都是指向真实持续的活跃用户增长。

马克·扎克伯格最让人佩服的一点是，他不仅把月活跃用户数作为内部的北极星指标，还坚持对外汇报同一个指标，以此来确保监督公司的运营策略永远诚实地对用户价值负责，而不是追求简单粗暴的短期增长。要知道做到这一点并不容易，现在很多公司仍然选择对投资人披露一个注过水的"半虚荣指标"，以求数字好看。

数据指标从来都不只是指标，它代表了管理层对用户价值和公司成功关系之间的理解，也会指导每个基层员工在日常工作中的一次次决策和执行。走正和跑偏之间，也许只有一个北极星指标的区别。

2.2.3　定义北极星指标的 6 个标准

那么，如何找到一个合适的北极星指标呢？

首先声明，这个过程并不是一蹴而就的，也可能需要多次尝试和迭代。开始之前，把你脑子里的指标写下来，问自己下面这几个问题，可能会帮助你找到大概的方向：

标准 1：你的产品的核心价值是什么？这个指标可以让你知道你的用户体验到了这种价值吗？

所谓核心价值就是产品为用户解决的痛点和满足用户的需求是什么。比如，对于一个投资应用，其核心价值就是投资，所以这个北极星指标应该和用户进行投资有关。对于一个约会应用，其核心价值是约会，所以北极星指标应该和用户完成约会有关。北极星指标最终应该是用户成功体验了产品价值的指示灯。

标准 2：这个指标能够反映用户的活跃程度吗？

在上一小节的例子里，MySpace 以"总注册用户数"作为北极星指标，就是一个累积的静态指标，没有反映出用户当前的活跃程度。日活跃用户数、周活跃用户数和月活跃用户数这样的指标会好一些，但是对于"活跃"的定义也要深入思考，不仅仅要看用户是否持续登录，也要看用户是否完成了使用产品的"关键行为"。这一部分我们将在 4.2.2 小节和 5.2.1 小节中详细论述。

标准 3：如果这个指标变好了，是不是能说明整个公司是在向好的方向发展？

北极星指标应该可以从宏观上反映出公司的经营状况，即使你不看其他细节，只要看一眼这个指标，就可以大体上知道公司发展的趋势。比如，对于 Uber 来说，如果只是把注册司机数作为北极星指标，显然就忽略了乘客这一方面，仅仅是注册司机变多而乘客数没有跟上，并不一定说明 Uber 的生意变好了。因此 Uber 的北极星指标应该能够反映司机和乘客的供需平衡，因此"总乘车数"就是更为合适的一个指标。

标准 4：这个指标是不是很容易被整个团队理解和交流呢？

北极星指标的定义最好不要太复杂。一般来说，建议选一个绝对数作为北极星指标，而不是比例或百分比，比如，"总订单数"就比"订单额超过 100 元的订单比例"容易理解，也更便于各个团队之间协作和交流。

标准 5：这个指标是一个先导指标，还是一个滞后指标？

比如，SaaS 公司可能会使用月费收入作为北极星指标，这不是一个坏指标，但是它却是一个滞后指标，因为有的用户很可能已经停止使用几个月了，却还在付月费。在这种情况下，"月活跃用户数"可能是一个更好的先导指标。先导指标的好处在于可以让你提前看到问题，尽早行动。因为等到用户已经停用产品几个月之后，取消了产品订阅，此时你再想挽救，往往就太迟了。

标准 6：这个指标是不是一个可操作的指标？

简单地说，如果对于一个指标，你什么也做不了，那它对你来说相当于不存在。

下面给大家举几个北极星指标的例子，如表 2－1 所示。

表 2－1　北极星指标举例

产品名称	商业模型	核心价值	北极星指标
Sound Cloud	社区	连接艺术家和收听者的音乐分享社区	总收听时间
Slack	SaaS	以群组聊天切入的信息聚合平台	总消息数
Box	SaaS	云存储	文件操作数
Airbnb	双边市场	连接租房者和房东	预订天数
Amazon	电商	便捷的网上购物	总销售额
Quora	社区	知识传播	问题回答数

可以看到，上述的几个北极星指标的例子都是绝对值，可以反映出用户的活跃度，代表了产品最核心的价值，同时可以指示公司的宏观经营状况。

最后，不要苛求完美，不要试图一步到位，寻找北极星指标也不是一道只有唯一解的数学题，很多指标之间都有相关性，选择哪个并没有本质区别。你的目标是为你的团队找到一个最适合现阶段的聚焦点，让大家在日常工作中能够齐心协力向一个方向前进。

毕竟，任何方法论都是为了帮助你更好地达成目标。不管是北极星，还是南极星，只要能引导我们走到终点，都是好星星。

2.3　构建增长模型

在你定义了北极星指标之后，下一步就是构建公司的增长模型。增长模型和传统的"商业模型"有相似之处，但是其重点在于"增长"：用户增长和利润增长。

增长模型的精髓是将生意提炼和总结成一个数学公式，从而帮助你用全面、简单和结构化的方式去思考增长。

为什么要有增长模型？托马什·汤古兹（Tomasz Tunguz）是红点风投的一名风险投资人，也曾经是 Google Adsense 广告产品团队的一名产品经理。他曾经讲过这样一件事情，当时他去 Google 不到一年，新到任了一位总监名叫 Scott（斯科特）。Scott 在和 Tomasz 的第一次会议上，就问他："能用一个公式描述我们部门的生意吗？"

Tomasz 当时就愣住了，他从来没有想过这个问题。接下来的一周，Scott 通过和每个团队成员的会谈，不断总结、推翻、调整，给 Google Adsense 总结出了一个利润增长模型（见图 2 - 3）：

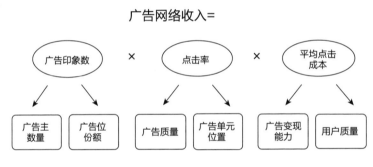

图 2 - 3　谷歌广告产品的利润增长模型

这个增长模型涵盖了所有对 Adsense 产品利润有贡献的因素，它帮助团队理解了过去的一些产品决定，并且明确了产品的优势和劣势，还揭示出了一些曾经成立但现在已经过时的假设。这些发现使得团队得以按照新的条件做出新的决策，最终带来了巨大的利润增长。

同时，这个增长模型也成为一个决策工具，后来每次 Tomasz 想要开始一个新项目，Scott 都会指着白板上的模型，问他这个新项目可以影响增长模型的哪一个变量？这个变量是不是当时对利润增长影响最大的？被这样一问，Tomasz 会发现很多看起来不错的项目，并不是当时应该做的最重要的事。

当团队成员在每天的决策中，都以一个同样的增长模型为标准的时候，团队的方向和优先级变得更加一致，"劲儿往一处使"带来了成效的显著提高。

2.3.1　打造增长模型的3个步骤

增长模型就是一个简化的数学公式，它包含了对用户或利润增长有影响的主要变量，解释了这些变量如何互相作用，并最终影响增长。

当你构建一个数学模型的时候，需要三个元素：①输出变量；②输入变量；③方程。

增长模型同样需要这三个部分：

1）输出变量：一般来说就是你的北极星指标。
2）输入变量：就是可以影响北极星指标的那些主要变量。
3）方程：就是这些变量之间的关系。

增长模型有各种形态，这里，我们以"总活跃用户"为北极星指标，着重介绍一个简化的、以用户生命周期为主要脉络的增长模型（见图2-4）。在这个模型里，活跃用户的增长有两个来源，一是新增加的活跃用户，这些用户通过不同的渠道接触到产品，并开始首次使用；二是老用户保持活跃，仍然使用产品，也就是没有流失的那部分用户。两者的总和构成了总活跃用户。

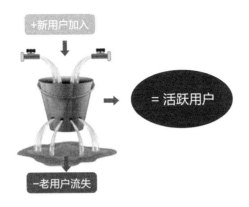

图2-4　用户增长模型

在这个思路下，要创造一个增长模型，主要有三步：①定义北极星指标；②绘制用户旅程；③组建增长模型。

第一步，定义北极星指标

在2.2.3小节中，我们已经介绍了如何找到北极星指标，它代表着产品的核心价值被用户体验到的理想状态。

第二步：绘制用户旅程

你需要做的就是针对这个"北极星指标"所代表的用户状态，一步一步地把用户旅程（User Journey）绘制出来。

对于一个听歌应用来说，如果其北极星指标是"总听歌时间"，那么一个访客需要经过如下步骤，才能到达"总听歌时间"的状态：

1）下载应用；

2）注册账户；

3）浏览歌曲；

4）首次听歌；

5）持续登录；

6）持续听歌。

对于SaaS产品来说，如果北极星指标是月付费活跃用户数，那么一个访客需要经过如下步骤，才能到达"月活跃用户"的状态：

1）访问产品着陆页；

2）注册试用；

3）在试用期间使用产品；

4）升级为付费用户；

5）持续使用付费版本。

对于电商产品来说，如果北极星指标是"销售额"，那么一个访客需要经过如下步骤，才能到达"产生销售额"的状态：

1）访问电商网站；

2）注册账户；

3）第一次买东西；

4）重复性购买。

所谓绘制用户旅程，就是要记录一个用户从对产品一无所知到体验到产品核心价值要经历的步骤。经过这一步，你就找到了增长模型的骨架。

第三步：组装增长模型

给用户旅程的每一步找到一个相应的指标，比如每月应用下载量是多少、注册率是多少、首次听歌率是多少。如果目前没有这个数据，先做个大概估算，同时开始设置追踪来弥补这个漏斗。这些指标就是增长模型的"输入变量"。

接下来，根据下面的增长模型（见图 2-5），把各个输入变量代入进去，并不断分解每个变量到不能分解为止。你的目标是揭示出所有对增长有影响的单个输入变量，并把数据记录下来。

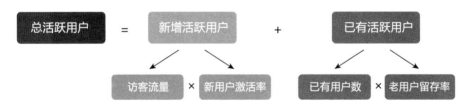

图 2-5　增长模型

1）听歌应用活跃用户

= 新增活跃用户 + 已有活跃用户

=（下载量 × 注册率 × 首次浏览比例 × 首次听歌比例）+（已有用户数 × 持续登录比例 × 持续听歌比例）

2）SaaS 软件付费活跃用户

= 新增活跃付费用户 + 已有活跃付费用户

=（网站访问量 × 试用注册率 × 试用购买率）+（已有付费用户数 × 付费用户活跃比例）

3）电商网站销售额

= 新增活跃用户销售额 + 已有活跃用户销售额

=（网站访问量 × 用户注册率 × 首次购买率 × 平均订单额）+（已有用户数 ×

老用户重复购买比例 × 平均订单额)

经过了以上三步，恭喜你，你已经有了第一版的增长模型！

2.3.2 如何最大化增长模型的效用

当你有了最基本的增长模型之后，应该如何最大化它的效用呢？

第一，增长模型可以揭示影响增长的所有输入变量，并且用量化的指标指导实验。

增长模型可以帮助你把抽象的"增长"，分解为一个一个具体的影响增长的输入变量。当你把所有输入变量都列出来后，就会发现增长的驱动力可以来自于用户生命周期的各个阶段，而不仅仅是新用户获取。

另一方面，当你有了各个变量的基准数据，在设计和优化增长杠杆、不断实验并改进的过程中，可以通过观察增长模型中各个指标的变化来检测进展。

比如，上面2.3.1小节的听歌应用的例子，通过增长模型就可以很明显地看出，影响增长的不仅仅是新用户下载量，还有注册率、激活率、已有用户活跃程度等。

第二，增长模型可以帮你排序优先级，让你专注在最有影响力的部分，从而实现结果最大化。

由于增长团队可以做的事情有很多，很多时候你会面临不知道该从哪里下手的困惑。增长模型的作用在这个时候就非常明显了，它可以帮你清晰地看出当前的聚焦点应该在哪里，从而有效地排序优先级。

回到听歌应用的例子，如果增长模型的具体数据如下，从初步的分析中可以看出老用户的表现不错，新用户的首次听歌比例看起来是问题所在：

听歌应用月活跃用户

= (每月下载量 × 注册率 × 首次浏览比例 × 首次听歌比例) + (已有用户数 × 每月持续登录比例 × 持续听歌比例)

= (10 000 × 50% × 90% × 30%) + (200 000 × 80% × 95%)

上面的优先级排序思路比较简单，只要目测找到增长模型中的最大瓶颈就行。通过定量增长模型，我们甚至可以进行假设分析（What – if analysis），量化不同增长项目的长期影响。定量增长模型的绘制较为复杂，但是基本思路和上述无异，感兴趣的读者可以参考 2.6 节模板中的工作表。

Chris More（克里斯·莫尔）是火狐增长团队的负责人，他想知道对于火狐来说，以下两个不同的增长项目，哪个对增长的影响更大。

1）选项 1：通过新用户上手优化，提高 7 日留存率 5%？

2）选项 2：在第 30 天到第 90 天之间，把新用户获取量提高 10%？

如果没有增长模型，这几乎是两件不可能比较的事情。有了定量增长模型之后，却变得很容易，只要在 Excel 表中输入相应的改变，就可以看到不同变量对未来用户增长的影响。

结论是，6 个月后，选项 1 能够带来 6% 的日活跃用户增长，而选项 2 只能带来 1% 的日活跃用户增长（见图 2 – 6）。所以，一次性的产品推广或拉新活动，虽然短期效果明显，但半衰期也很短；而提高新用户激活率，半衰期较长，对长期增长影响较大。通过这个分析，增长团队的工作重点也就不言而明了。

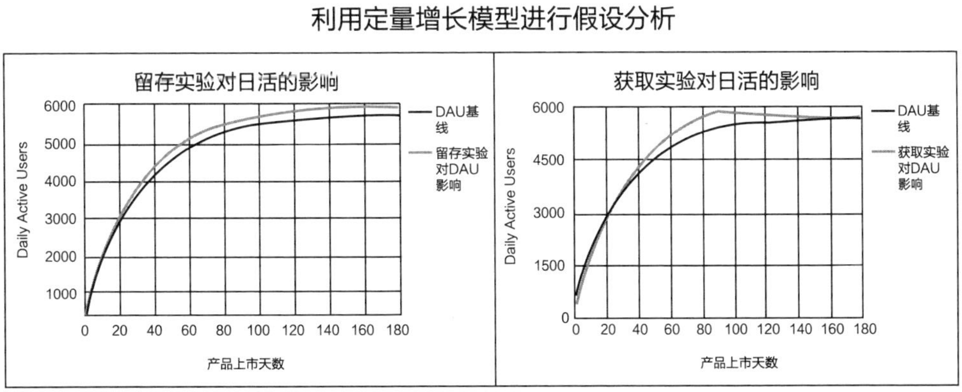

利用定量增长模型进行假设分析

图 2 – 6　火狐增长团队利用定量增长模型比较不同增长项目

第三，增长模型可以帮助你将大的增长指标分解，并定量地预测未来的增长趋势。

无论是为了汇报、运营还是制定财务计划，每个公司都有预测未来用户增长趋势的需要。有了增长模型，你可以把大的增长指标分解，提高预测的准确性，目标的制定也变得更加有据可依。

比如，以前公司的增长目标可能是，在下一季度，将月活跃用户数提高到 1 500 万。有了增长模型之后，目标可以分解成多个子目标，增长团队可以针对每一个子目标进行单独的计划和改进。这一点我们在 7.3.2 指标分解一节会进一步阐述。

第四，增长模型为进一步的分析提供了方向和骨架。

资深网站数据专家、Google Analytics（谷歌分析）的推广人之一 Avinash Kaushik（艾韦纳什·卡希克）有一句名言：

"所有的总和数据都是垃圾，要么分组来看，要么不如去死。"

（All data in aggregate is "crap". Segment or die.）

看看你的增长模型，仔细观察一下，所有输入变量的数据，在不同的用户群组里面都类似吗？还是在不同的群组里有很大的不同？看看注册率、激活率和活跃度，试着找到用户行为明显不同的群组，你就能发现一些实验和改进的思路。比如，如果移动端用户的转化率比网站用户要低很多，也许说明了网站在移动端的表现很差。

一些比较常见的群组包括：用户获取渠道来源，移动端还是桌面、新用户还是老用户；基于不同用户行为的群组，如访问过某个页面、采取了某个行动、用户人口学等。

另外一个思路是针对关键的用户行为构建一个迷你模型。比如，如果邮件是一个很重要的用户获取渠道，重新用步骤 1 到步骤 3 的操作，来构建一个从邮件订阅者到注册用户的迷你模型，可以帮助你找到提高渠道效率的方向。

通过邮件注册的新用户

= 邮件订阅者列表大小 × 阅读邮件百分比 × 注册产品百分比

第五，增长模型也是有效的管理决策沟通工具，避免"意见之争"，统一团队方向。

当所有人都使用统一的北极星指标时，可以有效地保证团队各个部门的努力都朝着同一个方面。而增长模型则是更进一步，不光做到了方向的统一，同时也协助了思维方式和决策体系的统一。比如，增长团队决定下一个季度聚焦在优化新用户引导上，当他们和领导层及其他相关团队交流这个决策，并寻求帮助以及争取资源的时候，通过增长模型，可以很直观地显示为什么这是正确的策略，而不需要陷入无休止的"你认为、我认为"的争辩。同时，增长模型的量化本质可以帮助团队有效地保持对结果的专注，而不至于陷入只是为了做而做的误区中。

2.4　监控数据：你今天"盲飞"了吗

数据是增长的基础，但是许多公司在创始初期，往往把数据的重要性排在比较靠后的位置，觉得要先把代码写好，先把产品完善，等到这一切"更重要"的事情做完了，再回头来考虑数据的事情。

打个比方，假如你要开一架飞机上天，这架飞机看起来一切都好，也能飞得起来，只是没有仪表盘，看不出当前的速度，也不知道外界的气压，更不知道还有多少油，你还敢开吗？

没有设置好基本的监测数据看板就上线产品，无异于"盲飞"。你可能飞起来了，却不知道还有多少油、数据的基线怎么样、是在变好还是变差，如果要改动，要改哪里。很多人一听到要追踪、分析和监测数据，就觉得很麻烦，其实并不一定，接下来这一节内容就为大家用最精炼的实操举例全面介绍监控数据的步骤。

2.4.1　简单三步，打造你的关键行为漏斗

一般互联网公司的数据主要分为渠道数据、盈利数据和用户行为数据。用户行为数据由于其可操作性强，是增长团队找到机会的"金矿"。因此在初创公司里，制定用户行为追踪计划（Event Tracking Plan）很多时候会成为增长团队的任务。

事件（Event）用于描述用户的行为，一般是在网站、应用界面中发生的。很多人一提起要追踪用户行为，就会搬出"追踪所有事"的说法，事无巨细地把所有用

户可以点击的按钮、访问的页面全部记录下来。这种方法固然全面，但是因为用户在产品内的行为多种多样，如果一上来就采用这种思路，工作量巨大，等到能用上的时候可能已经是几个月后了。

我们建议采取一个分级分步的方法，先定义出最重要的少数几个事件进行追踪。然后再做其次重要的事件。这样的好处是循序渐进，很快就可以得到最重要的数据。

如果你从头开始建立用户行为追踪计划，建议首先找到三个最重要的一级事件，不要贪多，就三个。这三个一级事件，应该代表了用户从初次接触产品到最终成功使用产品的最重要的里程碑。

比如，你有一个电商网站，用户在网站上最重要的三个行为是什么？①产品页面浏览；②产品加入购物车；③产品购买成功。

再比如，你有一个聊天应用，用户在应用里最重要的三个行为是什么？①用户注册；②用户加好友；③用户发信息。

再比如，你有一个 SaaS 软件，用户最重要的三个行为是什么？①试用注册完成；②关键功能使用；③升级付费完成。

如上所述，仅仅三个行为就可以很好地追踪用户的关键行为。

之后，可以针对少数关键的漏斗，慢慢加入以下更多的步骤：

1）产品页面浏览；

2）产品缩略图小图点击；

3）用户注册；

4）产品加入购物车；

5）用户点击购买；

6）用户购买成功。

当你定义了基本的事件之后，最好的检验方法就是看看能不能构建一个基本的用户行为漏斗，看到用户在漏斗的每一步有多少流失。这样一来，你很快就可以利用用户行为数据指导行动了。

2.4.2 打造一个增长仪表盘

构建一个关键行为漏斗可以让你迅速了解用户旅程中各个关键步骤的转化效率。当了解了这些关键步骤之后，增长团队逐渐需要监测更多的数据指标。如同飞行员需要一个仪表盘一样，增长团队也需要一个自己的增长仪表盘。在这个仪表盘上，需要显示以下指标：

1）北极星指标：数值及趋势。

2）增长模型关键指标：头部访客量、新用户激活率、老用户留存率、盈利情况等。

3）关键细分指标：比如与关键行为相关的指标、一些重要流程的漏斗分解等。

4）重要用户分组：按渠道分、按新老用户分、按产品平台分等。

举例来说，社交图片分享平台 Pinterest 的北极星指标是月活跃用户数，其增长模型如图 2-7 所示。

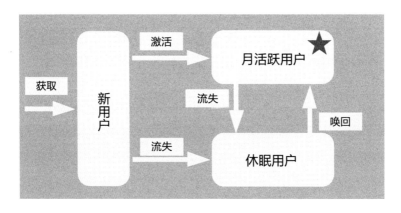

图 2-7　Pinterest 用户增长模型［来源：约翰·埃根（John Egen）］

相应的，Pinterest 增长仪表盘有如下五个看板（见图 2-8）：

1）看板一：月活跃用户；

2）看板二：新注册用户；

3）看板三：激活；

4）看板四：参与度；

5）看板五：流失用户唤回。

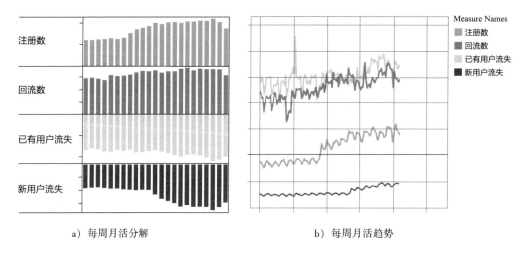

a）每周月活分解　　　　　　　　　　b）每周月活趋势

图 2-8　增长仪表盘示例一：Pinterest 数据看板（来源：John Egen）

其中每个看板都进行了进一步的指标细分，一共包含 27 个指标。这些指标有的是按照群组分类，比如月活跃用户的趋势图就是按照产品平台、性别、国家/地区来源进一步细分；有的是按时间维度细化，比如在新用户激活看板上，不光追踪注册后第二周返回平台的比例，同时还要追踪用户注册 35 天并仍然为周活跃用户的比例；也有的是按渠道分，比如在参与度看板中又包含不同类型的邮件和移动推送的发送数量、打开率和点击率。

再比如，图 2-9 展示了一个 SaaS 公司的数据看板。可以看出，对于 SaaS 公司来说，月活跃用户数和月重复收入（MRR）是最重要的北极星指标，而用户的增长模型关键指标包含了访客数、注册用户数、付费转化数等。由于流失率对于 SaaS 公司来说至关重要，所以对流失率需要进行深入分解。最后，基本的分组包含按照不同定价计划等级、不同订阅周期的分组等。

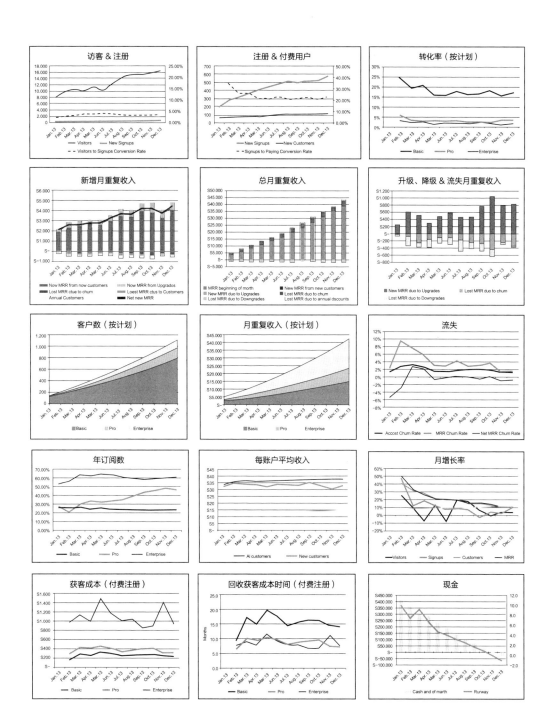

图 2-9　增长仪表盘示例二：SaaS 公司数据看板

［来源：投资人克里斯托夫·詹兹（Christoph Janz）］

2.5 了解增长模型的另一面——用户心理学及绘制用户决策心理地图

说了这么多指标、模型和数字，是时候说点通俗的"人话"了。

做增长，数据是非常有用的武器，但有时候容易犯这样的错误，总是从数据的角度想问题，却忽略了每个用户都是实实在在的大活人。其实，增长团队的最高境界是能从用户第一人称视角看问题，成为用户的"贴身带刀护卫"，将产品价值迅速为用户呈上。

北极星指标从增长的角度来看，是全公司努力推进的一个数字，但是从用户的角度来看，它代表的是"用户得到了价值"。增长模型从公司的角度看，量化了影响增长的每一步关键指标，只要每一步的转化率不是100%，就仍然有优化空间。但从用户的角度看，它也代表了每一个用户的决策过程。通过转化率的总和数字，我们也要认识到每一个用户动机不同、背景不同、所处状态不同、思维模式不同，因此决策的过程也不同。

因此，在分析"冷冰冰"的数据的同时，要记住数据的另一面是无数用户的行为汇总结果。数据是死的，而用户的行为和心理是活的。我们只有深入了解用户心理学，才能有效地驱动增长。

那要如何才能绘制好用户决策心理地图呢？

用户决策心理地图和增长模型是一个硬币的两面。想要有效地做增长，必须了解用户在不同决策阶段的心理学。

1. 访问阶段

在这个阶段，需要在各种竞争对手和外部干扰的包围下，有效地定位到用户，并在合适的时间和情景中，让用户注意到产品。所以，增长团队主要要解决的问题是：用户会注意到这个产品吗？

由于用户给产品的注意力很少，增长团队需要在稍纵即逝的机会里抓住用户的注意力和情感，所以重点在于通过有冲击力的设计和文案吸引用户的眼球，引起用户的共鸣。

比如，健身应用 Keep 于 2016 年出品的首款广告片就非常有冲击力，"自律给我自由"的品牌宣言也能激发起用户强烈的情感共鸣，让人印象非常深刻。

2. 转化阶段

当用户已经注意到这个产品后，我们需要帮助用户做出尝试的决定："我要不要试一下这个产品？注册一个账号？下载这个应用？它对我有什么好处？"

这时候，用户对产品的注意力提高了一点，并在积极地做出思考和决定，但是机会窗口仍然很短暂。增长团队需要进一步用好的设计和故事引起用户的情感共鸣，通过清晰的文案描述产品的好处，给用户推荐个性化的内容和产品，以及通过各种心理学手段，例如稀缺性、社交证据、紧迫感等，增强用户尝试的动力。

比如 Airbnb 的着陆页（见图 2-10）中"欢迎回家"的文案和森林烧烤的背景图片，都能进一步引发用户对休闲、放松、探索世界的向往，提高用户想要尝试搜索订房的可能。

图 2-10　Airbnb 的着陆页

再比如，Booking.com 是使用心理学影响用户行为的大师，找找看图 2-11 的网页中有哪些让用户产生紧迫感的设计！

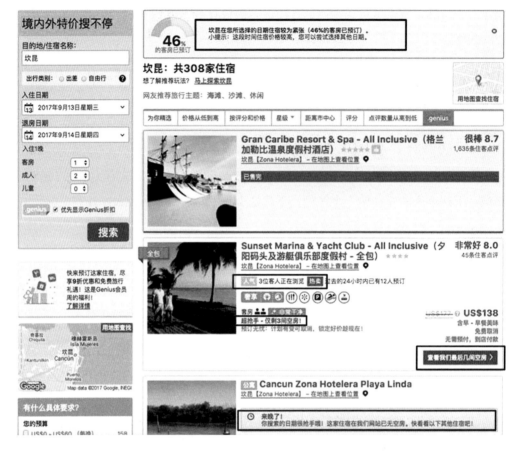

图 2-11　Booking.com 让用户产生紧迫感的设计

3. 激活阶段

当用户决定尝试产品后，需要引导用户尽快完成各种必需的步骤，进行关键动作，体验产品核心价值。激活阶段开始时，用户的心理是"我该如何使用这个产品"？而结束时用户的心理是"我得到了我想要的吗？"增长团队需要帮助用户回答这些问题。

这时候用户对产品的关注度达到峰值，在决策的过程中开始更多地运用逻辑学习新产品的使用。增长团队需要关注的重点是：通过各种方式进行新用户引导，简化流程和去除阻碍行动的壁垒，适时提醒没有行动的用户，以及帮助用户设立一个向高级用户进发的目标和计划。

产品路线图管理软件 ProdPad 在新用户注册试用后，就采取了游戏化的方式为新用户显示一个任务清单（见图 2 – 12），新用户可以通过试用各种产品功能的方式来延长试用期，在这个过程中，新用户会更清晰地认识到产品的价值。

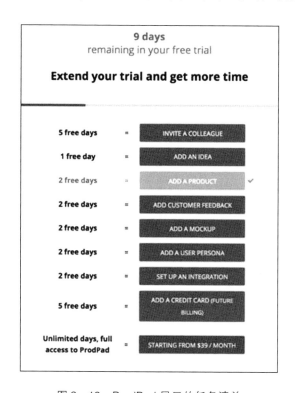

图 2 – 12　ProdPad 显示的任务清单

4. 留存阶段

当用户已经体验过产品的核心价值后，我们要帮助用户形成使用习惯，引导用户继续使用更多功能，并感受到进展。这时候增长团队需要帮助用户解决的问题是"我不记得使用过这个产品了""我为什么要继续使用这个产品？""我该什么时候在什么场景下使用这个产品""我能继续发现新的价值吗？"

这时候用户对产品的主动注意力已经比较少了，有时候甚至很难想起来。但是所幸在这个阶段，用户已经体会到了产品的价值，增长团队需要做的就是继续通过

47

各种机制留住用户：庆祝用户的进展和里程碑、适时提醒和沟通、向用户介绍新功能等都是可以尝试的方向。

健身应用 Keep 的用户等级、徽章、个人课程表，以及推送提醒（见图 2－13）都是很好的例子。

  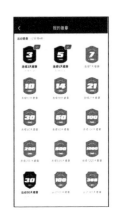

a）运动课程表　　　　　　　b）用户等级　　　　　　　c）用户徽章

图 2－13　Keep 的提高留存策略

5. 推荐阶段

当用户体验到产品价值、考虑把产品分享到他的社交网络时，你需要帮助用户回答的问题是："我现在要把这个介绍给别人吗？他们会从中得到价值吗？介绍给谁呢？我有什么好处吗？"值得注意的是，当用户自发将产品推荐给别人时，主要是基于情感决策，而通过补贴鼓励用户推荐，则更多地涉及逻辑决策。

6. 变现阶段

当用户体验到产品价值后，增长团队需要帮助用户回答的问题是："我愿意为它付钱吗？值得吗？有别的替代品吗？"这个决策是逻辑为主，用户要决定他所认为的产品价值是否高于产品的定价。如果是，那他就愿意为产品付钱。

表 2－2 展示了我总结的一个用户决策心理地图。

表 2-2 用户决策心理地图

增长阶段	介质	用户决策	决策速度	用户注意力	用户决策所用的心理资源	增长武器/使用手段
访问	广告等	用户会不会注意到这个产品	快	低	注意力、感情	文案、设计、渠道匹配
转化	着陆页、应用商店	我要不要试试看？这个产品对我有什么好处？	较快	较高	感情为主+逻辑为辅	文案，设计
激活	新用户引导流程、新用户邮件/推送	始：我该如何使用这个产品？终：我得到了我想要的吗？	较慢	高	逻辑为主+感情为辅	新用户体验
留存	持续引导、唤回渠道	我还记得这个产品吗？我为什么要继续使用这个产品？我该什么时候在什么场景下使用这个产品？我能继续发现新的价值吗？	跨度大，单个时间较短	较低	少量注意力，少量感情、逻辑	产品功能、用户体验、个人化、积分、社群、唤回渠道
推荐	用户推荐流程	我要把这个产品介绍给别人吗？介绍给谁呢？他会喜欢吗？我有什么好处吗？	较短	较高	少量注意力，少量感情、逻辑	文案、设计、推荐触发点、推荐流程
变现	付费订阅/下载页、应用内购买	我愿意为它付钱吗？值得吗？有别的替代品吗？	可变	较高	逻辑为主+感情为辅	价格计划、价格测试

所以，由上文介绍可以得知，增长模型和用户决策心理地图是同一个硬币的两面，在建立了定量的增长模型之后，也要根据用户心理学，并结合调研、访谈等定性研究绘制一份用户决策心理地图。这份用户决策心理地图是你设计相应的增长实验的有力参考，可以有的放矢、事半功倍。

拿来就能用的模板

1. 模板1：定义北极星指标

产品名称	商业模型	核心价值

判定北极星指标是否满足 6 个标准（填"是"或"否"）：

	备选北极星指标1：	备选北极星指标2：
标准1：你的产品的核心价值是什么？这个指标可以让你知道你的用户体验到了这种价值吗？		
标准2：这个指标能够反映用户的活跃程度吗？		
标准3：如果这个指标变好了，是不是能说明整个公司是在向好的方向发展？		
标准4：这个指标是不是很容易被整个团队理解和交流呢？		
标准5：这个指标是一个先导指标，还是一个滞后指标？		
标准6：这个指标是不是一个可操作的指标？		

2. 模板 2：构建增长模型

第一步：定义北极星指标	代表产品的核心价值被用户体验到的理想状态
第二步：绘制用户旅程	记录一个用户从对产品一无所知到体验到产品核心价值要经历的步骤
第三步：组装增长模型	给用户旅程的每一步找到一个对应的指标，也就是"输入变量"。然后根据图 2-5 所示的增长模型框架把各个输入变量都代入进去，并不断分解每个变量到不能分解为止。然后，填入每个指标的数值

3. 模板3：构建定量增长模型

某移动应用周活跃用户定量增长模型如下所示。

（1）北极星指标：周活跃用户

	A	第0周	第1周	第2周	第3周	第4周	第5周	第6周	第7周	第8周	第9周	第10周	第11周
2	第0周同期群	7,600	2,660	2,280	1,900	1,672	1,596	1,520	1,520	1,520	1,520	1,520	1,520
3	第1周同期群		5,480	1,918	1,644	1,370	1,206	1,151	1,096	1,096	1,096	1,096	1,096
4	第2周同期群			5,507	1,927	1,652	1,377	1,212	1,156	1,101	1,101	1,101	1,101
5	第3周同期群				5,585	1,955	1,676	1,396	1,229	1,173	1,117	1,117	1,117
6	第4周同期群					5,653	1,978	1,696	1,413	1,244	1,187	1,131	1,131
7	第5周同期群						1,715	600	515	429	377	360	343
8	第6周同期群							1,577	552	473	394	347	331
9	第7周同期群								5,558	1,945	1,667	1,389	1,223
10	第8周同期群									5,752	2,013	1,726	1,438
11	第9周同期群										5,837	2,043	1,751
12	第10周同期群											5,916	2,070
13	第11周同期群												14,487
15	周活跃用户	7,600	8,140	9,705	11,057	12,302	9,548	9,152	13,039	14,733	16,310	17,746	27,609
16	*(增长率)*		7%	19%	14%	11%	-22%	-4%	42%	13%	11%	9%	56%

（2）输入1：用户获取

	A	第0周	第1周	第2周	第3周	第4周	第5周	第6周	第7周	第8周	第9周	第10周	第11周
1	付费获取												
3	预算	¥10,000	¥10,000	¥10,000	¥10,000	¥10,000	¥0	¥0	¥10,000	¥10,000	¥10,000	¥10,000	¥50,000
4	安装成本	¥3	¥3	¥3	¥3	¥3	¥3	¥3	¥3	¥3	¥3	¥3	¥4
5	付费安装数	4000	4000	4000	4000	4000	0	0	4000	4000	4000	4000	12500
7	上市效应	2500	0	0	0	0	0	0	0	0	0	0	0
9	应用商店有机安装	500	500	500	500	500	500	500	500	500	500	500	500
11	社交媒体	100	100	100	100	100	100	100	100	100	100	100	100
13	合作伙伴	500	500	500	500	500	500	500	500	500	500	500	500
15	病毒传播												
16	*K因子（每月）*	0	0.05	0.05	0.05	0.05	0.05	0.05	0.05	0.05	0.05	0.05	0.05
17	病毒传播安装数	0	380	407	485	553	615	477	458	652	737	816	887
19	总安装数	7,600	5,480	5,507	5,585	5,653	1,715	1,577	5,558	5,752	5,837	5,916	14,487
21	累加安装数	7,600	13,080	18,587	24,172	29,825	31,540	33,118	38,675	44,427	50,264	56,179	70,667

（3）输入2：留存曲线

	A	第0周	第1周	第2周	第3周	第4周	第5周	第6周	第7周	第8周	第9周	第10周	第11周	第12周
2	留存率	100%	35%	30%	25%	22%	21%	20%	20%	20%	20%	20%	20%	20%

4. 模板 4：组装关键行为漏斗

	举例：电商	举例：聊天应用	举例：SaaS	产品：
关键行为 1	页面浏览	用户注册	注册试用期	
关键行为 2	加入购物车	加好友	使用关键功能	
关键行为 3	购买成功	发信息	升级付费完成	

5. 模板 5：增长仪表盘示例

A 产品增长团队数据看板		
用户分组 1	用户分组 2	用户分组 3

北极星指标（数值、趋势）

用户获取指标	用户激活指标	用户留存指标
用户推荐指标	用户盈利指标	用户回流指标
关键细分指标 1	关键细分指标 2	关键细分指标 3
关键行为漏斗 1	关键行为漏斗 2	关键行为漏斗 3

......

6. 模板 6：用户决策心理地图

增长 阶段	用户决策	是否回答了 用户问题	增长武器/ 使用手段	相应截图	指标
访问	用户会不会注意到这个产品？				
转化	我要不要试试看？ 这个产品对我有什么好处？				
激活	始：我该如何使用这个产品？ 终：我得到了我想要的吗？				
留存	我还记得这个产品吗？ 我为什么要继续使用这个产品？ 我该什么时候在什么场景下使用这个产品？ 我能继续发现新的价值吗？				
推荐	我要把这个产品介绍给别人吗？介绍给谁呢？他会喜欢吗？我有什么好处吗？				
变现	我愿意为它付钱吗？值得吗？有别的替代品吗？				

参考文献

［1］ Jay Yarow. Chart of the day：The fall of MySpace［EB/OL］.［2011-06-29］. http://www. businessinsider. com/chart-of-the-day-the-fall-of-myspace-2011-6.

［2］ Tomasz Tunguz. Startup Best Practices 17 - Strategic Planning Using Your Startup′s Fundamental Equation ［EB/OL］.［2015-10-01］. http://tomtunguz. com/the-fundamental-equation-of-a-startup/.

［3］ Hila Qu. How to build a growth model（Part 1）［EB/OL］.［2016-04-10］. https://blog. growthhackers. com/how-to-build-a-growth-model-part-1-9870d78e67f8.

［4］ Interview with Andy Johns. Indispensable Growth Frameworks from My Years at Facebook，Twitter and Wealthfront［EB/OL］.［2015-6-25］. http://firstround. com/review/indispensable-growth-frameworks-from-my-years-at-facebook-twitter-and-wealthfront/.

［5］ Chris More. Growth models - how to build one to predict growth：2017 Growthhackers conference ［EB/OL］.［2017-06-01］. https://www. slideshare. net/growthhackers/ghconf17-growth-modelshow-to-build-one-to-predict-growth.

［6］ William Gill. How to build a Growth Model ［EB/OL］. ［2017-03-10］. https://mobilegrowthstack. com/how-to-build-a-growth-model-a7dd9d9a68a7.

［7］ John Egan. The 27 Metrics in Pinterest′s Internal Growth Dashboard［EB/OL］.［2015-01-22］. http://jwegan. com/growth-hacking/27-metrics-pinterests-internal-growth-dashboard/.

［8］ Christoph Janz. A KPI dashboard for early-stage SaaS startups［EB/OL］.［2015-01-17］. http://christophjanz. blogspot. com/2013/04/a-kpi-dashboard-for-early-stage-saas. html.

［9］ Tammy Camp. 4 "Crystal Ball" Analytics Tricks for Accelerating Growth ［EB/OL］.［2016-04-11］. https://500. co/4-crystal-ball-analytics-tricks-for-accelerating-growth/.

［10］ Aaron Otani. A behavioral approach to product design ［EB/OL］.［2015-12-01］. https://medium. com/swlh/a-behavioral-approach-to-product-design-166d22628970.

第 3 章　用户获取：增长的源头活水

3.1　用户获取的重要性：增长为王、增长维艰

有两个移动应用都是以照片分享起家，都提供视频功能，也都建成了相当规模的社交网络。这两个产品早期都发展迅猛，其中一个被一家科技巨头公司以 2 500 万美元的价格收购，另一个被另一家科技巨头公司以 10 亿美元的价格收购。

类似的产品、相似的故事，结局却大相径庭。

第一个产品是 Flickr，它在 2005 年被 Yahoo 买下之后，到 2016 年总用户数达到 1.2 亿，但增长已经连续几年停滞不前。第二个产品是 Instagram，它在 2012 年被 Facebook 买下之后，一直保持着强劲的增长，到 2017 年月活跃用户数已经达到 7 亿，远远超越了早它几年的 Flickr（见图 3-1）。

a）Flickr 应用首页　　　　b）Instagram 应用首页

图 3-1　两个类似的产品

为什么两个类似的产品到最后却有着差距显著的结果呢？很难说是单一因素在起作用。但是从这个故事里，我们可以看到数字经济时代的一个残酷真相：

真正独特的点子是很少见的……

事实上，如今一款产品能否成功越来越少依靠让人耳目一新的功能，而越来越多依靠成功的增长策略。"如何获取用户"不再仅仅是企业家们有了产品之后才考虑的事情，而是能够决定一家创业公司生死的另外 50% 的因素。

来看看下面的数据：

- 苹果应用商店有超过 220 万个应用，谷歌应用商店有超过 300 万个应用。
- 苹果应用商店每月新增 1 000 个新应用，谷歌应用商店每月新增 1 300 个新应用。
- 83% 的应用是"僵尸"，因为根本没有用户看见过它们，更谈不上下载使用。

能不能快速有效地获取新用户，在创业成功中占的比重越来越大。与此同时，增长也变得越来越艰难。

硅谷早期增长黑客之一、现任 Uber 乘客增长负责人的安德鲁·陈（Andrew Chen）于 2017 年 7 月在博客中发文表示，凛冬将至，由于平台固化、付费获客渠道接近饱和、人们对广告越来越无视、各种工具降低运营门槛、竞争对手对变化反应更快等原因，互联网产品已经越来越难实现用户增长。

所以随着云服务、SaaS、广告和分发平台等服务的不断发展，虽然开发一个新产品的成本越来越低，但是创业公司的融资金额却屡创新高。美国种子轮融资从 2012 年到 2016 年由 27 万美元增长了近 2 倍达到 75 万美元，同样的趋势也延续到了其他轮的融资。而这些融资有很大一部分是为了购买用户增长。

增长为王、增长维艰，为了在激烈的竞争中获得胜利，公司必须加大融资额来加速增长。

3.2　新用户获取的永恒公式：LTV ＞ CAC

做生意的本质是什么？

$$利润 = 收入 - 成本$$

想要赚钱，就需要收入大于成本，否则就是白干，甚至是赔钱。

这个道理放在新用户获取上，就是用户在整个生命周期里给企业创造的价值（Life Time Value，LTV）需要大于获取这个新用户所需要的成本（Customer Acquisition Cost，CAC），否则拉来的用户越多，公司赔的钱越多。

$$LTV > CAC$$

上面这个公式看上去简单，却是新用户获取的永恒公式。

举个浅显的例子来说，小明开发了一款手机游戏，他为了拉用户去大学校园里发传单，传单成本是 5 元一张，发出去 100 张，一共拉来了 20 个用户，那么每个用户的获取成本是 25 元。接下来如果这些用户在玩游戏期间，通过应用内购买、点击广告等形式让小明平均从每个人身上赚了至少 25 元，那么"大学发传单"这个用户获取渠道就可以接着用。如果小明平均只能从每个人身上赚到 15 元，每多发一张传单，多拉来一个用户，就是多赔 10 元。在某些特定情况下可以这么做，但长此以往，却属于"赔着买卖赚吆喝"，不可持续。

这个道理似乎很明显，但是很多创业公司由于有了融资的"续命"，往往容易陷入"花钱买增长"的狂热。随着资本市场的降温，越来越多的投资者和创业者终于开始强调回归根本，重新审视由 LTV 和 CAC 决定的单位经济学。

除了 LTV 要大于 CAC，LTV/CAC 的比值也是商业模型盈利能力的本质体现。如果 LTV 小于 CAC，那么公司目前的盈利模式是不可持续的；如果 LTV 大于 CAC，那么你目前至少有一个可持续的商业模型。LTV/CAC 的比例越高，说明商业盈利能力越强。在投资时，很多风险投资公司会希望创业公司特别是 SaaS 公司的 LTV/CAC 的比例大于 3，因为这说明公司能做到可盈利的拥有主导市场份额的概率较大（见图 3－2）。

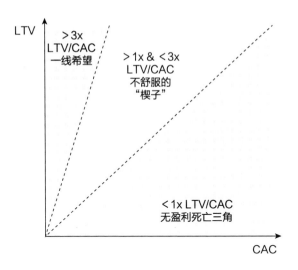

图 3-2　风险投资公司如何看待 LTV/CAC 比例

（来源：Pritzker 风险投资）

3.2.1　如何计算用户获取成本

用户获取成本（CAC）是指获取一个用户的成本。计算 CAC 最简单的公式就是：

CAC ＝（营销总费用＋销售总费用）/同时期新增用户数

对于 2C 产品而言，一般按照当月市场渠道花费除以当月新增用户数来计算 CAC。

对于 2B 产品而言，除了渠道花费外，总费用还包括举办会议和活动的花费，请文案或运营撰写文章的花费等；如果有销售团队，还要包含销售团队的薪资及差旅费等。

还有以下几个常见的术语：

■ 混合 CAC（Blended CAC）：把付费渠道和天然渠道（包括口口相传、社交媒体、天然搜索）混在一起计算的 CAC。

■ 付费 CAC（Paid CAC）：付费渠道的平均顾客获取成本。由于天然渠道有较强的不可控性，而且增长都有上限。付费 CAC 则代表了你可以控制的渠道效率，可以理解为如果风险投资给你钱，在一段时间内就可以通过加大投入而持续以这个成本获取新用户。

■ 满载 CAC（Fully Loaded CAC）：加上所有市场和销售相关人员薪酬、工具、设备等其他花费而计算出来的用户获取成本。

3.2.2　如何计算用户生命周期价值

用户生命周期价值（LTV）有时候也被称作 CLV（Customer Lifetime Value）。它指的是在消费者作为产品用户的时期内，你能从他身上赚取多少收入。所以计算 LTV 最基本的思路就是了解：①用户会使用你的产品多少个月；②平均每个月你能从用户身上赚多少钱。有时候，为了模拟实际的利润，有些公司会选择在计算用户生命周期价值的时候乘以产品的毛利比，我们在这里暂不讨论。

对于采取订阅模式付月费的产品，LTV 的计算比较简单。比如，美国付费视频网站 Netflix 用户的 LTV，简单来说，就是弄清楚用户平均订阅多久服务，乘以每个月的平均收入。再比如，某家针对中小型企业的 SaaS 软件公司，其 LTV 模型就是将不同渠道来源用户的数量乘以平均每个月从用户那里赚取的收入（包括订阅费以及其他附加收益），按照不同渠道的月留存曲线，按照一定的折现率，采用现金流折现的方法，加总未来 5 年的收入而模拟得出的。

如果是一个电商产品，用户的 LTV 可以用平均订单价值 × 每年购买次数 × 平均生存年数来模拟。

对于游戏而言，产品的盈利模式较多，包括付费下载、产品内购买、交叉推广、广告等，因此在计算 LTV 的时候，可以参照 SaaS 模型，把所有这些收入来源都考虑进去。

3.2.3　打造上亿美元产品的四个契合

CAC 和 LTV 之间的相对关系对于增长团队来说至关重要。因为增长渠道选择受到 LTV 的限制，很多产品的增长"瓶颈"最终是由产品的盈利模式所决定的。

简单来说，如果产品是一个免费应用，那么你从这个产品本身获得盈利是不足以支撑长期采用付费增长、销售团队等用户获取渠道的，这个时候，病毒传播、搜索引擎优化等免费渠道可能是你唯一的选择。

如果你的产品是游戏或者针对中小企业的 SaaS 软件，能够产生一定的 LTV，你可以开始尝试使用付费增长的渠道。如果你的产品是企业级 SaaS 软件，用户的 LTV 较高，你可以考虑使用销售团队等模式来驱动增长。

图 3 - 3 展示了一个 CAC–LTV 坐标图。最左边，是低 LTV 的产品，如社交网络，适合使用那些便宜甚至免费的渠道，例如病毒传播等；最右边，是高 LTV 的产品，可以使用那些昂贵的渠道，如销售团队。以腾讯的不同产品为例，它们就处于 CAC – LTV 坐标图的不同位置。

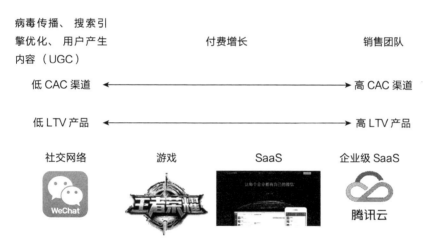

图 3 - 3　CAC-LTV 坐标图

前 HubSpot 增长副总裁、Reforge 创始人布雷恩·巴尔弗（Brian Balfour）指出，一个产品想要做大，如达到 1 亿美元的量级，仅仅有产品—市场契合（PMF）是不够的，而是需要市场、产品、模型、渠道四者之间都有很好的契合（见图 3 - 4）。

- 市场—产品契合：有一个目标客户群存在，对这样一个产品有需要。
- 产品—渠道契合：能够在特定渠道上，找到该产品的目标客户群。
- 渠道—模型契合：产品的盈利模型和用户生命周期价值能够支持使用这些渠道的成本。

■ 模型—市场契合：目标客户群愿意为这个产品付钱，支持产品的盈利模型。

打造1亿美元量级的四个契合

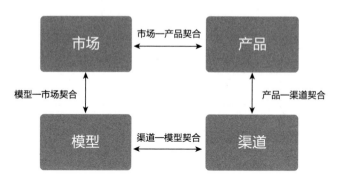

图 3-4 打造 1 亿美元量级的四个契合

3.3 五步走，选择合适的用户获取渠道

那么应该如何选择合适的新用户获取渠道呢？可以按照本节介绍的五步来进行。

3.3.1 第一步，认识你的产品特点

不同的产品，适用的用户获取渠道不同。比如，旅行攻略网站 TripAdvisor（猫途鹰）主要靠用户原创内容（UGC）驱动搜索引擎优化带来增长；市场营销自动化软件 Hubspot 主要靠内容营销吸引合格的潜在销售对象；如果你的用户已经很自然地去搜索解决方案，那么搜索引擎就是合适的渠道。如果你的用户中很多人都在使用另外一个产品，那么和那个产品合作、整合就是很好的渠道。

所以，选择用户获取渠道的第一步是了解你的产品特点：

■ 面向对象：消费者、中小企业、大型企业……

■ 产品形态：移动应用、SaaS 软件、硬件产品……

■ 所在行业：社交、游戏、社群、金融……

■ 盈利模式：免费、广告、月费、产品内购买……

■ 单位经济学：用户平均生命周期价值。

对于绝大多数产品而言，真正能做大的只有 1～2 个渠道。如果考虑使用病毒传播为主要渠道，你的产品首先需要有某些特性。比如微信，首先它是免费的、没有使用门槛、用户很快能得到价值，并且大家都需要。最重要的是用户使用之后，有动力邀请他的亲朋好友都来使用，使用的人越多，对产品的用户体验提升越多，这就是"网络效应"。反过来，如果你的产品是一个理财应用，有最低存款额，用户需要存款一段时间之后才能看出来回报怎么样，就很难将病毒传播作为主要渠道了。

再比如，如果你考虑用付费营销作为主要渠道，那么用户需要在较短的时间内就能体会到产品价值，从而使公司能够较快地收回广告费用，并投入到下一轮营销中，有产品内购买的游戏就更符合这样的特性。

3.3.2　第二步，了解你的用户群体

任何一个用户获取策略都是建立在了解用户群体的基础上。你应该尽可能地了解他们是怎样的一群人，每天的生活节奏是怎样的、在什么时间做什么事情、喜欢用什么产品、去什么地方消费、有哪些兴趣、关注哪些名人？只有充分了解你的用户群体，才能知道最可能在哪些渠道上找到他们。如果你的产品有不同类型的用户，你还需要定义不同的用户群组，给每个群组进行单独的定义和画像。

3.3.3　第三步，列出可能的备选渠道

在增长专家加布里埃尔·温伯格（Gabriel Weinberg）和贾斯廷·马雷斯（Justin Mares）所著的 *Traction：How Any Startup Can Achieve Explosive Customer Growth*（《牵引力：任何初创企业如何能实现爆炸性的客户增长》）一书中列出了 19 种在美国市场的启动渠道（见表 3 - 1），主要分为付费渠道、有机渠道和其他渠道三大类，其中付费渠道是指通过付费广告获取用户的渠道，而有机渠道是指那些不需要直接花广告费用的获客渠道。当你的公司刚起步时，可以考虑使用这些渠道来获得最早期的用户。

表 3 – 1　19 种用户获取渠道

付费渠道	有机渠道	其他渠道
小众博客	搜索引擎优化	公关
社交和显示广告	内容营销	非常规公关
线下广告	邮件营销	已有平台合作
搜索引擎营销	程序化营销	演讲机会
联盟	社区	商务拓展
会展	病毒传播	线下活动
		销售

如果产品的用户规模已经比较大，那么其实市场上真正大体量的渠道并不多。以美国为例，目前来看，只有付费增长、病毒传播、搜索引擎优化和销售这四类渠道可以做到大体量。

付费增长主要是指通过在各大广告平台购买在线广告的方式来获取新用户。比如 Facebook、Instagram、Snapchat 等社交网络平台上的广告，或在 Google Adwords 上购买搜索关键字广告。

病毒传播在 2C 产品里更常见，但是也开始成为许多 2B 产品的增长模式。如果产品本身就具有社交属性，或是功能涉及多人合作或共享的，更适合用病毒传播的方式，例如 Hotmail、Dropbox、Slack 等。

如果产品能够创造很多内容，那么可以考虑将搜索引擎优化作为主要渠道。这些内容可以是着陆页、文章、评论、留言、图片、视频等，可以是专业产生的（PGC），也可以是用户产生的（UGC）。基于这些内容，你可以生成很多页面。当成千上万名用户搜索内容时，这些页面都能成为你获取流量的入口。

销售是一个需要花很多力气的渠道。最开始的时候可能依靠人工一个一个去做宣讲、做展示，直到你找到最好的方式。接下来，你就可以考虑建立一个可以重复的销售流程，招募销售团队并设计一套体系，让这个渠道可以为你带来更多的客户。

为什么这四类渠道可以做大呢？因为它们有下面一些共性：

第一，它们都是"反馈闭环"，当你通过这些渠道获取了用户，从用户身上赚到了钱，这些钱可以重新投入到这些渠道里来获取更多的用户。相比较而言，其他的渠道就没有这个特性，比如公关需要投入更多的钱，但不一定能带来稳定的用户增长。

第二，它们的体量足够大。各大社交网络对用户是免费的，盈利模式就是靠广告，所以其用户基数很大；而搜索引擎，只要人们有搜索的需要，就会需要使用谷歌或者百度，因此也不容易饱和。

3.3.4　第四步，筛选最初的获取渠道

完成了第一步~第三步之后，你需要结合产品和用户的特点，找出一些潜力最大的首选渠道。一般来说，建议选择的依据如下：

- 大体量的渠道优先。
- 免费或便宜的渠道优先。
- 可追踪的渠道优先。
- 可以精准定位目标用户群的渠道优先。
- 可以随时开始、随时结束的渠道优先。

接下来，你需要了解这些渠道的特点，开始最初的测试，然后追踪和分析结果，看看哪些渠道应该加大投入，哪些渠道应该放弃，测试时需要观察以下两个指标：

1）哪个渠道用户获取成本（CAC）最低？

2）哪个渠道获取的用户留存时间最长、LTV 最高？这在短期可以通过激活比例高、付费比例高来模拟。

归根结底，需要找到那些能够以低 CAC 带来高 LTV 用户的渠道。如果把它们画在四象限图（见图 3-5）上的话，你需要找到右上角象限的那些渠道。

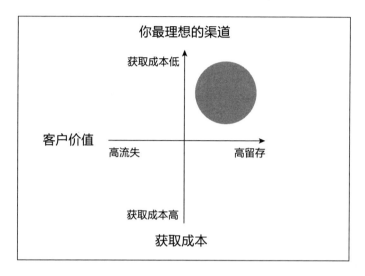

图 3-5　渠道筛选

3.3.5　第五步，运营、优化和拓展用户获取渠道

通过上面几步，找到了最初的用户获取渠道后，增长团队需要做下面几件事：

- 制定新用户获取目标。
- 决定市场预算的分配和进行渠道的日常运营。
- 通过广告设计测试和用户定位测试，优化已有渠道的表现。
- 不断发现和探索新的渠道。

持续地追踪每个渠道的平均获客成本，以及用户的生命周期价值。对于表现好的渠道，持续优化，加大投入，以获得最大价值；对于表现不好的渠道，尝试改变策略，进行测试。如果结果始终不能改善，则说明目标用户可能不在这个平台上，或者竞争太激烈，那么可以考虑放弃或者维持非常低的预算，严格控制 CAC。

曼努埃尔·韦斯（Manuel Weiss）曾经是一位程序员，如今他是 Codeship 的联合创始人和市场总监。作为一位完全没有市场营销背景的增长黑客，他非常有效地管理着 70 多个用户获取渠道。他就是利用一个类似于图 3 – 6 展示的工作表，持续追踪已有渠道的成本，不断调整、测试并加入新的渠道。

渠道	独立访客数	注册率	注册数	激活率	激活用户数	付费率	付费用户数		渠道花费	获客成本(CAC)
渠道1	300	8.33%	25	20.00%	5	40.00%	2		$700	$350
渠道2	200	12.50%	25	40.00%	10	50.00%	5		$500	$100
渠道3	100	25.00%	25	100.00%	25	60.00%	15		$1,000	$67

图 3 - 6　追踪渠道成本表

需要指出的是，过于依赖某个单一渠道是有风险的，一旦建立了一两个核心渠道，还需要主动地尝试新的渠道。LinkedIn 团队在早期就花了大量时间打造两个核心渠道：通过用户构建自己的社交网络而驱动的病毒传播，以及由人们的公开履历所带来的搜索引擎优化效应；后期 LinkedIn 团队又持续扩展了其他渠道，例如移动应用、国际化，以及和其他公司合作等。

3.4　增长黑客最爱的用户获取渠道：用户推荐

提到增长黑客最爱的用户获取渠道，由于产品特性和个人擅长不同，每个人的选择可能不尽相同。但是根据 Y Combinator（简称 YC）孵化器做的一项针对 30 多个创业公司增长专家的调研显示，超过 70% 的增长专家表示"用户推荐"是产品早期增长最为重要的渠道之一。

为什么用户推荐这个渠道如此受欢迎？因为它具有下面几个特性：

1）获取成本低：老用户帮你带来新用户，如果是自发的口口相传，你的用户获取成本是零。即使是有补贴的用户推荐，一般来说成本也低于其他付费渠道。

2）用户质量好：一般来说，老用户推荐的好友的背景和已有用户类似，因此更有可能是你的产品的目标用户。

3）转化比例高：由于有了"好友推荐"的社交背书，被推荐的用户更容易开始使用产品，成为长期用户。

那么，应该如何构建一个成功的用户推荐计划呢？

3.4.1 用户推荐的三个概念

在着手打造用户推荐计划之前，让我们先了解下面几个概念：用户推荐（Referral）、病毒传播（Viral Loop）、网络效应（Network Effect），这些名词经常被人们一起提起，但是实际上它们有着不同的含义。

1. 用户推荐

用户推荐是指一个公司使用任何系统性的方式来鼓励老用户向其他人传播你的产品和服务。这个概念并不仅仅是互联网公司特有的，比如你去吃饭，饭店老板跟你说好吃的话下次带朋友一起来，并给你打八折，这也是一种鼓励用户推荐的方式。用户推荐包含的方式也是比较丰富多样的：可以是在产品内开发的"病毒功能"，也可以是独立于产品之外的用户推荐计划；可以是完全自发的，也可以是付费补贴的。

2. 病毒传播

病毒传播和用户推荐有很多相似之处：用户把你的产品或服务介绍给别人，这些新用户再继续通过同一机制把产品推广到他们的社交圈，从而达到非常快速的大规模对外传播的效果。病毒传播在很大程度上是随着互联网的普及而出现的，因为"人人互联"给这种爆发性的传播提供了基础。比如，Facebook 上曾大火的 Buzzfeed 的裙子到底是蓝色的还是金色的、冰桶挑战以及朋友圈的神经猫等，都是一夜之间刷爆社交网络的病毒传播的典型案例。

3. 网络效应

网络效应经常和病毒传播一起被提起，但实际上它们是两个不同的概念。网络效应最重要的特征是：当更多的用户开始使用这个产品或服务后，产品变得更好了，老用户从中得到的价值也提升了。硅谷最早的增长黑客之一、早期风险投资机构

NFX Guild 的创始人詹姆斯·科里尔（James Currier）认为网络效应能给创业公司带来天然的优势：每个创业公司都要仔细审视自己的产品是不是"单玩家游戏"，如果是的话，尽可能把自己的产品做成一个"多玩家游戏"。因为病毒传播的最大价值在于低成本快速获取顾客，而网络效应的最大价值在于给生意加上一条"护城河"，一旦成功地建立网络效应，往往能带来用户的高参与度和低流失率，这对创业公司来说是极大的竞争优势。

很多产品具有病毒传播特性，比如各种相机应用，老用户分享图片可以带来新用户，但新用户的加入并不能让老用户的体验变好；也有很多产品有网络效应特性，但并不具有病毒传播的特性，比如各大搜索引擎，用的人越多算法越优化，但是并不会天然地对外传播。社交网络是少数的同时具有病毒传播特性和网络效应特性的一类产品，因此你可以看到在过去几年中，绝大多数的大体量产品都是社交网络产品（见图 3-7）。

Rank	Name	Company	Registered users	Active user accounts	Date launched	Country of origin	Date of active user stat.
1	Facebook	Facebook Inc.	2+ billion[3]	2.01 billion[4]	February 2004	United States	June 2017
2	WhatsApp	WhatsApp Inc.	1.2+ billion[5]	1.2 billion[5]	February 2009	United States	December 2016
-	Facebook Messenger	Facebook Inc.	2+ billion[3]	1.2 billion[6]	August 2011	United States	March 2017
3	WeChat	Tencent Holdings Limited	1+ billion[7]	938 million[8]	January 2011	China	December 2016
4	Tencent QQ	Tencent Holdings Limited	1+ billion[9]	868 million[10]	February 1999	China	December 2016
-	Tencent Qzone	Tencent Holdings Limited	1+ billion[9]	638 million[11]	May 2005	China	December 2016
5	Instagram	Instagram LLC	600+ million[12]	600 million[12]	October 2010	United States, Brazil	December 2016
6	Sina Weibo	Sina Corp	503+ million[13]	340 million[14]	August 2009	China	March 2017
7	Twitter	Twitter Inc.	1+ billion[15]	328 million[16]	March 2006	United States	March 2017
8	Skype	Microsoft	750 million[17]	300 million[18]	August 2003	Estonia	March 2016
9	Baidu Tieba	Baidu	1.5 billion[19]	300 million[19]	December 2003	China	August 2016
10	Viber	Rakuten Inc.	858 million[20]	249 million[20]	December 2010	Israel	June 2015
11	LINE	Naver Corporation	600 million[21]	217 million[22]	June 2011	Japan	December 2016
12	Google+	Google	2+ billion[23]	212 million[24]	June 2011	United States	April 2015
13	Snapchat	Snap Inc.	161+ million[25]	161+ million[25]	September 2011	United States	December 2016
14	King of Glory	Tencent Holdings Limited	200+ million[26]	160 million[27]	November 2015	China	May 2017
15	Pinterest	Pinterest	150+ million[28]	150 million[28]	March 2010	United States	October 2016
16	LinkedIn	Microsoft	466 million[29]	106 million[29]	May 2003	United States	September 2016
17	League of Legends	Tencent Holdings Limited	100+ million[30]	100+ million[30]	October 2009	United States	September 2016
18	BBM	Emtek	190 million[31]	100 million[32]	February 2007	Canada	February 2015
19	Telegram	Telegram Messenger LLP	100+ million[33]	100 million[33]	August 2013	United Kingdom	February 2016

图 3-7　活跃用户数超过 1 亿的社区
（来源：Wikipedia）

3.4.2 用户推荐的六大类型

接下来，我们来了解一下用户推荐有哪些基本的类型。

1. 第一类：口口相传

口口相传是最原始也是最有效的一种用户推荐方式。口口相传的最重要条件是产品要给用户带来非常好的体验，让用户觉得"我必须要分享给别人"。产品最好还有个简单好记的名字，容易向别人解释和描述。比如 Google 推出的一键搜索"I'm feeling lucky"，不光容易分享，还让人觉得很有趣。最早期的苹果 iPod 和 iPhone 以及微信等，都是口口相传的好例子。

2. 第二类：展示相传

展示相传是人们通过向其他人展示产品吸引新用户的过程。展示相传的最主要传播动力就是当人们看到一些新鲜的东西时，会产生好奇心。比如图片应用 Prisma 首创各种新颖的滤镜，让人们可以把处理过的照片发布到各大社交媒体上，于是大家都很好奇地问"你是怎么做到的？"，问清楚之后就迫不及待地去下载使用。

还有一种是直接通过动作把产品直观地显示给别人的，比如微信的"摇一摇"功能可以引起大家的围观，让别人产生兴趣。一些产品为了克服"展示相传"的障碍，做了很多有趣的尝试，比如美国的智能投顾公司 Wealthfront 专门开发了 Shake to demonstrate（摇展示）的功能。因为投资账户属于非常私人的事情，如果用户想要介绍 Wealthfront 给别人，或者向别人吹嘘今年的投资回报，用户很可能会有些顾虑，Shake to demonstrate 功能就是为了解决这个问题而开发的。当用户摇动手机时，账号里的金额和回报率都会变成奇怪的单位和数字，这样就可以让用户放心地向别人展示而不用担心泄露真实的财务信息了（见图 3 - 8）。

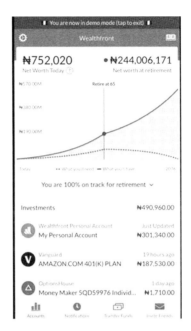

图 3−8　Wealthfront 的摇展示功能

3. 第三类：补贴推荐

通过付费或者其他方式有偿鼓励人们推荐你的产品也是很常用的方法。推荐的动机可能有多种，可能是为了钱，比如每次推荐成功直接返给推荐人 5 元钱；可能是为了代金券，比如网约车公司发免费乘车券、美团发免费送餐券；可能是为了产品功能，比如 Dropbox 发放免费空间、Wealthfront 送免费的资产管理额；也可能是为了某种地位，比如化妆品盒子订阅服务 Ipsy 的用户有一个等待期才能收到第一个盒子，但是可以通过推荐新用户可以免除等待期。

还有双向补贴推荐，是指对推荐人和被推荐人都有奖励，比如投资应用 Stash 给推荐人和被推荐人每人各 5 美元奖励。需要注意的一点是，"奖励"为送产品功能好过送钱，因为这样做虽然会使公司付出一定成本，但是有助于推荐人和被推荐人更多地使用公司的产品和服务。

4. 第四类：社交网络用户推荐

对于社交网络产品，如果老用户邀请好友加入，会使两个人的产品体验都变得更好，所以邀请是社交网络增长的最重要方式之一。被朋友邀请加入一个群体里是一种很好的感觉，但前提是邀请需要有选择性和针对性，如果给所有联系簿发一模一样的邀请，邀请信就成了垃圾邮件，被邀请人加入的概率也很低。除了电子联系簿，创业公司还开创性地尝试了其他渠道，比如美国的社区社交网络公司Nextdoor，就鼓励用户给不认识的邻居邮寄纸质明信片，邀请他加入自己的社区网站（见图3-9）。

图3-9　Nextdoor的"邀请明信片"

1—你好！欢迎加入我们在Nextdoor的社区　　2—亲爱的××小区邻居，我们的社区在使用一个私密线上网络，叫作Nextdoor××小区，我们觉得你应该加入我们……　　3—你的邻居，×××，××小区

5. 第五类：病毒传播

病毒传播和其他用户推荐方式最大的区别就在于扩散速度快、感染规模广。一般来说，有趣新颖、具有视觉感染力并且容易分享的东西，可以依靠这样的方式得到推广，YouTube视频、Pokemon GO都是很好的例子。2015~2016年，我在Facebook上经常看到一个Tasty出品的做菜短视频，这也是病毒营销高手Buzzfeed公司有意识进行的一个病毒传播实验。和传统的做菜视频不同，Tasty的所有视频都控制在40秒内，自动播放，不依靠任何声音解释，并且力争在头3秒内让用户产生兴趣。事实证明，病毒传播果然是有一些套路的，这种结合社交平台特点和用户心理

学，以及制作精良的内容，果然成功地传播起来，Tasty 一度成为 Facebook 上最流行的视频频道（见图 3 – 10）。

图 3 – 10　Tasty 的做菜短视频在 Facebook 上疯狂传播

6. 第六类：产品内传播机制

产品内传播机制如果设置得当，会是非常强大的增长渠道，也是增长团队可以通过设计和实验来打造的。下面是几个可以考虑的方向：

■ 产品需求：如果产品功能本身就需要用户邀请其他用户，那么公司应该花大量精力去优化这个流程，做到效果最优。比如，美国新一代的视频会议独角兽公司 Zoom，当用户安排视频会议时，会向参会人员发出邀请链接。当参会人员点击接受会议邀请时，顺便就注册了 Zoom 的账号。

■ 内容分享：适用于内容型的产品，例如知乎、网易云音乐、喜马拉雅 FM、蚂蜂窝、微信读书等。当用户把产品里的内容对外分享到社交网络时，其他用户可以通过这些内容知道这个产品，并可能成为其用户。

■ 人为制造：各种游戏公司是人为制造对外传播机会的行家。例如，Candy

Crush 用户需要过关时，既可以花钱或花虚拟货币，也可以邀请 Facebook 好友。有些用户没有游戏币，但为了省钱就干脆在 Facebook 上求助好友，于是又帮 Candy Crush 向潜在的新用户进行了宣传（见图 3-11）。

图 3-11　Candy Crush 的传播机制

- 欢乐时刻：找到用户在现有产品体验中最开心的时刻，把推荐的请求有机地融入用户体验中。比如健身应用 Keep 就选择在用户结束一次训练时邀请用户分享至他的朋友圈。在欢乐时刻邀请用户推荐相比较随机的请求，用户的参与度会更高。
- 顺便接触：Hotmail 在每封邮件末端自动加入信息"PS I love you"（顺便说一句，我爱你，注册 Hotmail 获取免费邮件地址）是这方面的鼻祖。顺便接触的产品传播模式不是特别明显，一般来说就是加上一句话、一个水印或者一个商标。比如，问卷调查网站 Survey Monkey 在问卷上都会印上"Survey Monkey"的商标，最近朋友圈里流行的视频处理应用 VUE 会在视频上加上 VUE 的水印等。

最后，需要说明的是，那些最成功的产品不是在产品上市之后再考虑增长，而是在打磨产品的同时就开始设计和实验产品内病毒传播、用户推荐和网络效应的种种机制。当然，前提是你需要有一个人们喜欢并且觉得有用的产品，没有产品的支持，所谓的"疯狂传播"也不过是昙花一现。

3.4.3　衡量用户推荐的万能公式

衡量用户推荐的方法大家可能都听过"K 因子"，或者是病毒系数。

简单来说，K 因子（病毒系数）的方法就是平均每个老用户可以带来几个新用户。如果 K 因子大于 1，也就是说平均每个老用户可以带来超过 1 个的新用户，那么理论上这个产品就不需要再去人为地推动增长。因为仅仅靠用户推荐，用户数就可以持续有机地增长，增长率不会衰减为零。但是在实际情况中，这样的情况几乎不存在，或者即使有，也只能持续一小段时间。

即使 K 因子小于 1，也就是说每个老用户带来的新用户数少于 1 个，由于成本低、转化率高、用户质量好，用户推荐仍然是性价比非常高的增长渠道。所以，一个好的用户推荐项目，几乎是所有 2C 产品，以及很多 2B 产品的必备。

虽然用户推荐有多种不同的类型，但是下面介绍的这个万能公式（见图 3 - 12），可以帮助你分解用户推荐的步骤、量化每一步的指标、指导通过实验优化整个推荐流程。

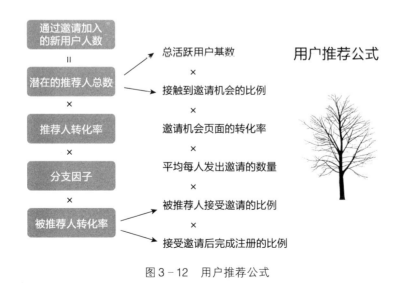

图 3 - 12　用户推荐公式

用户推荐涉及推荐人和被推荐人，当中存在多个转化漏斗。根据上面的用户推荐公式，可以将整个流程细分为6个步骤，让增长团队可以清晰地看出整个流程的瓶颈在哪里，从而抓住重点、着力改善。

举例来说，表3-2展示了A公司用户推荐转化漏斗的分解，我们假设A产品有20万的月活跃用户，我们可以根据上面的万能公式，粗略估计出通过用户推荐能带来多少新用户。同时，通过分解每一个步骤的指标，也可以看出最明显的瓶颈是邀请机会页面的转化率，以及被邀请人接受邀请的比例，所以这两个地方应该是增长团队最先聚焦的领域。

表3-2　A公司用户推荐流程的分解

指标类别	步骤分解	每月
潜在的推荐人总数	总活跃用户基数	200 000 ×
	接触到邀请机会的比例	80% ×
推荐人转化率	邀请机会页面的转化率	10% ×
分支因子	平均每人发出邀请的数量	2 ×
被推荐人转化率	被邀请人接受邀请的比例	20% ×
	接受邀请后完成注册的比例	60% ×
		=
通过邀请加入的新用户人数		3 840

下面我们单独介绍每个指标的含义。

1）总活跃用户基数：是目前可以邀请新用户的活跃用户数上限。用户对产品越满意，在产品里待的时间越长，他们邀请新用户的可能性就越大。

2）接触到邀请机会的比例：是指在活跃用户里，有多少人能接触到邀请别人的机会。这个机会可能是一个单独的邀请页面、一个基于某事件的对话框，或者是一个功能。

3）邀请机会页面的转化率：是指活跃用户看到邀请页面或对话框后，有多少人真正给别人发出了邀请。

需要指出的是，灵活使用多种邀请触发机制，可以使活跃用户接触到邀请机会的比例，以及邀请机会页面的转化率最大化。

- 静态的邀请机制，比如在应用菜单里加上"分享给好友"的选项是比较被动的，这要依赖于用户发现，因此点击率和转化率不高。如果向所有用户发送邮件或应用内信息让他们邀请新用户，虽然比较明显，但又会影响用户体验，让用户迅速产生疲惫感。
- 动态的邀请机制，让"邀请触发"有机地融入用户体验中是更好的思路。比如，找到一些"可分享的时刻"。比如，新用户刚刚完成注册，鼓励他邀请好友；用户刚刚完成了一项任务，让用户分享给好友。这种邀请触发的转化率要高一些，而且用户体验比较好。

4）平均每人发出邀请的数量：就是每个老用户邀请了几个新用户。这个指标有一个形象的术语，叫作"分支因子"，一根树枝上分了几根小枝。每个用户发出的邀请越多，那么可能带来的新用户就越多。这个时候，邀请流程设计得好不好用就有很大的关系。

邀请流程最基本的元素包括下面几个，流程中的每一步都对邀请转化率和分支因子有影响：

- 邀请页面：邀请开始的着陆页；
- 邀请奖励：邀请人和被邀请人各自有什么奖励；
- 邀请方式：比如通过社交媒体、短信、邮件还是其他方式；
- 邀请信息：发给邀请人的短信或者朋友圈的帖子怎么写，是否有图片；
- 邀请结果：统计发出多少邀请、有多少邀请被接受、多少处于未接受状态。

5）被推荐人接受邀请的比例：是指被推荐人收到邀请后，有多少人会点击邀请。

6）接受邀请后完成注册的转化率：点击邀请后，又有多少人会完成注册流程，最终成为用户。

这两步是用户推荐最关键的最后一公里。值得注意的是，各个公司采取的策略略有差别，例如 Lyft 会首先让被邀请人进入一个接受邀请的着陆页；Uber 则让用户直接进入网页注册的首页；股票交易应用 Robinhood 则直接把被邀请人导入应用商店下载应用。

这也从侧面说明了不要盲目相信所谓的最佳实践，用户推荐和其他所有增长领域一样：没有所谓的"万能灵药"，唯有结合产品、用户和市场的特点，不断试验、持续改进，才是正道。

3.5　移动应用的增长框架图

移动互联网时代，各种渠道、技术和工具层出不穷，很容易让人有一种"乱花渐欲迷人眼"的感觉。为了解决这个问题，Phiture 的创始人、前 Sound Cloud 用户留存负责人安迪·卡维尔（Andy Carvell）精心整理了一份移动应用的增长框架图，并每年保持更新，如今已经是 2017 版（见图 3－13）。我在硅谷也采访到了 Andy，具体采访内容详见本书第 8 章"中美增长专家访谈"。

需要注意的是，一个好的移动增长策略并不需要涵盖框架图的方方面面。框架图的目的并不是让大家做到面面俱到，而是为了让大家知道有哪些可以考虑的方向，或者发现自己目前的增长战略中有哪些漏洞。

从图 3－13 可以看出，移动应用的增长框架有几个层次：

1）技术是最底层的基础。
2）分析和洞察是指导增长策略的根本。
3）用户获取、参与和留存，以及变现是用户生命周期的三个主要阶段。
4）具体渠道的运用跨越了用户的不同生命周期。

不同阶段的公司很可能把重点放在不同的地方。但是最终做大的产品必然是在三个核心生命周期上都有成功的策略，而要做到这些，没有强大的技术层和分析层的支持几乎是不可能的。

移动应用的增长框架图＋增长模型　＝　完美暴击

移动应用的增长框架图

							渠道
							推送（浏览器）
							应用内信息
							邮件
							短信
							搜索（应用商店）
							社交网络
							移动展示和视频
							电视、印刷品、广播
							自有渠道
							应用商店产品页
							聊天软件平台
							移动DSP
							移动SSP
							应用流
							聊天机器人
							影响者平台

获取	公关	应用商店优化	内容营销	效果营销	影响者营销		转化率优化 合作和集成 重新定向广告 国际化
参与和留存	产品定位、功能和用户体验、用户账号	激活（新用户体验、引导、教程、Aha时刻）	生命周期营销	活动通知	社群（参与和客户支持）	病毒传播（邀请和内容分享）	内容索引
变现	利润模型（免费、付费、广告、订阅、虚拟产品）	支付处理（运营商结算、PayPal、推广墙、信用卡等）	定价（打包、固定定价、动态定价、区域定价、虚拟货币）			广告库存管理（原生广告、赞助、直接销售、广告交换）	
分析和洞察	归因	事件追踪	活动衡量	应用商店数据分析和智能	用户分群	同期群分析	内容分析	舆情分析（包括NPS等）
	用户测试	A/B测试衡量	页面流	转化漏斗	应用表现分析（CPU、电池、网络）	LTV建模	增长会计（增长率、流失率、访问）	增长模型情景计划
技术	深度链接	A/B测试架构	营销自动化SDK	归因SDK	变现SDK		分析SDK

图3-13 移动应用的增长框架图[一]

———
[一] 移动应用的增长框架图的作者是Andy Carvell，前Sound Cloud用户留存负责人，译者：曲井。

做增长，在考虑具体怎么做之前，首先要决定做什么。我推荐利用增长模型，帮助你发现增长的薄弱点；再结合增长框架图，找到具体的策略和方法。

比如，根据本书第2章的内容，A公司构建了如下的增长模型（见图3-14）：

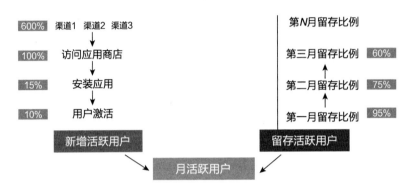

图3-14　某移动应用的增长模型

从增长模型可以看出，用户一旦激活了，留存率就较为稳定，而新用户的转化率有着不少的提升空间，特别是从访问应用商店到安装应用，用户的流失比例较高。对照移动应用的增长框架图，可以发现所有用户都是通过应用商店下载应用，而该公司没有系统性地做过应用商店优化（ASO），所以在开发新的渠道之前，增长团队选择了ASO作为首个聚焦领域，并通过进一步研究制定了如下策略：

1）谷歌应用商店转化率优化：通过谷歌应用商店进行A/B测试。

2）苹果应用商店搜索排名优化：优化应用名称和关键字。

通过一系列努力，增长团队成功地提高了两大应用商店的转化率和搜索排名。

利用增长模型找到增长发力点，再通过增长框架图制定具体方案，是我非常建议大家使用的增长思路。

拿来就能用的模板

1. 模板 1：渠道表现追踪图

渠道	独立访客数	注册率	注册数	激活率	激活用户数	付费率	付费用户数		渠道花费	获客成本 (CAC)
渠道1										
渠道2										
渠道3										
渠道4										

注：CAC 的计算在此例中为渠道花费／付费用户数。

2. 模板 2：LTV 和 CAC 关系

指　　标	数　　值
产品 LTV	
渠道平均 CAC	
LTV／CAC 比例	

3. 模板 3：新渠道选择打分图

	新渠道 1	新渠道 2	新渠道 3
是否大体量？			
是否免费或便宜？			
是否可追踪？			
是否可精准定位目标用户群？			
是否可以随开随停？			
综合推荐			

4. 模板4：用户推荐步骤分解公式

指标类别	步骤分解	1月	2月	3月
	通过邀请加入的新用户人数			
	=			
潜在的推荐人总数	总活跃用户基数 ×			
	接触到邀请机会的比例 ×			
推荐人转化率	邀请机会页面的转化率 ×			
分支因子	平均每人发出邀请的数量 ×			
被推荐人转化率	被邀请人接受邀请的比例 ×			
	接受邀请后完成注册的转化率 ×			

参考文献

[1] Anthony McQueen. User Acquisition in 2017：A Holistic Approach［EB/OL］．［2017-01-20］．https://www. digitalturbine. com/blog/user-acquisition-in-2017-a-holistic-approach/.

[2] Andrew Chen. Growth is getting hard from intensive competition，consolidation，and saturation［EB/OL］．［2017-06-26］．http://andrewchen. co/growth-is-getting-hard/.

[3] Sonia Sahney Nagar. Venture Downturn：Back to Basics with LTV and CAC［EB/OL］．［2016-05-25］．https://www. linkedin. com/pulse/venture-downturn-back-basics-ltv-cac-sonia-sahney-nagar/.

[4] Brian Balfour. Building a Growth Framework Towards a ＄100 Million Product［EB/OL］．［2017-10-13］．https://brianbalfour. com/essays/hubspot-growth-framework-100m.

[5] Gabriel Weinberg，Justin Mares. Traction：How Any Startup Can Achieve Explosive Customer Growth［M］．New York：Portfolio Publisher，2015-10-06.

[6] Alice Default. How to find and track customer acquisition channels that work for you［EB/OL］．［2017-10-19］．https://ryangum. com/track-customer-acquisition-channels/.

[7] Hila Qu. Top 5 Lessons Learned from GrowthHackers Conference 2016［EB/OL］．［2016-06-30］．https://blog. growthhackers. com/top-4-lessons-learned-from-growthhackers-conference-2016- be91ba4691b9.

[8] Josh Elman. The Five Types of Virality［EB/OL］．［2016-09-19］．https://news. greylock. com/the-five-types-of-virality-8ba42051928d.

[9] Franklin Bird. The ultimate guide to mobile user acquisition［EB/OL］．［2016-08-05］．https://blog. branch. io/the-ultimate-guide-to-mobile-user-acquisition/.

[10] Andy Carvell. The Mobile Growth Stack：2017 Edition［EB/OL］．［2017-02-04］．https://mobilegrowthstack. com/the-mobile-growth-stack-2017-edition-7fbac938420d.

第 4 章 用户激活：增长的关键转化点

4.1 你有花和新产品开发一样的精力在新用户体验上吗

乔希·埃尔曼（Josh Elman），一手打造双重病毒循环的 LinkedIn 早期增长产品经理，如今是 Greylock 风投的合伙人，他曾经讲过，一个公司应该至少花和新产品开发一样多的精力在新用户体验上，甚至更多。

我在增长黑客网工作的时候，老板也经常说：在大多数公司里，新用户激活（Activation）往往是增长团队最容易找到机会的地方。因为市场部门一般更注重各种外部渠道的运营，通过广告等方式把新用户招揽进来；而产品部门一般更注重开发各种新功能，提高老用户的参与度。"新用户激活"包含从新用户首次登录、完成账号注册和必要的设置到第一次使用产品关键功能的这段过程。因为它处于市场和产品之间，有点像"两不管"地带，很容易被忽略掉。

为什么这些增长意见领袖对新用户激活如此重视？因为如果新用户激活做得不好，就没有后续的使用了。

首先，数据显示，绝大多数应用在三天内就流失了超过 75% 的用户，在一个竞争激烈、充满同质产品的市场里拼杀，这是一个不得不面对的残酷事实。直白地说，新用户体验做得不好，其他产品功能做得再多、再好，都是白做。

其次，新用户的注意力窗口期很短，受到的干扰很多。一款产品在用户决定尝试之后，只有很有限的时间让用户感受到价值，从而把他们转变为长期用户；如果用户尝试了，然而因为没有弄明白怎么用或者没看出来产品的价值所在就流失了，想挽回他们可能比重新获取一个新用户还难。

再次，新用户激活具有放大效应。一般来说，用户的留存百分比是按照一个平滑的曲线逐渐下降的，早期的用户激活率提升一点点，可以传递到之后的留存曲线上，所以新用户的激活不仅仅对新用户有影响，对整体的用户留存和盈利都有影响。

最后，新用户激活可以提高市场预算的回报率。新用户体验好，就意味着更多的新用户会成为长期用户，产品平均从每一个用户身上获得的利润更多，所以获取新用户的预算就会相应地提升。一些原来对你来说获客成本太高而不划算的渠道，现在也变得可行了，从而帮你打开了更多渠道。

4.2　如何定义用户激活

4.2.1　激活离不开 Aha 时刻

Aha（惊喜）时刻，就是新用户第一次认识到产品的价值，从而脱口而出"啊哈，原来这个产品可以帮我做这个啊"的那个时刻。这是一个至关重要的时刻，它区分了那些从产品中发现了价值和那些没有发现价值的用户。这也是一个"有感情"的时刻，用户觉得他从广告里看到的那些承诺，产品在这一刻都履行了，因此觉得满足甚至感到惊喜。

用"美颜相机"举个例子，假设一个女孩儿从来没有听说过"美颜"的概念，她下载了这个应用，隐隐约约觉得这个应用应该能用来照相，但是并不知道具体怎么用，应用商店的介绍她当然也没有仔细看。

她打开应用之后，因为首页的设计比较简单，她很快就注意到了"自拍"这个功能，这看起来像是照相机的按钮。她点击了"自拍"按钮，调整角度给自己拍了一张照片，并且发现美颜相机"修图前"的相片显得自己黑、胖、矮，而"美颜后"的相片显得自己白、瘦、美，这一刻她才算真正明白了："啊哈，原来美颜是这个意思啊！"

在这个时刻，她第一次认识到产品给她带来的价值，也就是说她仿佛被"激活"了，有种恍然大悟的感觉，所以叫作"Aha 时刻"。接下来，她可能继续调整自拍角度，再多拍几张照片，或者尝试使用不同的美颜滤镜，看看哪个效果更好。

如果她的首次产品体验不错，她就有可能成为长期用户，每次拍照的时候都打开"美颜相机"。

对于新用户来说，这个 Aha 时刻的体验至关重要，因为假如这个女孩儿只是下载了应用，但是由于种种原因从来没有照一张照片，那么她就根本不知道这个应用对她的价值是什么，没有激活的用户最终都会流失。

Aha 时刻，不仅对于 B2C 的产品重要，随着企业软件产品"消费者化"的浪潮到来，对于 B2B 的产品也越来越重要。很多 2B 产品也把让新用户快速到达 Aha 时刻作为增长策略的重要组成部分之一。比如，美国的云存储公司 Dropbox 的 Aha 时刻就是一台设备上安装了一个 Dropbox，里面有一个文件；团队消息平台 Slack 的 Aha 时刻就是团队内部发送 2 000 条信息。其他几个知名产品的 Aha 时刻如图 4 - 1 所示。

图 4 - 1　几个知名产品的 Aha 时刻

通过这些例子，你不难发现定义 Aha 时刻的一些规律——那就是清晰、具体、可衡量，并且发生在用户体验的较早期，以及符合下面的描述：

（谁）在（多长时间内）完成（多少次）（什么行为）

不难看出，要找到以上信息来定义 Aha 时刻，需要三步：

第一步，要定义一个关键行为：这个关键行为对于游戏应用 Zynga 而言仅仅是返回应用；对于各大社交网站如 Facebook、Twitter 来说是建立社交关系；对于企业软件 Slack 而言则是其核心功能：发送信息。

第二步，要找到这个关键行为的完成者：对绝大多数 2C 产品来说完成者是用户，但是对于 Dropbox 而言就是一台设备，对于 Slack 而言则是一个团队。

第三步，需要明确规定早期是指在多长的一段时间内，并且在这段时间内用户需要完成多少次关键行为。具体的定义视产品而不同，比如 Zynga 仅仅规定下载第二天返回就视为"激活"，而各大社交网站则对"频次"有更严格的要求：如 Facebook 要求 7 天内加 10 个好友，Linkedin 要求一周内建立 4 个联系人。

在这三步里，找到"关键行为"则是最为重要的一步。

4.2.2　理解关键行为

找到了用户的 Aha 时刻就找到了激活用户的密码。对于首次登录的新用户，你应该"不惜一切代价"让他们迅速到达这个 Aha 时刻，从而开启进一步转化为长期用户的可能。

让新用户通过采取某个特定行为迅速了解到产品的价值所在，到达 Aha 时刻，这个行为就叫作"关键行为"。每个产品的关键行为不同，要具体分析。但是简单地理解，就是希望用户如何使用你的产品。下面思考一下这些问题：

1）你希望用户每次使用产品时都做的行为是什么？

2）用户做出了哪个行为更有可能长期留存下来？

3）哪个指标是整个公司最在意的？哪个指标是你最希望提升的？哪些用户行为直接影响了这个指标？

4）你有几个不同的产品或者功能吗？它们都分别是什么？每个产品或功能的成功指标是什么？和哪些用户行为相关？

通过以上问题找到了一些方向后，可以通过下面四步确认关键行为。

第一步，列出可能的关键行为

列出 3 ~ 5 个可能的关键行为，这些行为应该和产品提供的价值息息相关。一些常见的类别：

1）完成新用户上手引导过程；

2）在产品介绍之后继续浏览你的产品；

3）使用了某个核心功能；

4）和其他用户建立了联系。

对于一个拍照应用来说，有可能的关键行为包括：

1）拍了 5 张自拍照；

2）尝试了超过 3 个滤镜；

3）分享了 1 张照片。

对于一个问答社区来说，有可能的关键行为包括：

1）问了 3 个问题；

2）问题收到了 1 个以上的答案；

3）回答了 1 个问题；

4）关注了 10 个人；

5）关注了 5 个专题。

第二步，通过数据分析筛选关键行为

通过数据分析找到和长期用户留存正相关性最强的行为，这个行为就可能代表了用户的"Aha 时刻"（见图 4 - 2）。具体分析可以通过比较不同行为群体的留存曲线来进行。

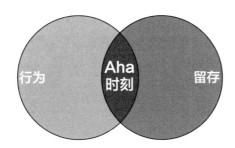

图 4 - 2　Aha 时刻

比如，一个音乐播放应用，其增长团队首先列出了下面一系列可能的关键行为：

1）注册完成；

2）播放一首歌；

3）搜索一个歌手；

4）阅读歌曲信息；

5）点击"喜欢一首歌"。

然后他们一个一个比较有过这些早期行为的新用户和没有这些早期行为的新用户，留存曲线有什么不一样。很快，他们就聚焦在"喜欢一首歌"这个行为上。因为从数据中可以看出，有这个行为的用户和其他用户相比，首日留存率高将近30%、7日留存率高将近15%、30日留存率高将近5%。

这就说明"喜欢一首歌"这个行为和用户的长期留存有一定的正相关性：有这个行为的新用户留存率较高，而没有这个行为的新用户留存率较低。留存差别越明显，就说明这个行为越关键。留存曲线的具体画法，我们将在5.2.3"绘制用户留存曲线"小节详细介绍。目前，市面上的一些商业分析软件也具备了"行为分群"的能力（见图4-3）。

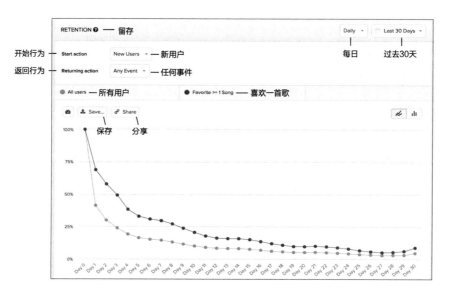

图4-3 用户行为分析软件Amplitude可以比较不同行为群组的
留存曲线，从而帮助发现关键行为

第三步，通过定性用户调研进一步确认关键行为

因为数据只能揭示相关性，通过数据分析筛选出最有可能的关键行为后，你还需要通过定性用户调研回答任何疑问，进行进一步的研究和确认。

定性用户调研包括常见的用户问卷、用户电话访问、有偿招募用户研究，也可以采用一些产品内的调研软件，在用户完成或取消某个关键动作时即时弹出问卷。

通过定性调研，用户可以给你提供更多的信息，帮助你了解数据所揭示的"关键行为"背后的原因，从而帮你进一步确认关键行为。

举个例子，一个企业的团队协作软件通过数据分析发现使用"发信息"功能和使用"日历"功能的用户，长期留存较好。但是通过进一步的用户调研，他们发现，对新用户激活最关键的行为并不是"发送第一条信息"或者"第一次使用日历"，而是新用户发现这个软件可以帮助他们协调团队的时间表、一键安排团队会议并发送消息。所以，这个软件的用户 Aha 时刻是成功安排第一次团队会议，而不是使用"发信息"或"日历"功能，只不过在安排会议的过程中，用户需要使用"发信息"和"日历"这两个功能。

再比如一个移动应用的数据分析显示，如果新用户看了某个引导视频，长期留存就好，和用户访谈之后发现，不是因为看视频这个行为本身导致留存效果好，而是因为视频中详细介绍了某一个关键功能的使用，对于新用户来说特别有价值。所以，激活的关键不是让所有人都去看这个视频，而是设计一个好的新用户引导流程让用户学会使用这个关键功能。

第四步，找到关键行为和 Aha 时刻

经过以上三步，基本上可以确定用户的关键行为了，而用户的 Aha 时刻就是完成那个关键行为的时刻。在这个过程中，有一些细节需要注意：

首先，如果发现多个行为都和用户留存有比较强的正相关，怎么办？对于新用户，还是建议把焦点先集中到一个行为上，因为"贪多嚼不烂"，新用户刚刚完成了注册流程，开始使用产品，如果一下子要求太多，可能反而会把用户吓跑了。

但是对于其他关键行为，也不要把它丢掉。因为用户引导是一个持续不断的过

程，首先引导新用户完成最重要的关键行为，以后可以通过各种机制让用户继续完成更多的关键行为，加深用户的参与度。这一点我们将在 5.4.4 "持续引导：留存永无止境"小节中深入讨论。

其次，找到了关键行为，有时候还需要定义新用户要进行这个行为的次数，也就是所谓的"魔法数字"，以及用户需要在多短的时间内完成这么多次行为，也就是所谓的"时间窗口"。这些指标都可以通过数据分析找到，但是也要认识到这些指标并不是严格的科学，更多的是一个方向性的指引。

一个简化的方法是：用留存下来的用户早期完成关键行为的次数画一个分布图，看哪个次数是临界点，也就是用户做了多少次之后对留存率的边际影响开始下降，这个次数就可以作为魔法数字的参考。时间窗口的选择一般以首日、次日和首周居多，可以根据产品的实际情况决定。

最后，必须指出通过上述方法找到的关键行为和 Aha 时刻与用户长期留存之间是相关性，并不一定是因果性。要通过设计增长实验，推动更多用户进行关键行为，同时监测这些用户的长期留存率以验证这之间的因果性。如果留存提升了，那就验证了因果性。

4.2.3 衡量新用户激活的常用指标和图表

找到了 Aha 时刻和关键行为，可以使用以下几个指标衡量来监测用户激活的表现。

指标一：激活率

激活率就是指新用户在一定时间内完成激活行为的比例。这个定义有两个维度：一个是完成激活行为的定义是什么，就是我们上面讲到的关键行为；二是这个"一定时间"有多长，是首日、3 日、7 日还是 30 日？

激活时间的选择和产品的类型有关，但是一般来说，根据产品的不同，采取首日、次日或首周较为合适。举例来说：

Pinterest 图片社交平台：激活率＝注册 1 周内返回用户/总注册人数

Zynga 某游戏应用：激活率 ＝ 注册第二日返回用户/总注册人数

激活指标的重要性在于以下三点：

第一，它只需要最长一周的时间就可以得到结果，因此是衡量用户激活的主要指标，并且可以作为衡量长期留存的先导指标。

第二，它可以帮助团队找到清晰的聚焦点，所有的新用户引导，包括产品内和产品外的，如新用户引导邮件等，都以提高激活率为目标。

第三，团队通过长期监测这个指标，可以观察趋势，了解新用户激活是变好了还是变差了。

指标二：激活漏斗转化率

用户激活漏斗转化率是指在追踪新用户注册和激活的全过程中，用户完成每一个步骤占进入这个步骤总人数的比例。

图 4-4 展示了一个虚拟产品的激活漏斗，从这个漏斗上可以清晰地看出，"注册第二步"和"完成关键行为"这两个步骤是用户流失最明显的地方。从"注册第一步"到"注册第二步"仅有 60% 的用户完成了，40% 的用户都流失了；同理，从"注册完成"到"完成关键行为"仅有 54% 的用户完成了，而 46% 的用户流失了。

因为这两步的转化率是激活漏斗中最明显的瓶颈，所以应该仔细研究这两步的用户心理、产品体验、文案、交互设计等，看看哪里有改善的空间。后续就可以针对这些点设计实验，通过 A/B 测试提高转化率，最终提升用户激活率。

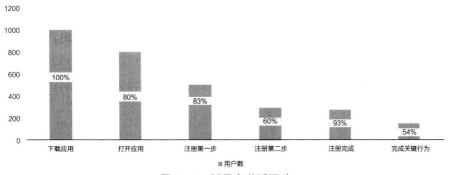

图 4-4　新用户激活漏斗

指标三：新用户留存指标

一些水平比较高的增长团队在基本的激活指标和激活漏斗之外，还会监测新用户留存指标。这个指标一般是指新用户在经过较长的一段时间（如一个月）后，是否还是产品的活跃用户。

比如，Pinterest 增长团队除了追踪首周激活率的"Aha 时刻"外，还会监测注册 4 周后仍然是周活跃用户的比例，他们把这个指标称为"习惯时刻"；Instagram 则更夸张，它们的新用户留存指标是指用户注册 60 天后仍是月活跃用户的比例。

一般来说，新用户留存指标和早期激活指标会有一定的相关性，但是将它单独区分出来有两个好处：一是早期激活指标一般只是追踪一周内的用户表现，而新用户留存指标将这个监测周期延长到了一个月甚至两个月，同时监测两个指标可以观察两者之间是否存在分歧；二是让新用户激活团队有了一个较长时期的关注期，不只是关注新用户注册流程，而是延伸到注册后一两个月内的整体新用户体验，指导团队进行持续地新用户引导。

4.3 新用户引导的"激动指数"

设想一下，有一天，老王正在网站上闲逛，看到了你的应用广告，这时他收到了一条微信，是他老婆发来的，于是他赶紧去回微信了。又过了几天，他又在另外一个网站上看到了同样的广告，虽然记得不是很清楚，但是他感觉这个广告似曾相识，刚好那时候他有点时间，心想反正不花钱就试试看吧，于是他点击广告到应用商店下载了你的应用。

下载完毕，老王第一次打开了你的应用。在这个时刻，老王作为一个潜在的产品用户是处于一个很特殊的节点上的。一方面，他已经做出了想要试试看的决定，他有比较大的动力想要弄明白这个产品是怎么使用的，看看能不能兑现广告上的承诺。另一方面，他经历了看到广告、做出决定再到应用商店下载的过程，耗费了不少感情、思考和时间，他的"能量条"也有了一定的损耗。

假如你已经明确了产品的 Aha 时刻，那么应该用怎样的方式帮助刚刚经历了这一切的老王，迅速完成关键行为、成为激活用户呢？

这里我向大家介绍一个从用户心理学角度解释的新用户激活的模型，它是由 Dropbox 的增长专家达赖厄斯·康楚克特（Darius Contractor）分享的"激动指数模型"（见图 4 - 5）。

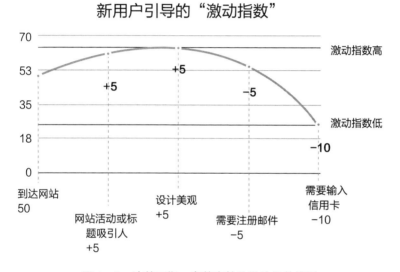

图 4 - 5　达赖厄斯·康楚克特的激动指数模型

用户激动指数是一个从 0 到 100 的数值，简单来说，代表了用户有多大动力在某个时刻完成某件事情，因此很形象地叫作"激动指数"。激动指数为 100 就是用户下定决心排除万难也要完成这件事情。想想看，大家上网买火车票或者选课，不管售票网站做得多不好，或者需要半夜起床上网，大家也赴汤蹈火、在所不辞，因为用户的动力很足，一定要完成这件事情。激动指数为 0 就是用户要么完全不感兴趣，觉得这件事情可做可不做，要么已经筋疲力尽，濒临放弃的边缘。在这个时候，一点点的挫折或者困惑就能令用户彻底放弃。

用户的激动指数不是一成不变的。新用户激活的过程就是要在用户的激动指数降到 0 之前，引导用户完成注册和设置，并完成关键行为，第一次体会到产品的价值。

回到刚才的例子，假如老王刚刚点击广告时，激动指数为 100，随后到应用商店下载、读评论、等待安装的过程中这个指数已经降到了 80。好不容易下载完成，一打开应用看到一页密密麻麻堆满了文字的介绍页，一下子头都大了，激动指数骤降到 65。

不过老王还是点击了"注册"按钮，幸好注册表单做得不错，只需要填写两栏：邮件和密码，并且非常明显地写清了密码的规则，老王顺利填完了表，激动指数只是下降了少许，变成 60。

接下来，一个需要允许推送的对话框弹了出来，老王心想，我还没弄明白这玩意怎么用呢？带着一丝不爽，他迅速点击了"以后再说"，激动指数已经降到了 40。

说时迟那时快，又一个对话框弹出来并要求老王允许同步通讯录，老王心想"有完没完啊"并迅速点击了"以后再说"，这时激动指数已然降到了 20。

总算进入产品界面了，面对没有任何引导的空白界面，老王心里生出一丝绝望，这玩意到底怎么用啊？终于激动指数降到了 0，这时候，刚好老王老婆的一条微信推送进来，老王关闭了你的产品，去和他老婆聊天去了，仿佛什么都不曾发生过。

对于你的产品来说，比什么都没发生过更惨的是广告费花了，却一个用户都没收回来。

那么，究竟要如何保持用户的激动指数，才能够让老王撑过关键的新用户激活流程呢？以下几点很重要。

首先，要明确用户的初始激动指数。

如果公司品牌的知名度大，那么一般来说，比起名不见经传的小品牌，用户的初始激动指数可能更高；因为很多用户是从广告点击开始知道这个产品的，好的广告设计、文案也可以提高用户的激动指数；最后，不同渠道来源的用户激动指数也不同，比如自己找上门来的和老用户推荐的用户因为其需求更强烈或者有社交背书，往往激动指数高，而付费广告招揽来的用户平均激动指数较低。

其次，了解各个元素对激动指数的影响。

自己模拟操作一遍新用户激活流程并记录下来，在每一个步骤哪些元素能够增加激动指数，哪些元素会降低激动指数，最后加起来，用户激动指数是正的还是负的。

比如，用美国排名第一的婚恋网站 match.com 网站的早期着陆页举例（见图 4-6），从上到下、从左到右，模拟用户的眼光快速扫一遍，有哪些元素对激动指数有影响呢？

图 4-6 美国婚恋网站 match.com 的早期着陆页

1）左上方：match 的品牌。match 作为美国知名婚恋网站品牌，用户看到后会觉得"品质有保障"，激动指数 +2。

2）左中：看到幸福的人脸。用户会觉得"他们看起来很快乐，颜值也很高"，激动指数 +5。

3）中间：约会#1 网站，用户会觉得"看来我是来对地方了"，激动指数 +10。

4）中间：表格默认为"女性寻找男性"，并且把年龄填好了，用户觉得"网站很聪明啊"，激动指数 +10。

5）中间：邮政编码。用户会想"好吧，我得把键盘调出来，有点麻烦……"，激动指数 −5。

6）中下方："看照片"按钮。用户会觉得"太好了，迫不及待想要看照片了"，激动指数 +10。

所以，假设用户到达这个网页的初始激动指数为60，经过这个着陆页，他们的激动指数不但没有下降，还提高了32，达到了92。

最后，综合审计新用户激活漏斗的各个环节。

新用户的激活包含了产品内部和外部的各个环节：比如对于一个移动应用来说，包含了看到广告、来到应用商店或者着陆页、完成注册流程、完成引导激活等步骤。各个环节上的元素都对激动指数有影响。

但是由于这些环节往往是由不同的团队负责，又处于不断变化中，很容易出现不一致甚至互相打架的问题。所以，建议增长团队定期审计新用户激活的整个流程。

接下来，让我们以"得到"应用为例模拟其新用户激活流程。如果我们模拟一个新用户从搜索、发现"得到"广告、点击广告到达着陆页、下载、注册、激活的操作的全过程，我们可以看到，"得到"产品的卖点很清晰——"碎片时间，终身学习"，并多次重复。各个环节之间的文案和设计风格比较一致，临门一脚的"新人专享礼包"也有助于提高用户的"激动指数"，帮助用户完成激活（见图4−7）。

图4−7 "得到"的新用户激活漏斗：卖点清晰、风格一致

4.4　新用户引导的四大原则和八大误区

通过前几节的内容，我们明确了新用户激活的重要性，知道了如何找到关键行为和 Aha 时刻，衡量新用户激活该采用哪些指标，以及理解了心理学角度的新用户激活"激动指数"，下面我们通过一些具体的案例，介绍新用户引导的四大原则和需要避免的八大误区。

原则一：增强动力

因为用户需要采取行动、耗费能量，才能够完成新用户激活，所以我们需要及时有效地帮助用户增强动力，这个原则我们在 4.3 一节中已经介绍过。具体来说，可以通过以下的方法增强用户的动力：

1）保持外部广告和新用户欢迎页面的前后一致性：用户看到的信息和设计越一致，可能产生的困惑就越少，完成注册的动力就越高，如图 4-8 所示。

a）案例：Inbox 的网站着陆页和新用户欢迎信息设计一致

b）案例：Pinterest 的应用商店页面和新用户欢迎页面语言一致

图 4-8　信息和设计一致

2）向用户解释为什么他要开通各种权限，对他有什么好处，而不是一上来就向用户提要求，如图 4-9 所示。

a）案例：订票应用要求用户开通推送前，先让用户成功完成一次订票，使推送允许率提高182%

b）案例：移动设备安全应用Lookout要求用户开通地点分享前，会先告知用户是为了定位丢失的iPod

图4-9　向用户解释开通权限的好处

3）利用社会信任：比如当Uber新用户接受老用户的邀请下载应用后，打开应用首先看到的界面是老用户的名字和照片，以及30美元的新用户奖励，这就提高了新用户完成注册的动力，如图4-10所示。

图 4-10　案例：Uber 的用户推荐流程巧妙利用推荐人的社会信任

4）让用户参与其中：智能投顾网站 Wealthfront 的新用户引导流程则是让用户无须注册，就可以完成一套财务风险评估。在评估过程中用户需要回答各种问题，最后 Wealthfront 给用户推荐一个私人化的风险投资组合。这就让用户有了参与感，得到了价值，更有动力完成注册，如图 4-11 所示。

　　a）第一步：回答问题　　b）第二步：输入邮箱获得私人化投资计划　c）显示推荐的计划
图 4-11　案例：智能投顾网站在用户注册前先让用户填写问卷，为用户生成私人化投资推荐
1—你为什么投资　　2—根据你的回答，这是你的多样化投资计划

原则二：减少障碍

新用户引导的第二大原则是减少障碍。因为每跨越一个障碍，用户都需要消耗能量，其激动指数都会下降一点点。注意这里的障碍不仅仅是需要用户填写各种表

格，还包括令人困惑的文案、使用起来违反直觉的设计、过多的选择和信息、冗长的注册流程等。可以参考下面一些公司减少障碍的思路：

1）推迟注册的步骤，让用户先使用产品，如图4-12所示。

图4-12 案例：语言学习应用 Duolingo 允许用户无须注册就能开始学习，但是需要注册才能保存进度

2）移除多余步骤，隐藏过多信息：信息应用 Line 将新用户引导流程中手机注册和条款隐私两步合并为一步，将条款隐私的具体信息放到链接中，仅仅一个小的变化对转化率就有很大的提升，如图4-13所示。

a）案例：改进前的 Line 的用户条款页面　　b）案例：改进后的 Line 的用户条款页面

图4-13 信息应用 Line 的改进

1—注册　2—验证电话号码　3—通过 Facebook 登录　4—服务条款　5—同意条款　6—注册　7—为开通 Line 账户，请验证你的电话号码或 Facebook 账号。当你点击"验证电话号码"或"通过 Facebook 登录"，你默认同意"用户条款"及"隐私条例"（点击可看到这些条款内容）　8—验证电话号码　9—通过 Facebook 登录

3）避免冷启动：冷启动是新用户激活中一个不那么明显，但是负面影响很大的障碍。图 4-14 是一个 SaaS 软件的新用户首页，可以想象，如果用户完成注册，进入产品界面后却发现一片空白，他需要花费心力去思考接下来该怎么办，那么他的激活概率就大大降低了。

图 4-14　某 SaaS 产品的"冷启动"界面

原则三：适时助推

有时候，即使用户有动力、有能力，但在各种外部和内部信息的干扰之下，还是很可能没能完成关键行为。这个时候，就需要增长团队通过各种方式去提醒用户，推他一把。具体有几个可以考虑的方向：

1）明确机会窗口：新用户激活的机会窗口往往非常短暂，增长团队需要通过数据分析了解助推要发生在哪个时间段，一般来说，2C 产品的机会窗口可能是用小时甚至分钟计算的，2B 产品的略微长一些。助推需要发生在这个时间段以内，否则成功概率大大降低。

2）灵活采用各种 UX 模式进行用户引导：新用户引导有多种设计模式（见图 4-15），需要根据产品的特点进行选择。比如，产品是单一功能还是复杂功能？用户界面很独特吗？用户有多大的动力开始使用你的产品？用户对技术有多熟悉？最终的目的是让用户在最短的时间得到最大的价值。

a）案例：Robinhood 直接让用户体验股票买卖过程

b）案例：HeadSpace 利用 Coachmarks　　c）案例：Google Calendar 利用弹
　　（标记）进行用户引导　　　　　　　　　窗进行用户引导

图 4-15　新用户引导的多种设计模式

3）利用邮件或移动推送等外部渠道提醒用户完成新用户激活，如图 4-16 所示。

a）案例：利用推送提醒用户完成　　　b）案例：利用推送提醒用户完成应
　　履历　　　　　　　　　　　　　　　用内新用户引导流程

图 4-16　利用外部渠道完成新用户激活

原则四：私人订制

最后一个新用户引导的原则是私人订制。因为用户的偏好不同、背景不同、使用产品的目的不同，"千人一面"的新用户引导很可能不能满足每个用户的需求，而利用有限的信息，尽可能找到最关键的几个用户群体，让新用户引导个人化，可以最大化地满足用户需求，提高激活率。

1）让用户自己选择兴趣和偏好，如图 4-17 所示。

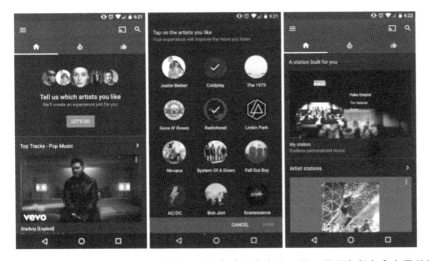

图 4-17　案例：音乐应用让新用户自己选择喜欢的艺术家，第二周用户留存率有显著提高

2）根据用户消费历史推荐，如图 4-18 所示。

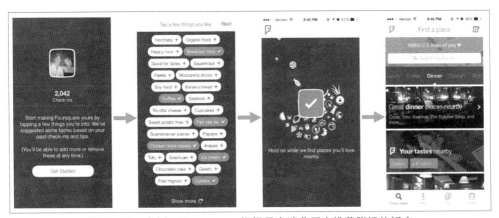

图 4-18　案例：Foursquare 根据用户消费历史推荐附近的饭店

3）根据用户目的给予不同的引导，如图4-19所示。

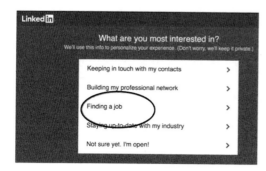

图4-19　案例：LinkedIn在用户注册过程中询问用户注册的目的，
并根据用户选择，给予不同的用户引导

4）根据用户不同的群组给予不同的引导，如图4-20所示。

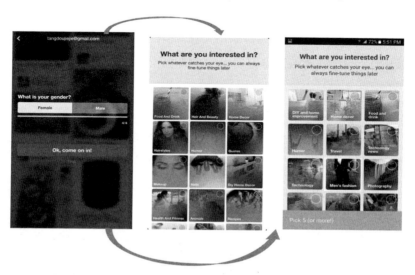

a）性别选择　　　b）女性用户兴趣选择页　　c）男性用户兴趣选择页

图4-20　案例：Pinterest根据用户性别推荐不同的初始图片类别

除了四大原则外，在建立新用户引导流程时还应该注意避免下面的八大误区。注意，其中最重要的是第八条：

第一，新用户注册和引导步骤太多，流程太长；

第二，没有聚焦到一个关键行为上，想让新用户做的事情太多；

第三，花太多时间教用户怎么用界面，而没有让用户使用产品；

第四，让用户太快完成设置，没有给予足够的教育；

第五，新用户注册太顺利了，没有设置必要的障碍筛选掉不合格的用户；

第六，以"注册完成"为衡量新用户引导的指标，而不是"用户激活"；

第七，对每个用户都统一对待；

第八，完全照抄以上介绍的最佳实践，而不进行 A/B 测试。

4.5 新用户激活是个系统工程

美国有句谚语是"It takes a village to raise a child"，意思是：养育一个孩子需要整个村庄合力。养育一个新用户虽然没有养孩子那么难，但是也是增长中难度最大的环节之一。

成功的新用户激活不但需要帮助用户完成基本的账户设置，而且要让用户对产品有一定的了解，最重要的是能让用户完成和长期留存息息相关的"关键行为"，从而第一次体会到产品的价值。这需要新用户在有限的时间内，在认识、体验、行动和情感四个方面都完成一次"升级"，从一个产品的"陌生人"变成一个"使用者"。

因此新用户激活需要多管齐下，绝对是个系统工程。

1）新用户激活需要多个团队的参与：产品、市场、增长、客户成功、销售、设计、工程人员等，全都参与其中。例如，Twitter 的 Aha 时刻是关注 30 个人，因此增长团队和产品团队合作打造了一个"学习流程"，通过多种手段帮助新用户到达 Aha 时刻。

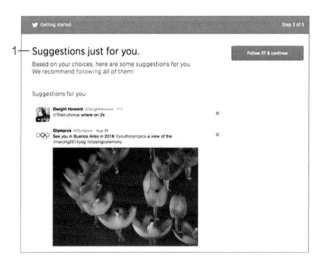

a）渠道1：注册过程中根据兴趣自动推荐用户

b）渠道2：注册中建议找到已有联系人

c）渠道3：邮件推荐新的关注对象

图4-21 Twitter 的团队合作

1—专门给你的推荐　　2—找到你认识的人

3—邮件标题"在 Twitter 上关注××账号、××账号、××账号"

2）新用户激活需要多个渠道的配合：除了广告、产品内新用户引导、邮件、推送这条主线外，其他渠道如社交网络、公关、活动等也都会影响用户对品牌和产品的认知。例如，Pinterest 在用户注册一周之内采取组合拳的模式，通过多种渠道推动用户到达 Aha 时刻。

   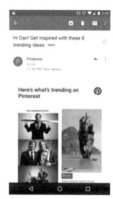

a）渠道 1：手机应用界面　b）渠道 2：网站界面　　　c）渠道 3：移动推送　　　d）渠道 4：邮件

图 4-22　Pinterest 的多渠道配合

3）新用户激活的时间段也不仅限于用户注册的第一天，而是延续到首周、首
月，甚至更长的时间段。比如，Instagram 的新用户激活体系是一个 60 天的
流程。激活团队负责在用户开始使用产品的 60 天之内，帮助用户发现产品
的价值，形成使用的习惯。

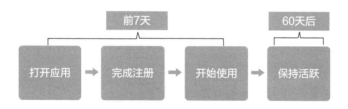

图 4-23　Instagram 的新用户激活体系

由于以上原因，很多增长团队在成立初期，都将提升新用户激活作为第一个聚
焦领域。因为这个领域通常受关注不多，非常需要跨部门的合作，可以在很多不同
渠道上做实验，同时有一个非常清晰的目标可以衡量，迭代周期较短。

试试看，在你的产品的新用户激活流程上找到一些快速的胜利吧！

拿来就能用的模板

1. 模板 1：找到 Aha 时刻

第一步：定义关键行为
什么行为：登录即可，还是使用核心功能

第二步：找到关键行为的完成者
谁：用户、设备还是团队

第三步：明确时间和频次
多长时间内完成多少次关键行为

第四步：定义 Aha 时刻
（谁）在（多长时间内）完成（多少次）（什么行为）

2. 模板 2 ：找到关键行为

第一步：列出可能的关键行为 列出 3 ~ 5 个可能的和产品价值息息相关的关键行为	
第二步：通过数据分析筛选关键行为 通过数据分析找到和长期用户留存正相关性最强的行为	
第三步：通过定性用户调研进一步确认关键行为 通过定性用户调研回答疑问，进一步确认	
第四步，找到关键行为和 Aha 时刻 注意以上几步找到的仅为相关性，需通过增长实验验证因果性	

3. 模板 3：新用户激活漏斗示例

漏斗步骤	步骤名称	完成步骤用户数	占上一步的百分比	平均所需时间（与步骤 1 的时间差）
步骤 1 如下载产品				
步骤 2 如首次登录				
步骤 3 如注册第一步				
步骤 4 如注册第二步				
步骤 5 如注册完成				
步骤 6 如首次完成关键行为				

参考文献

［1］Dan Vallejo. Using in-app growth patterns to drive engagement and retention across consumer apps ［EB/OL］. ［2017-06-01］. https：//www. slideshare. net/growthhackers/ghconf17-using-inapp-growth-patterns-to-drive-engagement-and-retention-across-consumer-apps.

［2］Bangaly Kaba. Focusing on User Growth - How Instagram Activates New People［EB/OL］. ［2017-05-24］. https：//blog. growthhackers. com/.

［3］Ty Magnin. User Onboarding Best Practices［EB/OL］. ［2016-05-12］. https：//www. appcues. com/blog/user-onboarding-best-practices/.

［4］Ty Magnin. The Growth Marketer's Guide to Aha! Moments［EB/OL］. ［2016-10-19］. https：//www. appcues. com/blog/aha-moment-guide/.

［5］Apptimize. This Is How You Find Your App's Aha! Moment［EB/OL］. ［2016-02-22］. https：//apptimize. com/blog/2016/02/this-is-how-you-find-your-apps-aha-moment/.

［6］Darius Contractor. Increase funnel conversion with Psych［EB/OL］. ［2017-06-12］. https：//darius. com/increase-funnel-conversion-with-psych-7378d51c4caf.

［7］Ty Magnin. 76 Tips to Optimize User Onboarding［EB/OL］. ［2016-12-06］. https：//www. appcues. com/blog/optimize-user-onboarding-slideshare-tips .

第 5 章　用户留存：增长的坚实根基

5.1　不留存，就去死

用户留存有多重要？"不留存，就去死"听起来好像有点耸人听闻？下结论之前，先听个故事吧。

BranchOut 是美国的一家专业人士社交网站，它建立在 Facebook 社交网站基础之上，致力于帮助人们通过熟人来找工作，并试图最终建立一个独立的职业社交网站。从 2012 年 1 月开始，在短短的几个月时间里，它的总用户数增长到 2 500 万，月活跃用户一度达到 1 400 万。2012 年 4 月完成 C 轮融资 2 500 万美元，当时连美国财经网站 CNBC 的头条都惊呼："Linkedin，赶在 Facebook 之前把 BranchOut 买下来，要不然就来不及了！"

但是没过多久，2012 年 6 月，事情开始 180°大转弯，融资仅仅 2 个月后，BranchOut 的月活跃用户几乎缩水了一半。据公司的 CEO 事后接受采访时表示：当时他的团队把精力全都放在用户获取上，非常成功地通过 Facebook 病毒传播的方式达到了用户数的爆炸式增长，但是这些用户里很少有几个真正深入使用产品的，新用户注册 BranchOut 账号之后，没发现有价值的东西，很快就都离开了。

BranchOut 获取新用户主要依赖 Facebook 用户墙发帖机制，当 Facebook 认为这种做法有过度骚扰用户之嫌并决定将其禁掉之后，BranchOut 的现有用户流失速度超过了新用户增加的速度，很快活跃用户数衰减，并从此一蹶不振，曾经的硅谷宠儿最后落了个到处寻找买家贱卖的下场（见图 5-1）。

BranchOut Hits 25 Million Users, Nabs $25M In Series C Funding
Posted Apr 19, 2012 by Colleen Taylor (@loyalelectron), Contributor

a）2012 年 4 月 Techcrunch 报道：BranchOut 达到 2 500 万用户，完成 2 500 万美元 C 轮融资，风光一时无两

Recruitment Trainwreck BranchOut In Talks To Be Acquired, May Sell Mobile Team To Hearst
Posted Sep 15, 2014 by Josh Constine (@joshconstine)

—— "招聘网站残骸" BranchOut寻求买家，或将移动团队卖给Hearst公司

b）2014 年 9 月 Techcrunch 报道：BranchOut 寻求买家

图 5-1　BranchOut 的衰落

BranchOut 的故事既熟悉又陌生，不管是在美国还是在中国，几乎每个月都上演着某个产品爆炸式增长然后又昙花一现般消失的案例。毫无疑问，如果一个初创公司的产品有留存问题，它的结局真的就是死去。那么对于规模稍大的公司，是不是能好一点？

Twitter 从 2013 年 IPO 以来，就没有几天好日子，它的活跃用户增速被其他几大社交网站远远地甩在了后面，甚至还赶不上社交新宠 Snapchat。其股票也一直处于半死不活的状态，IPO 发行价 26 美元，2017 年仅有 18 美元（见图 5-2）。

图 5-2　Twitter 从 2013 年到 2017 年 9 月的股价图

113

有数据公司曾经研究了 2016 年某月 Facebook 和 Twitter 移动应用的下载量，发现这两个产品的新下载量相对于产品现有用户数的比例是类似的，都在 3% 左右。困扰 Twitter 的最大问题不是它的新用户增长，而是它的用户留存。早在 2009 年，有分析师就指出 Twitter 每月的新用户只有 40% 下个月会再发推文（tweet），而同期 Facebook 的月留存率在 70% 左右。Twitter 之后经历了各种改版有了很大的改善，但是直到现在，它的留存率还是各大社交网站里最差的。由此看来，即使 Twitter 已经 IPO 了，如果用户留存上不去，也会像一个挥之不去的噩梦，直接反映在用户数和股价上。

5.1.1 留存差的后果是什么

记得我们小时候都做过的应用题吗？家里有个蓄水池，如果要放满水需要 20 立方的水，水龙头每分钟可以放水 5 立方，水池底下还有个出水阀没有盖好，每分钟会流掉 3 立方，问多久可以充满蓄水池？

如果把 Twitter 用户数想象成蓄水池里的水，虽然不停地有新用户进到水池里，但是已有用户也在不停地从池底流失。归根结底，以下两个要素都在直接影响增长：

净用户增长 = 新用户加入 − 老用户流失

产品在早期，已有的用户基数比较小，用户即使有一些流失也不明显，会被新用户的迅速增长掩盖掉；产品在后期，如同 Twitter，已有的用户基数已经达到 3 亿，即使只有每月 5% 的流失率，流失用户的绝对值也是巨大的 1 500 万。这也就意味着新用户获取团队每个月需要补的空缺至少是 1 500 万，才能保持用户总数持平。（图 5−3、图 5−4 展示了 Twitter 比其他社交网站的留存都差。）

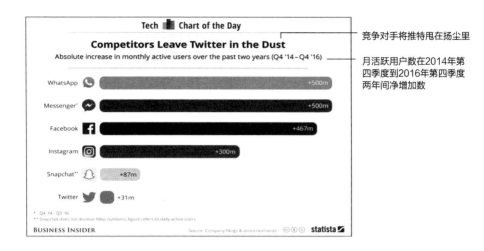

图 5-3　各大社交网站的月活跃用户增量
(2014～2016 年)，Twitter 被远远地甩在后面
(来源：Statista)

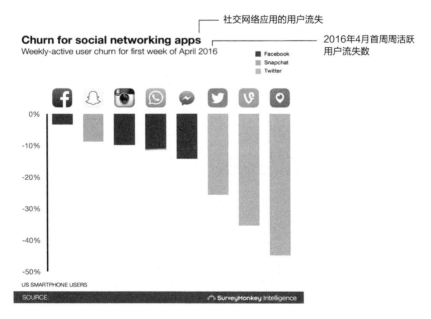

图 5-4　各大社交网站用户首周流失率 (2016 年 4 月)，
Twitter 流失率高于其他社交网站
(来源：SurveyMonkey Intelligence)

5.1.2 得留存者得天下

有句名言叫"钱不能买来爱"，在一定程度上，也可以说"钱买不来用户留存"。很多公司可以用钱买来新用户，却不能用钱让这些用户留下来。因为用户留存是建立在产品对用户有价值的基础上的，然后通过产品的优化和各种客户通信渠道得到加强。

为什么说"得留存者得天下"？有数据显示，应用商店排名前 10 的应用和排名靠后的应用的最大区别就在于用户留存率：前 10 名应用的 50 天留存率在 50% 以上，而所有应用的平均值低于 5%。

同时，留存也影响增长的方方面面：

1）好的留存可以使用户付费周期变长，用户生命周期价值 LTV 升高；
2）好的留存可以使团队有预算测试更多、更贵的增长渠道；
3）好的留存带来更多忠实的老用户，可以推荐更多的新用户。

留存的强大之处在于其复利效应，开始时微小的留存率差别可能意味着一段时间后巨大的用户数差别。假设有公司 A 和公司 B 都是从零开始，公司 A 每月新增 500 万用户，有 80% 的月留存率；公司 B 每月新增 250 万用户，有 95% 的月留存率；6 个月

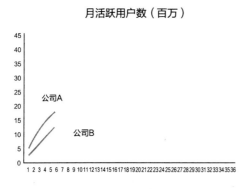

a) 6 个月后

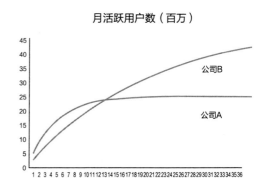

b) 三年后

图 5-5　留存的复利效应

（来源：Sarah Tavel）

之后，公司 A 的用户数还是领先于公司 B；但是保持一切参数不变，3 年之后，公司 B 的用户数会达到 4 200 万，反超公司 A 的 2 500 万，这就是留存的复利效应。

5.2 如何定义留存

一说到留存，很多公司会追踪月活跃用户、周活跃用户或者日活跃用户的趋势图，看着图里的曲线蒸蒸日上，就觉得没问题。但是如上所述，这些趋势图追踪总用户数的变化趋势，是新用户加入和现有用户流失的汇总结果，并不适合作为观察留存的指标。

衡量留存，我们推荐使用计算同一用户群不同时间的留存率（Retention rate）来绘制留存曲线（Retention curve），有时候也叫作进行同期群分析（Cohort Analysis）。简而言之，就是把同一时期加入的用户放在一起，横向追踪他们在接下来几个月、一年的时间里，是不是还持续使用这个产品，有多大比例流失了，在什么时间流失了，从而了解用户随时间变化的留存情况。

但是在绘制留存曲线之前，我们要先弄清楚几个概念。

5.2.1 留存、留存，怎么样算"留下"来了？回归关键行为

用户留存或者流失，顾名思义，用户留下来了或者跑掉了。所以很自然地，有些公司会把留存定义为在一定时间后用户仍然返回网站，打开应用或者软件。这个留存定义是基于用户的登录行为的，它是很常用的留存指标。对于某些产品比如游戏，这个定义可能已经足够了，因为用户不会无缘无故打开一个游戏应用，他回来基本上是来玩游戏的。

但是对于另外一些产品，这样的定义可能是不准确的。我们曾在第 4 章讲过，用户留存最终也要和用户的关键行为挂钩。为什么？下面我们来举个例子。

增长黑客网曾经推出一个专门针对增长团队的项目管理软件，可以帮助增长团队管理一个实验从产生想法、上线到分析记录结果的全过程。我们在画用户留存曲线的时候，最开始就是用一般的登录行为作为用户活跃的定义。后来我们在进一步分析数据的时候发现，用户回到软件里可以做的事情有很多：如果是回来加入新的实验想法、管理已有的实验进程、记录实验结果，或者是和团队成员就一个实验进行讨论，这些和项目管理及团队协作相关性高的行为，价值更大，与用户长期留存

的概率有更强的正相关性。

但是也有一小群用户，他们登录的频率很高，但仔细观察他们的行为，会发现他们把这个软件作为一个记录实验想法的私人线上笔记本，这类用户虽然也有登录行为，但是并没有以正确的方式使用产品，在免费试用期结束后，他们有很大一部分都流失了。所以如果我们只是一般性地把登录行为作为留存的定义，可能也会面临这样的问题：如果我们设计了一系列实验有效地让更多用户来记录实验想法，那么看起来"用户留存率"提高了，但是这并不能真正提升用户长期留存。

在 4.2 用户激活一节里，我们详细介绍了找到关键行为的方法。在衡量用户留存时，我们仍然要从关键行为开始。比如，健身应用的关键行为是完成一次健身，那么衡量用户是否留存就应该看这个用户是否还在健身；比如，对于投资应用来说，其关键行为是完成投资，那么即使用户不登录应用，只要他通过定期投资或其他方式持续投资，那么就可以视为留存用户（见表 5 - 1）。

表 5 - 1　部分产品的关键行为

产　品	关键行为
健身应用	完成一次健身
投资应用	完成投资
游戏应用	玩一个游戏

5.2.2　像大宝一样天天见？发现用户的天然使用周期

20 世纪 90 年代有一个著名的护肤品广告语："要想皮肤好，早晚用大宝""大宝啊，天天见"。大宝作为护肤品，天天用，甚至早晚都用是理所当然的。但是用户使用其他类型的产品需要天天用吗？不见得。对于一个运动健身类应用，用户可能会每周使用几次，不需要天天都用；但是对于一个聊天软件，用户可能需要每天甚至每个小时都使用。

每个产品都有自己的天然使用周期，所以找留存指标也需要找到一个合适的"周期"，周期太短了不现实，太长了不足够。

图 5 - 6 展示了雅虎旗下的 Flurry Analytics 数据分析公司在 2016 年 3 月发布的应用的留存和使用频率象限。可以看出不同类别的应用，其 30 日留存和每周使用频率

差别很大。其中，家庭、动作游戏、娱乐和音乐类等应用处于左下角，使用频率低、
留存差，属于用户上手快，流失也快的产品；天气类应用处于右上角，因为人们有
使用的刚需，同时需要天天使用这类产品。

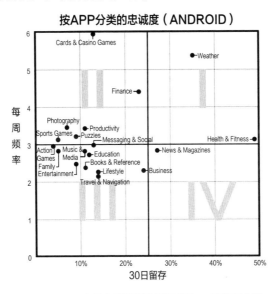

a）Android 上的应用每周使用频率和 30 日留存象限

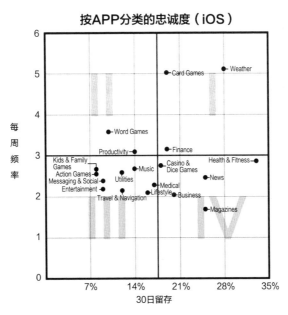

b）iOS 上的应用每周使用频率和 30 日留存象限

图 5-6　数据分析公司的调查结果

图 5-7 展示了不同游戏子类别产品的留存和频率数值，可以看到大多数游戏类应用的天然使用周期是至少每周一次，对于这些产品，将留存定义为"每周登录"比较合适；但也有一些子类别，天然使用周期是接近每天一次，对于这些产品，将留存定义为"每天登录"就更为妥当。

子类别	30日留存率	周使用频率
动作	4%	2.96
休闲	5%	2.9
体育	5%	3.14
街机	5%	2.66
迷宫	9%	3.22
卡牌	13%	5.95

a）Android 游戏应用

子类别	30日留存率	周使用频率
儿童&家庭	8%	2.66
动作	8%	2.55
策略	9%	2.87
字词	10%	3.57
迷宫	11%	2.29
街机	12%	2.9
骰子	18%	2.75
卡牌	19%	5.01

b）iOS 游戏应用

图 5-7　游戏子类别的留存和频率数据

除了看行业标杆数据，从你自己的数据中也可以找到答案。可以找一个较长的时间段，比如 60 天，然后找到一组至少进行了关键行为两次以上的用户，然后看看大部分的用户两次关键行为之间的时间间隔是多少，这就是你的用户的天然使用周期。

回到 5.2.1 小节的例子，假如你有一个健身应用，数据分析显示 80% 以上的用户每两次健身之间的间隔是 7 天左右，那么可以认为这个产品的天然使用频率就是一周，在定义留存和画留存曲线的时候，就适合以周为单位。

5.2.3　绘制用户留存曲线

明确了定义留存的关键行为和用户的天然使用周期后，就可以着手开始绘制留存曲线了。其实，现在市面上很多商用分析软件都自带了绘制留存曲线的功能，你可以选择根据哪个行为定义留存，并且选择合适的频率。比如，图 5-8 展示了通过分析软件 GrowingIO 绘制的留存曲线，就是以日为单位，追踪每日新用户在接下来的每一天还有多少比例仍然有"留存行为"。在这个例子里，次日留存率为 10% 左右，7 日留存率为 4% 左右。

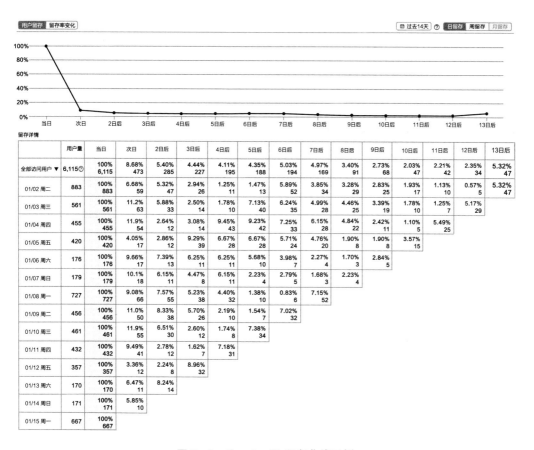

图 5-8　GrowingIO 留存曲线示例

如果没有现成的商业分析软件，但只要你提前设置了对用户关键行为的追踪，并且存储了用户的历史数据，你也可以通过 Excel 工作表画出留存曲线。假设你的产品天然使用周期是周，想要画出一个周留存曲线，只需下面四步（见图 5-9）：

1）记录每一周首次完成关键行为的用户数，也就是激活用户数。

2）追踪这些用户在接下来的每一周里继续完成关键行为的数量。

3）通过第 1 步和第 2 步，计算每一周有关键行为的用户占首周激活用户数的百分比。

4）把百分比数据画成曲线图，就是你的留存曲线了。

步骤 1 和步骤 2

产品 A 留存数据表示例						
开始日期	首次激活用户数	1 周后留存数	2 周后留存数	3 周后留存数	4 周后留存数	5 周后留存数
1/1/2017	50	43	36	35	33	32
1/8/2017	70	58	50	49	47	46
1/15/2017	90	74	65	63	61	
1/22/2017	100	89	73	71		
1/29/2017	92	75	66			
2/5/2017	107	92				

步骤 3

产品 A 留存百分比示例						
开始日期	首次激活用户	1 周后	2 周后	3 周后	4 周后	5 周后
1/1/2017	100%	86%	72%	70%	66%	64%
1/8/2017	100%	83%	71%	70%	67%	66%
1/15/2017	100%	82%	72%	70%	68%	
1/22/2017	100%	89%	73%	71%		
1/29/2017	100%	82%	72%			
2/5/2017	100%	86%				

步骤 4

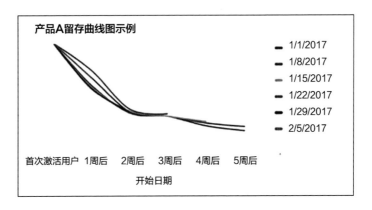

图 5-9　四步法绘制留存曲线

5.3 留存曲线的 50 度灰：玩转留存曲线

5.3.1 留存是变好了还是变差了

在硅谷，留存曲线是精明的风险投资人最爱看的一张图，为什么呢？因为从留存曲线上可以看到很多东西：

1）从不同时期的起始同期群的大小可以看到用户数的增长速度。

2）从用户完成关键行为的比例可以看到用户对产品的参与度。

3）从不同时期的同期群曲线可以看到用户的留存率是否有改善。

那么，应该如何通过留存曲线判断用户留存是变好还是变差了呢？

1. 横向观察同一人群的留存曲线

用户的流失是不可避免的，但好的留存曲线应该变得越来越平。因为任何一个产品在最初的一段时间内，因为种种原因或许是因为产品不满足部分用户的需求，或许是部分用户不是目标客户，总会有一定程度的用户流失，因此留存曲线会向下走。但是当用户使用产品一段时间之后，假设这个产品确实满足了留下来的用户的需求，那么流失应该越来越少，曲线应该停止一直向下走的趋势，趋于平缓（见图5‑10）。如果曲线一直向下走，最终所有用户都会流失掉，你要考虑是不是公司还没有达到产品—市场契合（PMF）的状态。

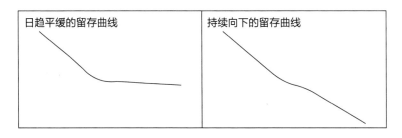

图 5‑10　横向观察留存曲线

2. 纵向对比不同时期人群的留存曲线

随着产品的改善，以及各种留存手段的帮助，后来加入的用户其留存曲线的斜率应该比之前加入的用户的平缓。通过好的新用户引导流程也可以有针对性地改善首周或首月的留存率，从而整体向上提升留存曲线的高度（见图5－11）。

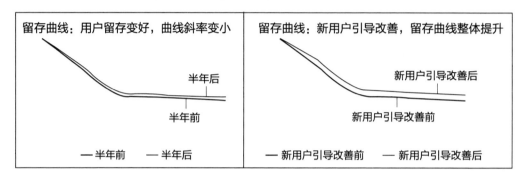

图5－11　纵向对比留存曲线

5.3.2　留存的不同阶段

用户的留存周期是分阶段的（见图5－12）。

1）第一阶段新用户激活阶段：包括新用户的注册、激活流程和整体的新用户体验。这一阶段的主要目标是帮助新用户上手，快速发现产品价值达到Aha时刻。

2）第二阶段是中期留存阶段：是指用户完成了首次关键行为之后继续熟悉产品，发现更多的价值。主要目标是帮助用户形成使用习惯。

3）第三阶段是长期留存阶段：这时用户对产品的使用已经非常熟悉，主要目标是让用户经常回来使用产品，感受到产品的核心价值，避免用户的流失。

4）第四阶段是流失用户阶段：这一阶段主要是针对已经流失的用户，主要目标是让用户重新发现产品价值，唤回用户。

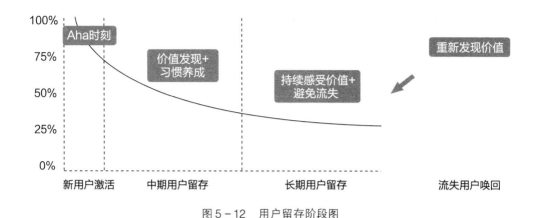

图 5 - 12　用户留存阶段图

5.3.3　用户分组：从留存曲线中找到增长的玄机

有了基本的留存曲线后，想要进一步找到改善留存的机会，一个非常重要的思路就是对比不同群组的留存曲线。因为每个群组的留存率可能相差甚远，如果只看总的留存曲线，很多信息就丢失了，很多洞察也被掩盖掉了。

比如，可以通过比较不同流量来源用户的留存曲线，来了解不同渠道引流的用户长期表现怎么样，了解渠道的真实价值；可以比较不同用户特征的用户留存曲线，例如，某应用就曾发现虽然女性用户比例比男性少，但是其留存率更高等；可以比较不同产品客户端的留存曲线，如果仅使用网站端产品的用户留存率显著低于移动应用端，那么就要考虑如何完成网页到应用的转换；对于SaaS 软件，可以比较大小不同的企业客户、不同的定价计划等留存曲线，从而找到潜在的改进空间。

流量来源和用户特征虽然是细分留存曲线的有用维度，但更有用的方法是按照行为细分留存曲线，也就是"行为分群"。因为最终定义一个人的是他的行为。

了解你的活跃用户在产品里都做什么，能够帮助你了解他们从产品中得到的价值。因为不同的人可能在用不同的方法使用你的产品，他们得到的价值也可能是不一样的。这就是行为分群的意义所在。

举例来讲，YouTube 是一个巨大的视频网络平台，有着超过 15 亿的月活跃用户。这些用户使用它的方式有千千万万，但是根据他们的行为，主要分为以下三种：

1）视频观看者：绝大多数的用户是视频观看者，这些人是 YouTube 最大的用户群，但他们的留存率上下波动会很大。驱动他们留存的因素更多的是能不能找到自己喜欢的视频。

2）视频评论者：这部分人不光看视频，也会留言，这些人比普通的观看者要少，他们的参与度更高、留存率也会更高。驱动他们留存的因素除了视频的质量，可能还包括和创造者以及其他评论者之间的互动。

3）视频创造者：很小比例的用户是视频创造者，这些人虽然绝对数量非常少，但是他们的留存率很高。驱动他们留存的因素是粉丝数、与粉丝的互动和金钱收入。

从 YouTube 的例子可以看出，根据用户的行为不同绘制不同的留存曲线，了解驱动他们留存的不同因素，可以帮你找到产品的不同使用场景，揭开改善留存的魔盒，有针对性地打造最好的用户体验。

5.4　留存之后，如何做到"长相厮守"

5.4.1　用户留存与用户参与的区别与联系

在讨论用户活跃度时，有些时候大家会将"用户参与度"和"用户留存率"混淆。实际上这两个概念既有联系又有区别：

■ 用户留存率是指过了一定时间后，有多少用户仍然在产品内进行关键行为，只要有一次行为即可；

■ 用户参与度是指在一定时间内，用户平均有几个关键行为和有多少用户同时有超过一种以上的关键行为。

因此，用户留存代表总体情况，是衡量有"多少"活跃用户的指标；而用户参与度更关注个体的参与程度，是衡量用户有"多么活跃"的指标。图 5 - 13 展示的矩阵说明了用户留存和参与度的关系，最理想的情况是用户的留存率高、参与度深，也就是所谓的"上瘾型产品"。

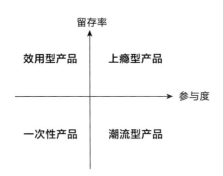

图 5 - 13   "留存率 – 参与度"产品矩阵

5.4.2   用户参与度的 1、9、90 规则

因此在留存的用户里，仍然可以按照这些用户的参与程度不同分为消极用户、核心用户和超级用户。

1）消极用户：这些用户可能没有按照最理想的方式使用产品，但是他们按照他们自己的方式以比较正常的频率持续使用产品。

2）核心用户：这些用户以一个比较正常的频率和正确的方式使用产品，是活跃用户里的大多数。

3）超级用户：参与度非常高的用户，这些用户不光高频率地使用产品，可能还同时使用多个功能，或者会使用大多数用户没用到的"进阶功能"。

在网络社区里有一个 1、9、90 规则（见图 5 - 14），指的是一般来说在任何社群里，最积极参与使用高级功能的超级用户只占到总用户数的 1%，核心用户占 9%，而 90% 都是消极用户。在增长黑客网社区平台上，我们曾经做过一次这样的分析，发现那些最积极参与讨论的用户，他们的数量恰恰是 1%，然后不到 10% 的用户有发帖的行为，而绝大多数的用户都是只看帖不回帖的潜水员。

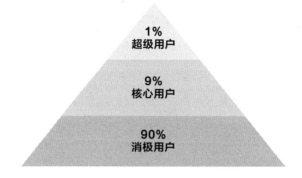

图 5 - 14　网络社区的 1、9、90 规则

这个 1、9、90 的比例肯定不适用于所有的网络社群，更不适用于所有的产品类型，但是这其中的原则适用于很多的产品。

5.4.3　用户的参与度阶梯

在实际运用中，你如果明白了即使是留存用户，其参与程度也有不同，就可以把用户从已有的等级往参与度更深的等级，一级一级向上迁移。这个过程如同爬梯子，所以也叫作用户的参与度阶梯迁移（见图 5 - 15）。

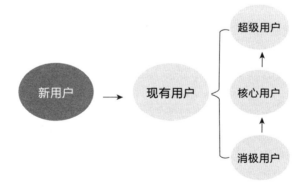

图 5 - 15　用户的参与度阶梯

根据 Twitter 增长团队的前产品经理 Josh Elman 分享，Twitter 的参与度阶梯如下：

1）最底层是消极用户，他们有如下行为：

①明白"推文"的意思；②关注了一些人或朋友从而有了基本的信息流（news feed）；③定期查看信息流阅读新的推文。

2）中间层是核心用户，他们有如下行为：

①从网页和移动应用两个客户端访问 Twitter；②开始通过@回复、喜欢和转发等各种方式来参与 Twitter 上的对话。

3）最高层是超级用户，他们有如下行为：

①在 Twitter 上进行搜索，并精炼信息，看看人们都在说什么。因为 Twitter 的搜索功能和一般的搜索引擎使用起来很不同，所以只有少数的用户真正掌握了这一功能；②打造自己的粉丝群，这也是绝大多数用户到达不了的等级，只有超级用户才会重视这件事。

为了把访客从新用户转化为消极用户再持续转化为核心用户，Twitter 的产品和增长团队进行了多种持续引导的尝试，比如针对新用户的"学习流程"，其主要目的就是帮助用户找到最开始应该关注谁，从而形成基本的信息流，从而让他们达到最底层：消极用户，至少可以在 Twitter 上被动地阅读推文。这些尝试取得了很好的效果。

然而，从消极用户到核心用户的转变是 Twitter 挣扎最明显的地方。很多新用户形成了基本信息流后，能够很快学会看推文，因为消费信息是个自然的行为，和 Facebook 等其他社交产品很类似。但是很多人学不会发推文并参与到对话中来，140 个字的字数限制、克服和陌生人之间当众聊天的障碍，以及理解转推（retweet）、引用（quote）和回复（reply）这些功能之间有什么区别，成为很多消极用户继续转化为核心用户的障碍。最后，能够使用搜索和拥有粉丝群的 Twitter 超级用户，更是少之又少。

那么，你的产品的用户参与度阶梯都有哪几层呢？

5.4.4　持续引导：留存永无止境

即使一个用户已经留下来了，在他接下来的用户旅程中，还是需要帮他保持现在的用户参与度等级，并继续上升到更高的等级。用户引导并不仅仅限于新用户，还包括已有用户的持续引导。那么增长团队可以通过哪些方式进行持续引导呢？

1. 鼓励用户正确使用产品的行为

回到增长黑客网实验管理软件的例子上，当我们发现了一小部分用户把这个软件当作"私人电子记事本"而不是"团队协作软件"来使用后，我们就进行了一系列实验，引导这些用户正确使用软件。其中最有效的改进是在新用户引导流程中加入让用户邀请团队成员的步骤，这样就帮助新用户迅速认识到产品的真正价值是团队协作，而不是单兵作战。

2. 提高用户使用产品的频率

如果一个用户已经在正确地使用产品，但是频率达不到核心用户的频率，你需要通过各种方式提高用户的使用频率。比如很多游戏和应用中使用的连击、勋章等游戏化模式，就是为了鼓励用户提高产品使用频率，形成习惯。

3. 增加同一用户使用不同产品功能的数量

增长团队还可以通过让同一个用户使用多种不同的功能来提高用户的参与度。比如，Dropbox 有不同的产品功能，如文件备份、分享、同步等。其增长团队发现，当用户同时使用三种功能时，他长期留存的可能性将大大提高。于是增长团队就尝试了各种办法，让已经使用了一种功能的用户尝试使用另外两种功能。

4. 让用户使用多个客户端

如果产品拥有多个客户端，如桌面版、移动应用、网页版等，据数据显示，同时使用多个客户端的用户，长期留存会更好。尤其在主流客户端发生变化时，如从互联网到移动互联网的迁移中，这一点可以说是生死攸关。这也是为什么许多产品从网页端起家，但是一直推动老用户下载移动应用的原因。

5. 在合适的时刻向用户介绍新功能

如果产品有新的功能，应该选择合适的时刻主动介绍给用户，而不是被动依赖用户自己去发现。比如 Google 旗下的各个产品（Google Map、Google Calendar 等）都会利用弹窗的形式不定期向用户推广新功能，促使用户感知产品更多的价值。

5.5 打造独角兽产品的秘诀：习惯养成和行为放大

萨拉·塔沃（Sarah Tavel）是硅谷的一位风险投资人，也是社交图片分享平台 Pinterest 的早期产品和增长团队成员。她根据自己多年做产品和投资经验总结了一个产品成为 10 亿美元独角兽级别产品的路线图（见图 5 – 16）：

图 5 – 16　Sarah Tavel 的 10 亿美元独角兽产品路线图

在这个模型里，一个公司要实现"独角兽"级别的成功，不仅要有一个好的产品能够给用户带来价值，这个产品还要能够对用户的行为产生影响，反过来用户的行为也成为产品体验的一部分，帮助公司成长。

下面我们以 Pinterest 为例，解释路线图中的四步具体意味着什么。

第一步：增加参与用户数，注意不仅是提高用户数量，而是要增加完成了关键行为的用户数量。能够做到这一点，说明产品达到了产品—市场契合。比如

Pinterest 在 2011 年就显示出以下几个特点：

1）产品给用户带来的价值很清晰；

2）指数型增长；

3）超过一半的周活跃用户完成了关键行为："钉"图片，即保存图片。

第二步：长期留住用户，如果产品做到了第一点，但没有好的长期留存，那基本上就属于昙花一现。许多匿名社交产品前期增长得很快，声势浩大，但是留存很差，很快就会消失在大众视野中。而能够长期让用户留下来的产品都有类似特点，它们能够让用户产生使用习惯，对用户有黏性，让用户越用越离不开。

有黏性的产品 = 用户用得越多积累的好处越多 + 用户用得越多离开后损失越大

前者是因为用户用得越多、贡献的数据越多，产品对用户的了解越深，所以可以利用这些信息和数据改善用户体验；后者是因为用户用得越多，在产品里积累的价值越多，让他们舍不得离开。以 Pinterest 为例，当用户保存的图片越多、关注的人越多后，Pinterest 的算法就能更准确地帮助用户找到越感兴趣的图片。同时，当用户保存的图片越多，Pinterest 也越可能成为用户的图片收藏夹，间接成为个人身份的一部分，用户变得越来越难以放弃。

第三步：自我持续。能够做到第二步的公司，已经有了一个有黏性的产品和一个持续增长的用户群。但是，如果公司想要达到 10 亿美元独角兽的量级，还需要"自我持续"这一步。自我持续，是指当用户参与到产品中时，他们的行为创造了产品内的良性循环，可以带来新用户，改善用户体验和加深已有用户的参与度。

仍以 Pinterest 为例，老用户在产品内的行为可以帮助获取新用户、改善用户体验，以及唤回已有的老用户。通过这些闭环，让每个用户的行为都"放大"了，一个行为可以带来的价值大大提高。需要指出的是，这些"良性循环"的力量虽然如此强大，却并不容易构建，这和产品本身的特点有很大关系。但是一旦构建成功，这种让用户行为为产品服务的例子，简直是所有增长团队的梦想（见图 5 - 17）。

a) 增长闭环：带来新用户　　　b) 留存闭环：改善已有用户体验　　　c) 参与闭环：唤回已有用户

图 5 - 17　自我持续的 Pinterest

做到了第一步~第三步的产品更有可能到达第四步的终极目标：超过 10 亿美元的独角兽，成长为长期盈利的大型公司。

在 Sarah 的路线图里，第一步对应完成关键行为，第二步对应"习惯养成"，第三步则对应"参与闭环"。在 5.5.1、5.5.2 和 5.5.3 小节中，我们将要介绍如何通过"行为设计"来影响用户，帮助用户迅速完成关键行为，然后进一步养成使用习惯，并最终通过参与闭环将行为的影响放大。

5.5.1　完成关键行为：BJ Fogg 的行为模型

BJ. 福格（BJ Fogg）是斯坦福的一位心理学研究学者，他提出了著名的行为模型：B = MAT，行为（Behavior）的发生与否受到动力（Motivation）、能力（Ability）和触发（Trigger）三个因素的影响（见图 5 - 18）。

图 5 - 18　行为模型

具体到一个产品上，可以这么理解：

1) 行为：我们想让用户采取的行动；
2) 动力：用户有多想要完成这个行动；
3) 能力：这个行动对于用户来说有多容易；
4) 触发：提醒用户采取行动。

举个最简单的例子，新年伊始，小王决定制订每日计划并每日复盘，那么他是有内在"动力"来完成这个行为的。写计划需要本、笔、桌子、椅子、一个相对安静的环境、一点时间和小王的计划，这些外部或内部条件的存在与否，就代表了小王完成写计划这个行为的"能力"。如果小王有动力、有能力，但是一忙起来忘记了要写计划的事呢？如果这时候小王的妈妈喊一嗓子提醒他"你该写计划啦"，小王一拍脑袋说"是啊!"于是就拿出纸笔开始写计划了，这就是"触发"。动力、能力和触发一起促成了小王写计划的行为。

BJ Fogg 的行为模型不仅可以用来解释在实际生活中人的行为为什么会发生，还可以指导我们进行产品设计。假设我们的产品是一个每日计划应用——电子计划本，该如何解决"动力"、"能力"和"触发"的问题，让用户小王完成写计划这个"关键行为"呢？

首先，动力还是来自用户本身，电子计划本不可能强迫不想写计划的人来写计划，但是可以通过某些方式增强用户的动力，比如每次打开计划本界面都给小王一句"加油"的话，显示小王今年写了多少篇计划，显示还有多少人也在写计划等。

其次，能力是指用户要完成写计划这个行动需要付出多少努力。如果这个计划应用的界面设计让人很困惑，输入法很难用，这些障碍就会使小王写计划变得更困难，去掉这些障碍就可以提高用户的能力。从另一个角度来想，如果加入自动保存或者自动屏蔽其他程序干扰的功能，也可以增强小王写计划的能力。

最后，如何设置电子计划本的触发？最简单的办法是每天早上 8 点给小王发条推送"准备好开始新的一天了吗？写下你今天的计划吧!"，每天晚上 9 点再给小王发条推送"完成今天的计划了吗？花 5 分钟来做个复盘吧!"。

BJ Fogg 的行为模型可以指导我们思考如何引导用户完成关键行为，从而完成通向独角兽之路的第一步：增加参与用户数。

5.5.2 习惯养成的黄金公式

如果电子计划本只是成功地让小王做了一次计划，那显然还不够，我们希望小王可以每天写计划、每天复盘，成为这个产品的长期用户。

同样的，一个成功的产品不仅需要让用户完成关键行为，还需要让他们不止一次地重复这个关键行为，达到一定频率，直至成为一种习惯。

很多人早上一起床，自然而然地就打开了某社交网站；想要查东西，自然而然地就打开了某搜索引擎；中午要订饭，自然就打开了某订餐应用等。习惯性使用产品的力量是巨大的，这些产品不需要大量的广告来让用户想着它，它们已经成为用户生活中的一部分。

那么如何让用户养成使用习惯呢？畅销书 *Hooked：How to Build Habit-Forming Products*（《上瘾：让用户养成使用习惯的四大产品逻辑》）的作者尼尔·埃亚尔（Nir Eyal）研究了许多成功的产品，归纳出了让用户养成习惯的几个要点。

要点之一，给用户的单次行为提供一个"奖励"，并且这个奖励是不固定的，每次都不一样，让用户期待着下次回来可能会得到一个惊喜。回到电子计划本的例子，如果小王每写完几篇计划之后，电子计划本会随机显示一个"彩蛋"，其中大部分是很有趣的名人名言，偶尔会解锁一些付费功能，这可能就会鼓励小王坚持写下去。再比如微信读书推出的每周免费书，每周书目都不同，也会让很多用户愿意每周登录去看看。

要点之二，是要求用户在产品中投入一点努力，而这一点努力可以增加用户在产品里储藏的价值。比如，当小王在电子计划本中写计划时，他把自己的信息存储在这个产品里，他写的越多，存储的价值就越多，就越难以离开。再比如 Twitter 和 LinkedIn 在用户登录时，都不直接刷新信息流，而是要求用户点击"新推文"或"新文章"按钮，这并不是因为它们需要时间加载这些新信息，而是故意设计成这样的，要让用户投入一点点努力，用户投入了这一点点努力后就会觉得产品更有价值（见图 5-19）。

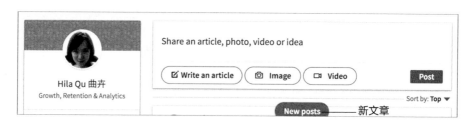

图 5-19　LinkedIn 不自动刷新文章而是要求用户点击 New posts（新文章）按钮

要点之三，是让外在的触发和用户的内在触发相结合。比如电子计划本每天早上 8 点给小王发推送提醒，小王看到推送就打开应用写计划。如果电子计划本的使用体验良好，下次再收到提醒的时候，小王会更有可能继续打开应用写计划。如果他有足够多的使用次数，他就有可能形成一个内部触发机制：就算没有移动推送，每天早上 8 点小王自己也能想到"我该写计划"了，然后打开电子计划本写计划。这也是大家感觉孤独了就打开 Facebook、感觉无聊了就打开 YouTube、对什么事情不是很确定就打开 Google 的原因，你已经不需要外部触发去提醒你了，你的内在触发已经将你引向这些产品了。

要点之四，就是打造一个参与闭环，让用户的一个行为可以带来更多的行为，这一点我们将在 5.5.3 小节中详细叙述。

5.5.3　参与闭环：让行为带来更多行为

在第三章，我们曾经讲过用户推荐是最强大的增长渠道之一，因为它可以让老用户带来新用户，新用户加入后又可以继续带来用户，因此每一个用户的价值都被放大了，形成了一个"增长闭环"。

如果说增长闭环能够放大用户数，参与闭环（Engagement Loops）就是一种能够把"行为"放大的良性循环，一个行为可以带来另一个行为，从而使得每一个"行为"的价值都提升了。

各类游戏可谓是打造"参与闭环"的鼻祖，比如著名的部落冲突（Clash of

Clans）就是以建造自己的村庄和与其他村庄战斗构成了其核心的参与闭环（见图5-20）。游戏中设置了各种触发和激励机制让你不停地回到游戏中。除此之外，游戏中还设立了各种奖励机制，在体验过程中让你感受到"完成了一件事"的满足感和"我在逐渐变强大"的正面反馈。

图5-20　Clash of Clans 的参与闭环

通过产品设计让用户完成参与闭环，让每一次行为放大，带来更多的行为，从而加深对产品的参与度，这就是参与闭环的强大之处。从产品的角度来看，要找到有效的"钩子"，通过有效地触发让用户完成行为；从用户的角度来看，产品的设计要和用户的内在动力相一致，并且要在用户行动后给予反馈和奖励，以激励用户进行下一次行动（见图5-21）。

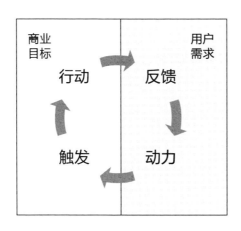

图5-21　参与闭环的基本组成

参与闭环可以分为两种，一种是单人模式参与闭环：就是用户 A 的一次行为能够带来他的下一次行为；另一种是多人模式参与闭环：就是用户 A 的行为能够带来用户 B 的行为。

1. 单人模式参与闭环

Facebook 在 2015 年上线的"这一天"功能就是一个单人模式参与闭环的巧妙案例（见图 5 - 22），这个参与闭环基于用户对自我的关注心理。用户发照片后，Facebook 会在一年后显示"查看你的 Facebook 回忆"，显示用户在一年前的今天发送的照片，并提示你重新"分享"这个回忆，从而开启另一轮的参与闭环。

a）Facebook 的参与闭环：单人模式   b）Facebook 的"这一天回忆"功能

图 5 - 22　单人模式参与闭环

2. 多人模式参与闭环

显而易见，多人模式参与闭环在社交网站上十分常见。有了社交关系的支撑，一个用户的行为瞬间有了可以影响到他所在的整个社交生态系统的能力：好友、联系人、粉丝等。LinkedIn 的"谁看了你的履历"功能是非常有意思的一个案例（见图 5 - 23），因为这个多人模式不仅包含联系人，还包含平台中的陌生人。当用户 A 被告知有人查看了他的履历后，出于社交兴趣和好奇心，用户 A 会忍不住回到 LinkedIn 上去查看是谁看了他的履历，从而开启另一轮的参与闭环。

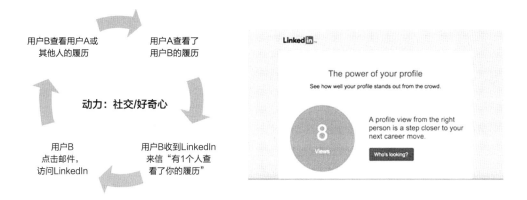

a）LinkedIn 的参与闭环：多人模式　　　b）LinkedIn 通知用户"有人查看了你的履历"

图 5-23　多人模式参与闭环

5.6　提高用户留存的 8 种武器

Pinterest 前任增长团队负责人 Casey Winters 曾经总结过提高用户留存的 8 种武器：①产品改进；②新用户引导和教育；③邮件；④通知；⑤客户服务；⑥促销；⑦忠诚客户计划；⑧新产品。

对此我非常赞同，他把产品的改进和新用户引导放在前两位。因为产品团队一般更专注于开发和上线新的功能，往往忽略了如何让更多的用户在产品已有功能上得到更多价值。而如前面的章节所述，优化新用户引导流程、改善用户使用体验、加入持续引导机制，以及帮助用户形成使用习惯，这些都是增长团队可以努力的方向。对于一个未经过优化的产品来说，在产品上下功夫的回报往往是巨大的，远远大于外部渠道如邮件或推送等的效果。

同时，这 8 种武器也为增长团队提供了一个工具箱（见表 5-2）：用户的留存阶段不同，适用的工具也不同 。

表5-2 留存的工具箱

	目标	特点	留存工具箱
新用户留存	Aha 时刻	动力高、能力低	新用户体验、新用户引导、邮件和移动推送
中期用户留存	继续发现价值 习惯形成	动力较高、能力中等	产品体验、持续引导、邮件和移动推送、促销
长期用户留存	持续提醒价值	动力中等、能力高	产品体验、持续引导、邮件和移动推送、忠诚客户计划、客服体验、新产品、产品升级
流失用户唤回	重新发现价值	动力低，能力中等	邮件、新产品，产品升级/改进，促销，客服体验

在留存的工具箱里，除了产品改进和新用户引导外，邮件和通知是增长团队用得最多的渠道。邮件是从互联网早期开始就非常流行的用户沟通渠道，而通知则包括移动推送和应用内信息等，在移动应用内用得比较多。这三种渠道有各自的特点（见表5-3）。

表5-3 三种渠道的特点

	前提条件	适用的用户留存阶段	覆盖面	建议频率	风险
邮件	用户需提供邮件地址，并订阅邮件	所有，包括流失用户	大	高	低，用户取消订阅
移动推送	用户需下载应用且给予权限	一般，不包括流失用户	中	中	高，用户关闭推送权限或移除应用
应用内信息	用户需登录应用	现有活跃用户	小	低	中，用户对信息不再敏感，影响产品体验

根据上面的对比可以看出，推送应用内信息是和现有活跃用户加强互动的好方法。但在其使用上也要尽量小心，因为太多的信息轰炸容易导致用户疲劳，影响使用体验。

一般来说，可以考虑在以下情况下使用产品内信息：

1）推广新功能、新内容或提高已有功能使用度，见图5-24a；

2）对时间敏感的信息，见图5-24b；

3）给用户提供信息，和用户互动、对话，见图5-24c。

a)　　　　　　　　　b)　　　　　　　　　c)

图 5-24　产品内信息

1—Yelp 开始送货了　　2—你现在可以在线上超过 3.5 万家餐厅里订餐　　3—免费试用

4—6 折促销　　5—最低价选购最新收藏　　6—现在使用

推送也是移动互联网时代必不可少的武器。数据显示，美国的消费者平均每个人手机上有 50 个应用，中国消费者平均每个人手机上的应用也不少于 20 个。所以仅仅是依赖用户主动在这 50 个应用里想起产品是远远不够的，而移动推送就给了你一个"拉"的方法。

制定移动推送方案时，可以参考 Andy Carvell 的 RRF 模型：也就是覆盖面（Reach）、相关性（Relevance）和频率（Frequency）。一条移动推送想要有大的影响力，必须满足覆盖面广、相关性高和频率高三条特征。

1）覆盖面主要由移动推送的触发情景和适用用户群决定。这是决定推送影响力的最重要因素，一个推送，如果适用的人群和情景很少，就算点击率再高，也不可能有很大的影响。

2）相关性主要由移动推送到达的及时性和内容的个人化决定的。在移动互联网时代，推送直接到达用户的手机，需要和短信或微信聊天信息竞争。移动推送必须达到一定的相关性，才可能有用户点击。

3）频率主要由触发推送的情景发生有多频繁决定。如果这个触发情景经常发生，则在一定程度上进一步扩大了推送的影响范围。

表5-4展示了不同类型的推送点击率的参考值。可以看出，个人化、直接、口语化或者图片类的信息点击率最高，社交类的信息次之，个性化的推荐随后，而一般性的非个人化的推送点击率最低。另外，一般来说，iOS用户对推送的反应率比Android用户低很多。

表5-4 推送点击率

通知类型	粗略推送点击率
私人、直接、口语化、图片、通信（评论、消息、照片）	iOS：5%～10% Android：10%～15%
社交、个人相关、微型内容（喜欢、关注、转推等）	iOS：3%～5% Android：5%～10%
个人化内容推荐	覆盖所有用户的基本推荐： iOS：0.5%～2% Android：1%～4% 根据个人化程度增加、算法质量和内容质量的提高而有所改善
非个人化内容	iOS：0.1%～0.5% Android：0.5%～1%

移动推送也需要增长团队通过测试的方式不断改进。在测试中要注意如下方面：

1）监测负面的影响，如用户取消推送权限的比率和应用卸载率；

2）通过在小比例用户上测试来控制总体的影响；

3）只有在最紧急的时候使用震动；

4）在计划移动推送时，考虑用户的日常生活节奏；

5）在文案中使用多种多样的个性化的语言；

6）通过深度链接（deep link）让用户直接到达应用内指定的页面；

7）不断测试，持续优化。

拿来就能用的模板

1. 模板 1：绘制留存曲线

第一步：列出关键行为 找到关键行为的方法参见 4.2 一节	
第二步：发现天然使用周期 通过行业标杆和用户行为数据发现大多数用户每两次进行关键行为之间的间隔	

第三步：记录每周期首次激活用户数 N

每个周期，如每周或每月，有多少人首次完成了关键行为

产品A首周用户数	
开始日期	首次激活用户数
1/1/2017	
1/8/2017	
1/15/2017	
1/22/2017	
1/29/2017	
2/5/2017	

第四步：追踪用户持续完成关键行为的数量 M

有多少首次激活的用户在接下来的每个周期里，继续完成关键行为

产品A留存数据表示例						
开始日期	首次激活用户数	1周后留存数	2周后留存数	3周后留存数	4周后留存数	5周后留存数
1/1/2017						
1/8/2017						
1/15/2017						
1/22/2017						
1/29/2017						
2/5/2017						

第五步：计算每周期留存百分比

计算每周有关键行为用户占首周激活用户数的比例 M/N

产品A留存百分比示例						
开始日期	首次激活用户	1周后	2周后	3周后	4周后	5周后
1/1/2017						
1/8/2017						
1/15/2017						
1/22/2017						
1/29/2017						
2/5/2017						

第六步，绘制留存曲线 绘制留存百分比随时间变化的曲线	

2. 模板 2：用户参与度阶梯

用户阶梯	占总用户数百分比	用户行为描述	留存驱动因素	留存策略
消极用户				
核心用户				
超级用户				

3. 模板 3：行为参与闭环

参与闭环 1	参与闭环 2	参与闭环 3

参考文献

[1] Sarah Tavel. The hierarchy of engagement［EB/OL］.［2016-03-23］. https：//medium. com/@ sarahtavel/the-hierarchy-of-engagement-5803bf4e6cfa.

[2] Chris Klotzbach. Enter the Matrix：App Retention and Engagement［EB/OL］.［2016-05-12］. http：//flurrymobile. tumblr. com/post/144245637325/appmatrix.

[3] Dan Croak. Create a Retention Curve with Mixpanel and Google Sheets［EB/OL］.［2016-05-10］. https：//robots. thoughtbot. com/create-a-retention-curve-with-mixpanel-and-google-sheets.

[4] Josh Elman. Building your growth model and Ladder of Engagement［EB/OL］.［2016-02-07］. https：//medium. com/@ joshelman/building-your-growth-model-and-ladder-of-engagement-3b3a 18f2d1a8.

[5] Amplitude. Master your product's retention. Product Analytics Playbook：Mastering Retention［M/OL］. San Francisco：Amplitude Blog, 2017［2017-02-15］. https：//www. productanalyticsplay-book. com/.

[6] BJ Fogg. What Causes Behavior Change［EB/OL］.［2016-11-28］. http：//www. behaviormodel. org/.

[7] Nir Eyal，Ryan Hoover. Hooked：How to Build Habit-Forming Products［M］. New York：Portfolio，2014.

[8] Amy Jo Kim. Entice Me Back：How Core Loops drive Re-Engagement［EB/OL］.［2014-05-27］. http：//amyjokim. com/blog/2014/05/27/entice-me-back-how-core-loops-drive-re-engagement/.

[9] Alper Çuğun. Engagement loops are the best way to motivate people using game mechanics［EB/OL］.［2015-03-09］. https：//medium. com/@ alper/engagement-loops-are-the-best-way-to-moti-vate-people-using-game-mechanics-a0deeb9a2afc.

[10] Interview of Noah Weiss. What You Must Know To Build Savvy Push Notifications［EB/OL］.［2016-09-01］. http：//firstround. com/review/what-you-must-know-to-build-savvy-push-notifica-tions/.

[11] Andy Carvell. RRF：a framework for building impactful notifications［EB/OL］.［2017-04-06］. https：//mobilegrowthstack. com/rrf-a-framework-for-building-impactful-notifications-73c7b91c45a7.

第 6 章　从零开始组建增长团队

6.1　为什么要设置增长团队

6.1.1　Snapchat 和 Facebook 的恩怨情仇

2017 年 3 月 2 日，Snapchat 在 IPO 当日，股票开盘大涨 44% 到 24 美元，市值达到 330 亿美元，虽然还远远不及 Facebook 当时的市值 3 950 亿美元，但已经超越当时 Twitter 的市值 110 亿元。

Snapchat 自 2011 年 9 月创立以来，虽然负面的新闻和消息不断，但却以其独特的"原始"和"自由"的感觉迅速吸引了大量的美国年轻人。85% 以上的 Snapchat 用户是 18 ~ 34 岁之间的年轻人，他们喜欢 Snapchat 原始不加修饰的内容和阅后即焚的自由度，以及各种有趣的滤镜，还有父母不在上面的私密性。相比之下，Facebook 和 Instagram 被认为需要费心经营自己的社交形象，太过刻意，而慢慢沦为"上一代"人的社交网络。

面对这样一个来势汹汹的强劲对手，Facebook 不敢掉以轻心。2013 年马克·扎克伯格曾经开出 30 亿美元的天价收购 Snapchat，却被 Snapchat 的创始人和 CEO 埃文·斯皮格尔（Evan Spiegel）一口拒绝。而与此同时，Facebook 也一直没有停止试图摧毁 Snapchat 的尝试，曾先后在 2012 年开发出 Poke、2015 年开发出 Slingshot 等应用欲与 Snapchat 正面抗衡，却都以失败告终。

2013 年 10 月，Snapchat 上线了"故事"功能（见图 6-1），这是一个混合了照片、视频、滤镜和特殊效果的短视频功能，这个功能在年轻用户中迅速走红，成为 Snapchat 的标志性功能。

图6-1　Snapchat的产品发布

2016年8月，Snapchat的"故事"功能上线3年，Facebook在几次开发新产品和直接收购均以失败告终之后，干脆把硅谷公司一直奉行的不做仿制品的信条抛在脑后，让旗下的Instagram加入了一个和Snapchat几乎一模一样的功能，让用户可以录制定时消失的短视频，而且名字也叫作"故事"。

最新数据显示，2017年2月，Snapchat准备IPO时，其用户增长和去年同期相比已经放缓，而2017年4月，Instagram的"故事"功能日活跃用户数达到2亿，已经超过Snapchat的日活跃用户数1.6亿（见图6-2）。同年7月，Snapchat上市后的第二次盈利报告显示其用户增长仍然差强人意。业界普遍认为，来自Instagram的压力对Snapchat的增长造成了巨大威胁。

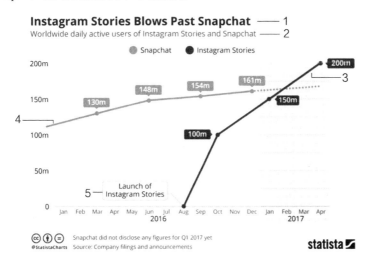

图6-2　2017年第一季度Instagram"故事"功能日活跃用户数超越Snapchat

1—Instagram"故事"超越Snapchat　2—Instagram"故事"和Snapchat全球日活跃用户数

3—Instagram"故事"　　4—Snapchat　5—Instagram"故事"上线

目前看来，Instagram 在和 Snapchat 的这场大战中暂时占了上风。这并不奇怪，因为 Instagram 本身日活跃用户有 7 亿，加上 Facebook 20 亿用户的强大靠山为 Instagram 持续导流用户，盈利模式上更是已经直接照搬 Facebook 探索出的业内最强大的广告平台。

但是除了上述因素外，还有一点值得关注，Facebook 是增长团队的最早发源地之一，而 Instagram 有着 Facebook 的强大增长基因。Instagram "故事" 和 Snapchat "故事" 这两个产品功能非常类似，但是 Instagram 早在几年前就设立了增长团队，以严格的、成体系的实验流程去驱动增长。而 Snapchat 在早期则是注重以设计和品牌驱动，直到 2016 年才成立增长团队，而公司内部对增长团队的概念似乎也不是特别认同。

几乎相同的产品功能，但用了不同的增长模式运作，所以 Instagram 和 Snapchat 的例子也成了绝好的验证有增长团队和没有增长团队之间的区别的 A/B 测试。

6.1.2　是否设置增长团队的 A/B 测试

Facebook 是增长团队这个概念的发明者之一，它在 2008 年就成立了硅谷最早的增长团队，并且培育出最早期的一批增长黑客。而 2005 年被 Facebook 并购的 Instagram 虽然最初并没有设立专门的增长团队，但于 2014 年设立增长团队伊始，就从 Facebook 那里引入了最好的经验和人才。

Instagram 的增长团队沿用了 Facebook 增长团队的成功经验，其团队负责人直接汇报给 Instagram 的 CEO 凯文·斯特罗姆（Kevin Systrom）。采取这种独立型的增长团队架构的优势在于，Instagram 明确地把增长作为公司内部最重要的目标，有专门团队用全部时间负责增长。从人员组成上来说，Instagram 的增长团队下设分管新用户获取、用户激活、用户参与度提升和流失用户唤回这 4 个小型增长团队（见图 6 - 3），每个小团队都由产品经理、分析师、用户研究师、设计师和工程师组成。

Instagram 增长团队的运作流程也是有高度纪律性的，他们遵循"第一，理解数据；第二，发现机会；第三，执行计划"的三步走。团队每半年定一个增长目标，每 8 周作为一个实验周期。而每个实验周期又具体细分为：花 2 周时间通过分析已有数据和头脑风暴决定做什么，制定增长规划图，然后在接下来 6 周的时间里，不再产生新的实验想法，只是埋头在开发和执行上。6 周结束，汇总分析结果并决定下一步的计划。

图 6-3　Instagram 的增长团队组成

相比之下，直到 2016 年，Snapchat 都并没有一个专门的增长团队。最初 Snapchat 的用户以年轻人居多，他们对于新鲜事物的接受力和学习力强，喜欢向社交圈分享和传播，因此 Snapchat 的早期增长更多依赖有机的模式。

虽然 Snapchat 在年轻一代里拥趸众多，但是其产品也有不乏被人诟病的地方。很多用户都抱怨产品上手非常困难，试了几次都弄不明白怎么用只好放弃，甚至自嘲"我们毕竟也是超过 18 岁的人了，不会用 Snapchat 也很正常"。事实上，业界一些增长专家很早就指出，面对竞争压力，如果 Snapchat 成立增长团队，有很多可以迅速摘取的"低垂的果实"：比如新用户引导流程、帮用户找好友的算法，以及产品国际化等。

2016 年，Snapchat 终于成立了增长团队。那年夏天，增长团队成员就曾向管理层指出用户增长有放缓的迹象，并且强调 Instagram 的"故事"功能对 Snapchat 的打击很大，但是管理层似乎对增长这个概念有些偏见。在 2017 年 5 月的盈利报告会上，Snapchat 的 CEO 还公开表示：Snapchat 不会通过用硅谷所谓的增长黑客的方式，来通过移动推送狂轰滥炸用户，以达到增长的目的。这种来自管理层的态度导致 Snapchat 的增长团队在公司内部举步维艰，频频换人。

据最新消息显示，Snapchat 最新的增长团队由 8 位产品经理构成，汇报给一位增长团队负责人 。这几位 Snapchat 增长团队的产品经理分别关注用户拉新、激活、留存和国际化等方向，通过和其他团队紧密合作的方式来驱动增长 。

到底 Snapchat 和 Instagram 的增长大战会如何终结，现在还尚未有定论。但是 Instagram 全盘复制了 Snapchat 的"故事"功能之后，将一个一模一样的功能的日活跃用户数在短短一年的时间内做到超越 Snapchat，却是不争的事实。这其中固然有多种因素，但增长团队的设立和系统化的增长实验功不可没。

6.2 从增长黑客到增长团队

马克·扎克伯格曾说过"增长团队是 Facebook 在过去 8 年里比较重要的一个发明"。自 Facebook 2008 年设立增长团队以来，不少公司如 Twitter、LinkedIn、Quora 也都迅速效仿，随着这几个高科技公司用户的大幅度增长和在商业上取得的巨大成功，"增长团队"逐渐开始成为硅谷互联网创业公司最热门的新兴部门。

不仅如此，这个趋势也在向传统行业蔓延。就在 2017 年，可口可乐公司宣布了一个重磅消息：将取消首席营销官（CMO）职位而新增设首席增长官（Chief Growth Officer）来统一领导市场营销、商业战略和用户服务等业务。在 2017 年 5 月洛杉矶的增长黑客大会上，也开始出现来自于 IBM、Adobe 等公司的演讲嘉宾，他们开始了在这些传统 IT 公司内部进行组建增长团队的尝试。

6.2.1 增长团队的兴起

为什么越来越多的公司开始组建增长团队呢？

第一，随着市场上同质产品越来越多，增长越来越难，而增长又越来越重要，单独设立这样一个部门，整合了营销、产品、工程、数据、设计人员等资源，有足够的人手支持，将增长作为主要目标来驱动，这是聚焦的需要。

第二，全才难求，增长天然需要各个职能部门的合作，而不仅仅是传统营销部门所负责的"拉新"。举个例子，Facebook 的增长团队里有数据分析师、有产品经理、有工程师、有负责特定渠道的市场营销专才，还有负责增长策略的策略师，这样多样化的技能组合几乎不可能在同一个人身上找到。

第三，产品各具特色，用户需求迥异，市场瞬息万变，找来一个"增长黑客的100 个方法"或者简单复制别人的案例也许能有几次好运气，但几乎不可能获得长久的成功。所以要想持续推动增长，必须要转变为有体系、有流程、不断试验、以团队的形式来推动。

增长团队的逐渐流行和壮大，就是顺应了聚焦、合作、体系化的增长需求。

6.2.2　增长、产品、营销、运营的区别和联系

一句话概括，增长团队本质上是一个以用户和利润增长为目标的产品团队。这里面有两个重点：一是增长团队虽然可能也包含一些市场营销人员和渠道专家，但是它和传统的市场团队最大的不同是，增长团队被允许在产品内部进行优化或改动，并有工程师资源支持能够达到这个目的；二是它和传统的产品团队也不相同，很多时候，产品团队的日常活动是围绕着产品和功能的开发展开的，而增长团队的目标非常明确：增长，它是追求影响力和结果的。

那么增长和产品、营销，以及在我们国内很常见的运营之间到底有什么区别和联系？

1. 增长和产品

产品是价值创造，而增长是在向更多的人传播价值。前 Pinterest 的增长负责人 Casey Winters 曾指出：产品团队的目标是增加产品的价值，而增长团队则是帮助更多的用户能够最大限度地体验产品的现有价值，或者尽可能地去除妨碍用户体验价值的各种障碍。

前面讲到，增长团队本质上是一个以增长为目标的产品团队。一般来说，产品经理会更倾向于把工程师资源用于新功能和新产品的开发上，而不是优化产品；增长团队可能同样会在产品上做改动，但其主要目标是让更多的人能够体验产品的现有价值，比如初始阶段让用户快速上手、了解产品的使用方法，上手后持续关注用

户活跃度，流失后再次唤回等。

和传统的产品团队相比，增长团队更偏重指标为导向，其方法论更偏重数据驱动，更注重实验，并且常常要求团队明确地在商业指标和用户体验之间做权衡。

2. 增长和营销

传统的营销更多地关注新用户获取，而增长则着眼于 AARRR 的整个用户生命周期。从方法论的角度看，增长更加强调量化结果，通过数据驱动的方法不断做实验、迭代；增长的工具箱更加多样，不仅包含外部渠道，同时也包含将增长机制产品化，做到产品里面去。

一般互联网公司的营销部门包含传统营销和线上营销。传统营销手段主要指事件营销、媒体广告、公关、活动等；线上营销主要包含搜索引擎广告、线上付费广告等。这两类营销需要的技能不同，因此一般由不同的人负责。

但不管是传统营销还是线上营销，他们一般都无权过问产品规划图，也没有和程序员及产品设计师合作的经验和能力。所以，他们对那些存在于产品内部的，但是可能影响用户生命周期表现的机制，比如搜索引擎优化、注册漏斗转化率和病毒传播等，完全没有任何决定权。

为什么仅有营销团队不能帮助互联网公司有效地达到增长的目的呢？因为，对于互联网产品而言，最有效的增长机制往往都存在于产品内部。增长团队则打破了营销和产品之间的藩篱，他们有能力、有经验开发和优化产品内的增长机制，而这些机制相比于传统营销和线上营销的优势，在于它们是免费、可规模化、可衡量的（见表6-1）。

表6-1　增长和营销的对比

	传统营销	线上营销	产品内增长机制
是否付费?	是	是	免费
是否规模化?	是	是	是
是否可衡量?	较为困难	是	是

3. 增长和运营

在《运营之光：我的互联网运营方法论与自白》一书里作者谈道：产品团队负责界定和提供长期用户价值；而运营团队负责创造短期用户价值和协助产品完善长期价值。运营广义上包括内容运营、用户运营、活动运营、产品运营等，每个方向的 KPI 各不相同，比如内容运营主要关注内容的传播效果，活动运营主要关注活动的目标达成度和效果，而用户运营和产品运营是相对而言与增长更接近的两个方向：前者关注活跃用户指标，包括用户的新增、留存、活跃、传播以及用户之间价值的良性循环，后者通过各种运营手段去拉升某个产品的特定数据，比如通过非产品的手段提高用户在论坛的发帖量等。运营产生的根本原因在于：除了设计驱动的产品功能和体验，用户的参与也构成了互联网核心产品价值的重要组成部分。

我个人没有做过运营，但是觉得运营和增长有很多相似之处，最大的类似就是都讲究数据衡量、结果驱动。另外这两个岗位各自的出现也是跟创业公司大量涌现，以及各种外部渠道层出不穷息息相关的。直白地讲，就是能做的事情太多，变化又太快，没有一个传统的职位能够涵盖所有的事务。

我觉得运营在中国流行而增长起源于美国，是有原因的。中国的人多，投资的钱多，所以产生了运营这个职位，通过多种多样的手段达到目的。运营包含的范围更加广泛，每种运营适应于不同的产品、不同的阶段，所以比较难以得出一个统一的方法论。而硅谷强调工程师文化，美国人也少，讲究精细运营，于是产生了增长的方法论，把用户获取、激活、留存、推荐看作一个有机整体，在每个阶段都强调实验，也更多地希望通过产品的改进和可规模化的渠道达到目的。

最后，需要指出的是，在实际情况中每个公司的情况不尽相同，增长团队有时候是独立团队，有时候可能归在产品团队或市场团队之下，有时候可能甚至就是运营团队，了解增长的方法论，要比过分关注组织架构更加有意义。

6.2.3　增长团队的核心功能

增长团队，顾名思义，其核心目标就是增长，包括用户和利润的增长。和传统的财务团队管理现金流类似，增长团队管理"用户流"，它关注用户从获取、激活、留存、流失、推荐、变现，到回流的整个生命周期，通过数据驱动的方法，在和用户交互的各个场合，包括外部渠道和产品内，不断提出假设，做实验迭代，提高核心增长指标。

Sean Ellis 在他的新书 *Hacking Growth*：*How Today's Fastest-Growing Companies Drive Breakout Success* 中提到，增长团队的三个核心要素是：

1）跨功能的团队：打破产品和市场之间的隔阂；

2）利用定性和定量的数据分析深入了解用户行为；

3）快速地做产品迭代和测试新的想法，并使用深入的分析来指导行动。

增长团队的核心职能就是围绕着增长这个目标进行宏观上的战略制定，以及微观上的战术执行。一个好的增长团队可以帮助你完成以下几件事：

1）**战略**：建立并维护公司的增长模型，针对公司的北极星指标找到现阶段性价比最高的增长杠杆，针对这个聚焦领域制定增长战略。

2）**执行**：在整个用户生命周期内积极寻找增长机会，既包括已有渠道的维护和现有产品的优化，也包括全新渠道的探索，以及对新的产品内增长机制的开发。

3）**流程**：建立一个高效率和系统化的 A/B 测试体系，通过跨部门的合作打造快速上线大量增长实验的能力，并且持续地将实验结果反馈到下一步的增长实验中，使得增长实验越来越"聪明"。

4）**文化**：倡导数据和实验驱动的文化，在产品开发和市场营销的各个方面不过分依赖直觉，摒除个人的自尊心和最高决策者一人说了算的决策模式，通过科学的测试和实实在在的数据来指导决策。同时也要求整个组织可以接受适当的风险和失败，更关注从实验结果中学到的东西。

当然，增长团队并不是万能的，如果你的商业模式有问题或产品本身还没有打磨好，留不住用户，增长团队并不能神奇地修好一个"漏水的桶"。增长团队也不能确保公司一直增长，因为增长从本质上是产品、市场、用户相互作用的结果，是全公司的终极目标。但如果你的增长团队能够成功做到上述 1~4 件事，加上一个好的产品，是可以帮助实现公司增长加速的。就如同 Instagram 和 Snapchat 的例子，这在竞争激烈的市场中，可能就是生与死的区别。

6.3 建立增长团队的必备元素

要想成功组建增长团队，要求如图 6-4 所示的几方面因素团队都能够满足。

图 6-4　增长团队的必备元素

6.3.1　组建增长团队的前提条件

组建增长团队之前，要从以下几个维度看看公司是不是准备好了。

1. 产品：是否已经建立了核心价值

开始决定组建增长团队之前，要先看产品有没有通过核心价值测试。如果产品还未成型，或者没有达到产品—市场契合，盲目地追求增长是没有意义的。

2. 文化：是否能够得到领导层的理解和支持

增长团队打破了传统功能团队的界限，需要各种资源的支持。如果没有领导层的支持，增长团队在公司内可能会感觉步步维艰。同样重要的是，领导层需要理解增长团队是通过数据和实验驱动增长，它可以让增长更可预测，但并不能保证增长。除了领导层外，产品团队和工程团队的支持也至关重要。

3. 资源：能不能获得需要的资源和工具

要进行产品内 A/B 测试，如果没有工程师、设计师的资源，相当于"巧妇难为无米之炊"。如果有专门的工程师资源，增长团队运作起来会顺利得多。如果需要通过借资源的方式进行，当其他团队有自己的项目优先级时，增长团队的项目很容易被排在后面。

4. 流程：有没有想好增长团队如何运作

形象地说，增长团队的运作流程是快速迭代的"开发—衡量—学习"流程，与传统的产品功能开发相比，它速度更快、项目更小、更常使用最小化可行性产品（MVP）的模式。理想的增长运作流程可以迅速将实验结果反馈到下一个实验中去。所以，增长团队如何运作、如何与现有流程融合是需要考虑的问题。

5. 人员：能不能找到合适的人才

由于增长团队是个新鲜事物，所以如果团队内有能深入理解增长的领军人物才能够避免走很多弯路。很多硅谷增长团队的起源都是由于 Facebook 出身的增长人才慢慢进入更多的创业公司后，把增长的方法论也慢慢带了过去。最开始的团队核心成员可以考虑从内部招募，从各个部门寻找带有"增长基因"的人才，组建一个跨部门的团队。

6.3.2 如何配置第一个增长团队

增长团队最基本的配置是一个增长产品经理、2~3 个程序员、一个数据分析师和一个设计师。根据 Y Combinator 创业孵化器的调查显示，许多初创公司在公司有15 个程序员、3~4 个产品经理的时候开始考虑成立增长团队。而最新的趋势是，增长团队的引入变得越来越早，很多公司在刚刚达到产品—市场契合的时候，就开始着手组建增长团队。之所以这样做，是因为有一定的证据显示在合适的时候引入增长团队可以提高整个公司的增长上限。

那么，增长团队的人员构成是怎样的（见图 6-5）？又应该如何为你的第一个增长团队找到合适的人才呢？

1. 增长产品经理

图 6-5　增长团队的组成

增长产品经理（Product Manager，Growth）一般是增长团队的第一个成员，他主要负责产品内增长机制的开发和改进。

在规模较小的增长团队内，增长产品经理可能同时担任了增长负责人的工作。在更大规模的公司里，增长负责人的职位可能叫作增长副总裁、增长总监、增长负责人，他们是公司内的增长主管，一般直接汇报给 CEO 或产品副总裁，需要最终对用户增长的指标负责。

增长负责人需要制定增长指标、决定聚焦领域、进行数据分析、产生实验假设、找到增长机会，协调设计、工程、数据、产品、市场的各方资源，推进实验的设计和上线。同时这个人也要组织定期的增长团队会议，促进分享交流结果，并对外扮演增长团队的形象代言人和宣传委员，在全公司范围内宣传增长团队的成果，为增长团队的工作取得支持。

理想的增长产品经理的最重要特征就是数据驱动。因为这个职位需要对数据有非常强的好奇心和洞察力，不停地从数据中寻找机会、发现问题、形成假设，并通过实验找到答案，他每天生活在数据中。一位增长专家曾说："最可怕的一天是数据不好的那天，第二可怕的一天是数据很好但你不知道怎么回事的那天。"

如果候选人曾在创业公司工作，甚至有创始人的经验，与在大公司的工作经验相比，将更加有价值。因为增长是一件非常困难的事情，60% 以上的实验都会失败。如果候选人一直在大公司工作，很可能仅仅依赖平台或品牌就可以达到不错的增长率，没有经历过在竞争激烈的环境下推进艰难目标的过程，可能会缺乏冒险的勇气和快速行动的紧迫感。

以前有增长相关经验固然好，但是市面上做过"增长"的候选人并不多。建议公司在招聘时少关注直接相关的经验，多注重候选人的素质和兴趣，程序员或分析师出身的增长黑客，以及有线上营销背景的市场运营人才或者对商业指标关注的产品经理都是很好的选择。

2. 增长工程师

增长团队的工程师是至关重要的角色，一方面他们是产品内 A/B 测试的执行者，很多用户留存渠道如邮件、推送、短信等的建立和测试等需要工程师帮助实现，用户行为的追踪和数据的采集也需要工程师的参与；另一方面工程师也是对代码最了解的人，他们对于哪些实验可行或者不可行，如何设计最小可行性测试（Minimal Viable Test），有着最为清晰的认识。他们也是最会从"规模化"的角度去想问题的人，比如采用 API、整合、内嵌原件等方式驱动增长，比如 Airbnb 通过和 Craiglist 整合来驱动增长的经典案例，没有一点点工程师背景的人是不可能想出来的。因此在增长流程中充分调动工程师的积极性非常重要。

招募好的增长工程师，最基本的一个要求是工程师需要对增长实验的价值理解和认同。有些工程师会觉得 A/B 测试的技术难度太低、缺乏挑战性，或者觉得有些实验代码注定会被扔掉、被浪费，那么增长工程师对于他们来说可能就不是一个合适的职业方向。

理想的增长工程师是有商业和产品思维的，他们不介意做很小的改动或者那些不能直接规模化的工作，结果和影响力是他们追求的主要目标。在硅谷的一些高科技公司里，并不设置增长产品经理的职位，增长实验直接由有产品思维的工程师驱动，所以对他们的沟通能力和项目管理能力的要求也很高。对较小的增长团队来说，需要增长工程师是一位"多面手"，能够处理多种技术任务。

3. 增长数据科学家/分析师

数据分析师虽然不是一个"前台职位"，但他们在增长团队里的作用至关重要，他们做的绝不仅仅只是在 Google Analytics（谷歌分析软件）里监测每日流量和用户数。他们需要协助增长负责人定义正确的增长指标，搭建数据监测看板供大家随时查看。他们负责分析各种用户行为数据，发现增长机会，同时分析试验结果，并追踪增长指标的变化。

理想的数据科学家需要熟悉实验设计和有良好的统计学基础，可以帮助团队正确设置 A/B 测试，并分析结果。由于增长团队的工作是具有高度探索性的，数据分析师需要有非常强的自主工作能力，需要对商业模式和用户行为有深入的理解，能够主动提出好的问题，并从数据中寻找答案，发现好的增长机会，而不仅仅是被动地回答增长产品经理提出的问题。在 Instagram 的增长团队每 8 周的实验周期里，除了增长产品路线图之外，数据分析和用户研究团队也有自己的数据研究计划路线图，就是在这 8 周里要通过定性和定量数据分析回答哪些问题，而这些研究的结果就会指导下一阶段的增长实验。

4. 用户研究

除了定性的数据分析之外，在较大的增长团队里也会设置"定性用户研究"的功能。他们通过系统的用户测试来了解用户心理，发现交互界面中的问题，给增长实验提供方向、线索和反馈。他们也会通过各种用户研究方式如问卷调查、访谈等了解用户的生活习惯、产品使用情况和真实需要，这些都是设计增长实验时至关重要的背景知识。

5. 增长设计师

除了工程师之外，设计师往往是上线增长实验面临的另一个瓶颈。增长团队的设计师需要提供不同版本的产品或创意设计以供 A/B 测试。和传统的设计师相比，增长团队的设计师需要做到两点：一是对最小可行性测试有良好的理解和认同，因为在 A/B 测试中，为了寻找方向，对初始设计的要求并不是精益求精，而是有一个足够好的设计能够快速上线，在实验结果里找到信号之后再进行改进和优化；二是学会从实验结果中学习，在设计中注重影响力，而不是过分强调设计的艺术性。其实这跟一个好的设计师的初衷并不冲突：通过良好的交互界面，帮助用户体验产品的最大价值，实现用户和产品的双赢。

6. 市场渠道专家

他们是增长团队中的"专才"，一般是对搜索引擎、付费广告、病毒传播、邮件等各种渠道有着深厚积累的渠道专家。市场渠道专家在增长团队中不是必需的，有些增长团队负责人或产品经理本身有一定的渠道测试经验，可以进行渠道的选择和优化。但是有些公司对某些增长渠道依赖性很强，同时又有合适的资源和人才的支持，这个时候，增长团队里就可以加入市场渠道专家，专门负责渠道的深入挖掘。如果一时找不到合适的全职人才，也可以考虑以项目制的形式引入。

需要指出的是，增长团队的组成并不是一成不变的。不同的产品有着不同的特点，可能会导致增长团队设置不同。比如 TripAdvisor（猫途鹰）的增长团队由大量的程序员和搜索引擎优化专家组成，因为对于他们而言，用户产生内容（UGC）和搜索引擎优化（SEO）是最重要的增长渠道；再比如，Uber 的细分乘客增长团队用付费增长和病毒营销专家替换了增长产品经理，因为这两个渠道对于 Uber 的产品传播至关重要。

增长团队的组成也受到公司现有主导文化的影响，虽然绝大多数公司的增长团队由产品经理来领导，但比如美国在线教育公司 General Assembly 则是由设计师来推动公司的增长测试；也有工程师文化主导的公司，直接由增长工程师来推动增长测试。

6.3.3　增长团队的组织架构

增长团队属于新鲜事物，其组织架构在不同的公司内可能千差万别，在同一公司内部，也可能处于不断的成长进化中。根据我的观察、交流和总结，大致上可以分为以下三大类：

- 独立特区模式
- 功能主导模式
- 内部咨询师模式

1. 独立特区模式

增长团队的发明者 Facebook 采取的就是独立特区模式（见图 6-6）。这类增长团队不隶属于其他功能团队，增长负责人直接向 CEO 汇报，增长团队内部拥有独立完成产品实验的所有功能，是一个全栈团队。Facebook 通过这种模式取得了巨大的成功，2017 年 6 月底月活跃用户数已经达到 20 亿。

这种模式的好处在于，一是增长团队可以从头建立自己的流程，形成自己独立的文化和基因。因为增长团队的运作和传统的产品或市场团队都有所不同，所以独立的模式保障了增长团队能够真正地建立起数据导向、实验驱动的运作体系，而不是试图融入公司团队已有的运作模式；二是公司明确地承诺将增长作为重要指标，强有力的支持对增长团队的成功是至关重要的。

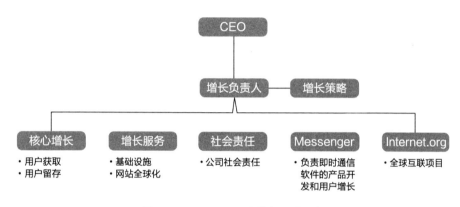

图 6-6 Facebook 的增长团队架构

这种模式的坏处是如果不是从公司早期就形成如此的架构，而是在各个功能部门已经成型之后才行动，公司很难改制成这种模式，增长团队和其他团队之间可能会出现"打架"的情况。

最常见的是产品团队觉得辛辛苦苦做出来的功能，增长团队凭什么来改来改去？增长团队过分追求指标，会不会是以牺牲用户体验为代价的？Pinterest 的前任增长负责人 Casey Winters 就曾分享过这样一个例子。当 Pinterest 使用这种独立模型时，增长团队进行了一些被产品团队视为"激进"的产品改动，有效地提高了增长指标，但产品团队却担心如此过分追求数据会影响用户体验。虽然增长团队最终通过数据分析证明了这些担心并不是事实，但是这样的矛盾时时出现，会给增长团队工作的开展带来很大的阻力，也不利于产品团队的积极性。因此，Pinterest 最终逐渐转向了增长团队隶属于产品团队的模式，也就是下面的功能主导模式。

2. 功能主导模式

在这种模式下，增长团队归属于另外一个大的功能团队，以产品团队居多，LinkedIn 就属于这种架构（见图 6－7）。增长涉及在产品中进行实验，因此和产品团队同属于一个部门，也属合理。当增长负责人和产品负责人汇报给同一位产品/增长副总裁时，这个人可以帮助协调团队之间的合作和交流，避免可能发生的矛盾。很多公司如 Uber、Airbnb、Slack、HubSpot 里的增长团队，都从独立的增长团队逐渐并入到产品团队中。在规模较小的公司里，如 BitTorrent，产品同时由一位产品经理和一位增长产品经理负责，一个负责核心功能，另一个负责用户增长，沟通及时迅速，有效地推动了产品的优化和增长。

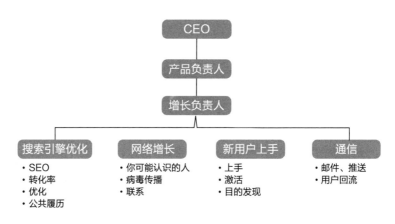

图 6－7 LinkedIn 的增长团队架构

从传统角度来讲，公司的市场团队主要负责新用户获取的渠道和预算，所以也有一些公司将增长团队放在市场团队下，和付费增长、搜索引擎优化等效果营销团队归在一起。在这种情况下，增长负责人汇报给市场部负责人。这种模式需要保证增长团队虽然在市场部门内，但能够拿到工程师资源，可以执行增长实验。

3. 内部咨询师模式

在这种模式里，增长团队是独立于产品团队存在的，但是并没有像 Facebook 那样，大到涵盖整个产品线的地步。增长团队可能只负责产品的某部分功能，比如用户注册和激活，或者整个产品线中的某一个产品，同时协助其他团队进行增长实验。在有些情况下，增长团队干脆不负责具体的产品，而是扮演一个类似于内部咨询师的角色，给其他产品团队提供增长实验的咨询服务。

火狐浏览器母公司 Mozilla 本来并没有增长团队。时任公司网站开发经理的 Chris More 为了推动数据驱动决策，带领团队完成了全公司 Google Analytics 升级版本的整合。有了数据之后，他明显看到有些产品存在改善的空间，于是开始进行 A/B 测试，取得了很好的结果。在 CEO 的支持下，Chris More 用 6 周的时间停下其他所有工作，专职探索增长实验。这 6 周的时间让整个公司和领导层看到了增长实验的潜力，于是火狐的第一个增长团队就这样诞生了。

在接下来的两年时间里，火狐增长团队在多个产品上进行了实验，建立了整个增长实验的方法、流程，将所有的结果和经验在公司内部的维基上做了详细的记录（见图 6-8）。一般来说，大部分实验增长团队可以独立完成，但有些实验涉及某个具体的产品，增长团队会和产品负责人打招呼，一般都可以继续进行。需要对产品代码有较大改动时，会请相关团队的程序员审核代码。这个流程在火狐内部开展得很顺利，也将增长的种子传播到了整个公司。慢慢地，火狐成立了多个微型增长团队，他们分散在各个产品线上，都有了自己的测试想法库和实验流程。

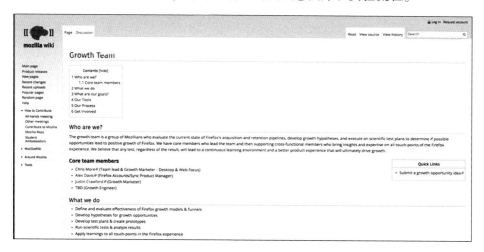

图 6-8　火狐增长团队维基示意图

所有内容均可以在 https://wiki.mozilla.org/Growth_Team 查到

在这个例子里，火狐最初的增长团队就扮演了一个内部咨询师和布道师的角色。

总结起来，根据 Y Combinator 对硅谷 30 个增长团队做的一项小型调查显示，70% 的增长团队位于产品部门内，20% 的增长团队是独立的组织，10% 的增长团队位于市场部门内。

增长团队是比较新的概念，在每个公司内部的架构也处于持续演化当中。架构的目的是保证聚焦、资源和沟通，以及增长方法论的落地执行。大家在组建增长团队的时候，应该根据自己公司的实际情况做出最佳的选择。

6.3.4　增长团队的工具箱

和增长团队的人才技能需求类似，做增长所需的工具主要有 4 个方面：数据分析、A/B 测试、渠道管理和营销自动化、项目管理和知识分享。表 6-2 展示了美国常见的创业公司的增长团队的工具箱。国内的工具选择也越来越多，例如数据分析软件 GrowingIO 等。

表 6-2　增长团队的工具箱

数据分析	A/B 测试	渠道管理/营销自动化	项目管理和知识分享
用户行为分析：Amplitude、Mixpanel、Kissmetrics、Google Analytics	综合 A/B 测试：Optimizely	邮件：Mailchimp、Intercom、Hubspot、Marketo	项目管理软件：Asana、Trello、Jira
数据可视化软件：Tableau、Looker	应用 A/B 测试：Leanplum、Apptimize	移动推送：Appboy、Localytics	知识库：Confluence、Google Docs
数据集合：Segment、mParticle	着陆页 A/B 测试：Unbounce	营销渠道归属：Adjust、Full circle	增长团队综合软件：Growthhackers Projects

上面提到的许多 SaaS 产品都有免费计划。一个刚刚起步的产品由于没有太多的用户，很多工具都可以免费使用。当公司有了一定规模，有了至少 20 位增长工程师后，不少增长团队都选择了打造自己的 A/B 测试平台和数据看板。图 6-9 展示了 Airbnb 的实验结果看板，可以看到上面有实验报告、实验列表、文档、结果等不同

的功能。增长团队可以一目了然地看到有多少实验在运行，曾经运行过什么样的实验，每个实验对所有重要指标的影响及统计显著性。这样极大地提高了数据分析的效率，同时也有利于增长团队在公司内部建立数据驱动决策的文化。

图 6 – 9　Airbnb 的 A/B 测试数据看板

6.4　从零开始组建增长团队

如果你是一家公司的 CEO 或者被委任为公司的增长负责人，想要从头开始组建一个增长团队，应该从哪儿入手呢？在公司发展的不同阶段所面临的挑战也不同，我们分阶段讨论一下。

1. 早期创业企业

1）**目标**：决定是否成立增长团队。

2）**挑战**：产品未完全打磨好，产品—市场契合（PMF）不明确。

3）**考量**：在这个阶段，公司的重点应该集中在改进产品上，并不建议开始大规模地获取新用户。你只需找到足够多的用户能够帮助你观察到目前的基础留存率，并不断改进产品以提高留存。如果产品还没有打磨好就开始增长，第一是浪费钱和资源，第二是会形成增长的假象，看起来用户总数节节高升，但实际上用户留不住，只不过是延缓死亡。

4) **成功关键**：在决定搭建增长团队之前，首先要确保产品已经通过了"核心价值测试"，最好的方法就是看留存率。YC汇总了不同行业产品的留存率目标（见表6-3），以供参考。

表6-3　不同行业产品的留存率

行业	时期	长期时期	长期留存目标	留存率中值
社交网络	月	第12个月	45%~65%	55%
即时服务	月	第12个月	20%~30%	22%
旅行	年	第2年	20%~35%	29%
电商	月	第12个月	10%~25%	16%
订阅	月	第12个月	25%~35%	33%

5) **建议**：在做出设置增长团队的决定之前，公司首先应该通过观察留存率的方式，检查产品是否达到了产品—市场契合。如果没有，不要急着设置增长团队，先把产品做好。

2. 小型创业企业（< 30人）

1) **目标**：成立一个1~3个人的"最小化可行性"增长团队，开始增长实验。
2) **挑战**：资源有限、人员有限，不知从何下手。
3) **成功关键**：最大化利用现有资源，尽快开始做增长实验。
4) **建议**：如果CEO有产品或市场背景，可以由CEO牵头再加上现有的程序员和设计师资源，成立一个"机动"的增长团队。在这种配置下，CEO需要在核心产品和增长实验之间统一分配资源。

如果资金允许，可以考虑专门招募一个增长产品经理，在此基础上，再配置一个程序员和一个设计师，这样增长团队就可以不依赖于其他团队独立运转了。理想情况下，第一位增长产品经理需要是多面手，有数据分析能力，对某个对公司至关重要的用户获取渠道有经验，同时能够进行产品内的优化和增长实验。

"最小化增长团队"成立之后，需要极度专注，找到目前潜在影响大又不需要大量资源的切入点，开始进行实验。由于团队很小，跨部门的协调和汇报应该不是大问题，也没有必要引入太多的会议，由增长负责人牵头每周一次增长会议即可，参加者包括公司领导层和增长团队成员，会议的目的是总结上一周的实验进展，并规划下一周的实验计划。

我在增长黑客网时，增长团队负责人最初就是由肖恩·埃利斯亲自担任，后来我加入公司，作为增长产品经理接手了增长负责人的职位。增长团队有一个独立的工程师，还有和产品团队共享的设计师。因为团队规模较小，增长产品经理需要身兼数职，邮件营销、内容营销、产品着陆页优化、注册流程 A/B 测试、实验结果分析等，都在职责之内。

3. 中型创业企业 (30 ~ 200 人)

1) **目标**：成立一个 5 人以上的专门增长团队，迅速产生结果。
2) **挑战**：产品和市场团队已经形成，并且建立了自己的领域和流程，对于增长团队有反对和怀疑的声音。
3) **成功关键**：找到一个改善潜力大的领域下手，迅速产生一些胜利，大力宣传增长团队的成果，争取其他资源的支持。
4) **建议**：从内部挑选 1 位增长产品经理、1 位设计师、2 位程序员和 1 位数据分析师，组成 5 人左右的增长团队。CEO 需要和增长产品经理一起找到最开始的聚焦方向，设定明确的指标来衡量工作进展。起始的聚焦领域最好是公司其他团队无暇顾及的，常见的例子包括新用户引导流程、应用商店优化、用户推荐等，这样既可以避免团队间的冲突，又可能有很多潜在的机会。

由于团队的规模增大，定期沟通至关重要，因此增长产品经理可以考虑除了每周的增长团队例会之外，再加入每天 10 分钟的快速站立会议。

在这个阶段，很重要的一点是增长产品经理需要做好"宣传委员"的工作，定期主动地通过各种渠道如邮件、公司大会、海报等，分享增长团队的成果。公司的管理层也需要反复强调增长团队的重要性。这些都有助于打破偏见和怀疑，帮助增长团队站稳脚跟，争取其他团队的信任和支持。

比如，美国的语言学习应用 Duolingo 公司大概有 100 人左右，增长团队有 8 位成员，分别是 1 位增长副总裁、1 位增长产品经理、4 位增长工程师、1 位设计师和 1 位社区运营。

4. 大型创业企业/成熟企业（200 人以上）

1）**目标**：扩大增长团队的规模到 50 人以上，成立细分团队，管理用户生命周期的不同阶段。

2）**挑战**：如果进入到这个阶段，恭喜你，你的增长团队已经跻身为数不多的"大型增长团队"之列了。增长团队的方法和流程已经基本建立，接下来就是保证团队之间的有效协作沟通。作为增长负责人，你需要战略性地思考增长的机会所在。增长团队也可以开始考虑承担更大的责任，如国际化、探索长期的增长机会，或者搭建自己的数据和实验平台。

3）**建议**：在这个阶段，你需要成立多个小的增长团队，负责 AARRR 漏斗的各个部分。具体如何设置细分团队，可以考虑要完成从非用户到用户再到超级用户的转变需要哪些步骤，完成这些步骤又需要哪些功能，以及哪些团队成员和组织结构的支持。

比如 Pinterest 的增长团队在增长到 50 人之后，就开始细分为用户获取、新用户引导和留存（邮件、通知）等小团队。冥想应用 Headspace 的增长团队则分为新用户激活、免费用户升级、付费用户留存等几个部分。

每个细分增长团队都有自己的产品经理、工程师、设计师、数据分析师，甚至用户研究人员。每个团队设定自己的目标，有自己的实验计划，自行召开团队内部的增长例会。增长总负责人需要平衡各个团队之间的战略重要性和资源需求，并且通过会议等方式促进各个团队之间的交流和协作。在这个阶段，市面上的第三方 SaaS 软件就可能开始不够用了，增长团队需要开始搭建自己的数据和 A/B 测试平台。

从零开始组建增长团队，你准备好了吗？

拿来就能用的模板

模板：组建增长团队的前提条件

前提条件	前提条件	是否满足（Y/N）及证据
产品: 是否已经建立了核心价值?	• 留存率 • 有机增长率 • ……	
文化: 是否获得了领导层和合作团队的理解和支持?	• CEO • 产品负责人 • 市场负责人 • 工程负责人 • ……	
人员: 能不能找到合适的人才?	• 增长团队领导人 • 增长团队产品经理 • 增长团队工程师 • 增长团队设计师 • 增长团队数据分析师 • ……	
流程: 有没有想好增长团队如何运作?	• 产品开发流程 • 发布周期 • ……	
资源/工具: 能不能获得需要的资源和工具?	• 数据分析工具 • A/B 测试工具 • 渠道管理工具 • ……	

参考文献

［1］ Adam Hartung. Why You Should Own Facebook And Not Snapchat［EB/OL］.［2017-04-27］. https://www. forbes. com/sites/adamhartung/2017/04/27/why-you-should-own-facebook-and-not-snapchat/#12b10ba16e3f.

［2］ George Lee.［WMD 2016］Instagram：Running growth for a 116 million user social network ［EB/OL］.［2016-11-08］. https://www. slideshare. net/500startups/wmd2016-head-of-growth-at-instagram-george-lee-running-growth-for-a-116-million-user-social-network.

［3］ Scaling Up Snapchat with Casey Winters and Julie Zhou［EB/OL］.［2017-04-03］. https://news. greylock. com/scaling-up-snapchat-with-casey-winters-and-julie-zhou-b020324f9cd5.

［4］ Kif Leswing. Evan Spiegel deflected a question about Snapchat's weak user growth by railing against the spammy practices of competitors ［EB/OL］.［2017-05-10］. http://www. businessinsider. com/evan-spiegel-says-snapchat-wont-get-dau-growth-by-growth-hacking-2017-5.

［5］黄有璨. 运营之光：我的互联网运营方法论与自白［M］. 北京：电子工业出版社，2016.

［6］ Sean Ellis, Morgan Brown. Hacking Growth：How Today's Fastest-Growing Companies Drive Breakout Success［M］. New York：Crown Publishing Group，2017.

［7］ Anu Hariharan. Growth Guide：How to Set Up，Staff and Scale a Growth Program［EB/OL］.［2017-07-20］. http://blog. ycombinator. com/growth-guide2017/.

［8］覃超. 如何组建增长团队？Facebook 早期员工分享了四点经验［EB/OL］.［2017-02-07］. https://blog. growingio. com/posts/sjfx_74.

［9］ Aatif Awan. How LinkedIn built a Community of Half a Billion：Traction Conference 2017［EB/OL］.［2017-06-12］. https://www. slideshare. net/AatifAwan/how-linkedin-built-a-community-of-half-a-billion.

［10］ Andrew McInnes. How Do You Choose the Best Growth Team Model?［EB/OL］.［2015-10-19］. https://medium. com/swlh/how-do-you-choose-the-best-growth-team-model-632ad5a85be9.

［11］ Casey Winters. Starting and scaling your growth team［EB/OL］.［2017-02-09］. https://news. greylock. com/starting-and-scaling-your-growth-team-e45b550f7820.

［12］ Brian Balfour, Andrew Chen. Building a growth team from zero to fifty［EB/OL］.［2017-05-24］. https://brianbalfour. com/essays/building-a-growth-team-from-zero-to-fifty.

［13］ Alicia Shiu. How to structure your growth team［EB/OL］.［2016-12-22］. https://amplitude. com/blog/2016/12/22/structure-growth-team/.

［14］ Chris More. AMA with Chris More at Growthhackers. com［EB/OL］.［2017-11-11］. https://growthhackers. com/amas/live-sep-13-ama-with-chris-more-head-of-firefox-growth-at-mozilla.

第7章 打造高效运转的增长引擎

7.1 创业公司 Canva 的增长流程

Canva 是澳大利亚增长最快的创业公司之一。简单来说，它们的产品是 Photoshop 的线上简化版本（见图 7 - 1），让对设计一窍不通的用户也可以迅速做出媲美 Phototshop 效果的美丽设计。在成立的短短两年时间里，Canva 吸引了 800 万用户，以及超过 5 000 万美元的风险投资。

图 7 - 1　Canva 的产品界面

通过免费功能实现病毒传播是 Canva 增长策略的重要组成部分，每月有上百万名新用户首次使用 Canva 的各种免费功能，因此 Canva 增长团队的一个重要的聚焦点就是新用户激活。他们通过系统性的增长实验流程，成功地将好几个免费功能的新用户激活率提高了 10% 以上，累积为公司带来了上百万美元的利润。

Canva 增长团队的流程分为 7 步（见图 7 - 2）：①寻找机会；②收集数据；③形成假设；④进行实验；⑤分析结果；⑥双倍下注；⑦100% 发布。下面，我们就以其中一个免费功能——海报制作为例，看看 Canva 的增长团队是如何一步一步做增长的。

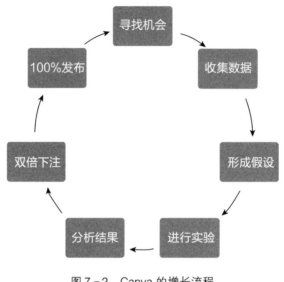

图 7-2　Canva 的增长流程

第一步，寻找机会

Canva 增长团队的目标是提高新用户激活率，首先增长团队需要决定从哪里下手。Canva 的产品有多个免费功能，都是重要的新用户获取渠道。因此，新用户是否能够尽快上手使用这些功能对于 Canva 的增长至关重要。Canva 的增长团队经过比较，决定聚焦在"海报制作"这个功能上，因为和其他免费功能相比，"海报制作"这个功能带来了 Canva 高达 20%～30% 的新注册用户，因此这个功能的激活率提升对增长的贡献最大。

点评：Canva 的增长团队从增长这个大的目标细化到新用户激活，然后进一步聚焦到"海报制作"功能的激活优化，这样的思路在增长实验中极为重要，因为它把大的目标分解开来，找到能影响大目标的小变量，一下子就把实验思路打开了。设想一下，你有两个目标，一个是"将明年新用户数提高 10%"，一个是"提高海报功能的新用户激活率 10%"，面对第一个抽象的大目标，你可能会觉得无从下手；针对第二个具体的小目标，你脑子里各种各样的实验想法可能一下子就冒出来了，因此操作性要强得多。

第二步，收集数据

在有了"海报制作"功能这个聚焦点之后，Canva 的增长团队进入了问题研究和数据收集阶段，这一阶段的目标就是尽可能多地收集数据，弄清楚使用这个功能的新用户的目标是什么，Canva 如何更好地能帮他们达成目标。Canva 增长团队建立了一个三步的数据收集流程：

1）第一步是可用性测试：目的是观察新用户试用"海报制作"功能和注册过程中有哪些让人困惑的用户互动设计；

2）第二步是用户问卷：给那些尝试了"海报制作"功能，但是没有注册成功的用户发邮件，了解他们为什么流失了；

3）第三步是另一份用户问卷：这个问卷是发给刚刚注册成功的新用户，目的是了解有哪些不同类型的用户，以及他们试用"海报制作"这个产品的动机都是什么。

Canva 的增长团队开始在收集到的数据中寻找规律，他们发现这些用户的目的五花八门，有的是给课程做海报，有的是给摇滚音乐会做海报，所以这些人对于背景图片和工具功能的需求自然很不相同。Canva 的海报产品一上来就给新用户提供的是一模一样的功能和图片，必然会导致一部分用户无法迅速上手，而最终流失。

点评：Canva 的增长团队在找到方向之后，没有盲目地进入"乱枪瞎打"的实验阶段，而是花时间做用户测试、问卷调查和数据分析，从这些数据中产生的洞察给接下来的增长实验指明了方向。所谓"磨刀不误砍柴工"，在增长中这意味着，收集和分析定量数据并进行定性调查，这些做法看起来会多花一些时间，但都能让增长"飞刀"变得更锋利，打得更准。

第三步，形成假设

从用户调研中，Canva 增长团队了解到两个问题的答案：一是用户是谁；二是用户想要做什么。针对"怎么样才能让用户迅速达成自己的目标"这样一个问题，增长团队开始形成假设。其中一个假设是，如果 Canva 能够了解不同用户的目标，设计个人化的新用户引导流程，帮他们更快完成任务，就能够提升用户的激活和注册比例。因为当人们想要做一个设计时，他们通常希望在当天就完成，如果拖到一天后，可能很大一部分用户就流失了，那时候任何手段的意义都不大了。

点评：Canva 的增长团队根据数据中得来的洞察，形成了一个假设。这个假设是很靠谱的，第一，它有真实数据的支持，不是去解决一个想当然的问题；第二，许多其他公司尝试过类似的个人化新用户引导流程，都有不错的结果。事实上，从数据分析中寻找支持和参考其他公司的成功案例，是降低增长实验失败的风险、提高胜率的两个主要途径。

第四步，进行实验

根据上述假设，Canva 增长团队设计了个人化的新用户欢迎信息页，给用户提供不同的海报设计做选择（见图 7-3），而这些海报都是在用户问卷中最受欢迎的类型，比如活动海报、零售海报、募捐海报等。然后，他们与设计师和工程师团队合作，迅速上线了个人化新用户欢迎版本并开放给 5% 的新用户，而 95% 的用户则作为对照组，仍然看到老的版本。

图 7-3　Canva 的个人化新用户海报选择

点评：进入到实验开发和设计阶段说起来容易，做起来难。起初，Canva 每上线一个增长实验，都要经过至少 6 周左右的等待时间，因为要经过设计团队完成设计→增长团队负责人批准→进入开发团队计划图→开发团队开发→QA 团队测试→2次同级评阅→上线的全过程。后来随着合作的加强和流程的优化，以及一个新用户激活测试工具 Appcues 的使用，效率有了很大的提高。所以，**一个好的增长工作流程至关重要，只有这样才能保证迅速准确地上线实验**。

第五步～第六步，分析结果和双倍下注

大概 2～3 周之后，实验结果达到了统计显著性。Canva 增长团队分析了数据，事实证明团队的假设是正确的，给新用户不同的海报类型选择，并且针对他们的目标提供个人化的新手引导体验，成功提高了 10% 以上的"海报制作"功能的激活率。

Canva 的增长团队乘胜追击，对这个新用户欢迎信息页进行了持续优化。他们继续 A/B 测试一些小的元素，如文本、设计、图表等。其中一个测试是找到那些点击率较低的海报图片，用一些同类型但设计得更美观的海报图片代替，这个改动进一步又带来了 2% 的激活率提升，将最终的激活率提高了 12%。

点评：Canva 的增长团队通过 A/B 测试的方法把新的改动和原有版本做了对比，从而可以清晰地确定新版本的效果提升是确实存在的。对新用户激活率10% 的提升是很不错的结果，但他们没有匆匆上线了事，而是进一步寻找优化的空间。这也是一些新手增长团队容易忽视的一点：**一旦发现针对某个点的测试有结果，不要急着进入到下一个增长项目，而应该多花一些时间在这个点上继续探索，通常都能找到进一步提升的空间。这是增长中一种行之有效的"双倍下注"的做法**。

第七步，100％发布

Canva 的增长团队最终向所有用户发布了个人化的新用户引导流程，这直接带

来了每个月 10 000 名以上的新增激活用户。Canva 的增长团队接下来也将这个成功的经验应用到了其他产品上，给 Canva for Business 和 Canva 首页全都加入了个人化的新用户引导，也都取得了 10% 以上的激活率提升，累积为公司带来了上百万美元的利润。

点评：增长团队在总结和衡量自己的工作结果时，要学会把增长实验的结果和公司的关键增长指标联系起来。比如，Canva 的增长团队就将 10% 的海报产品激活率提升，换算成"每个月 10 000 名以上的新增激活用户"，以及最终"上百万美元的利润"。否则虽然单个增长实验的结果很好，大家看到的可能还是某个局部的数据点的提升，无法有效地和整个公司的商业结果联系起来，从而会产生"增长实验"都是小打小闹、数字游戏的想法。值得指出的是，Canva 增长团队也继续把"海报制作"功能实验的成功结果应用到其他产品线上，这种乘胜追击、"双倍下注"的做法，可以帮助实现增长效用最大化。

7.2　打造高效运转的增长引擎

从 Canva 的例子可以看出，一个增长团队要想长期高效地产出好的结果，绝不是靠"乱枪打鸟"偶然获得的，而是需要打造一个高效运转的增长引擎：一个高度纪律性、系统性的增长流程。

7.2.1　增长流程的两个阶段

增长流程包括宏观上的战略制定和微观上的战术执行两个阶段。

战略制定阶段首先需要增长团队深入理解公司的商业模式，通过思考和分析找到北极星指标，搭建增长模型。然后根据北极星指标和增长模型制定核心增长目标，并通过指标分解的方式，找到现阶段对核心增长目标影响最大的聚焦领域。接下来，针对聚焦领域进行定性和定量数据分析，制定初步的增长战略。增长目标一旦制定了，就是比较长期的，以一年左右的时间重新审阅、调整比较合适。而每次选定的聚焦领域也建议维持 60 ~ 90 天不变，太短的时间不足以让团队充分地进行实验，探索各种可能。

宏观上的战略和目标一旦制定了，就进入了微观上的战术执行阶段，我们把它称为"增长冲刺"（Growth Sprint）。增长冲刺一般以一周或双周为单位，是指增长团队针对某一个聚焦领域，以提高某个指标为目的，进行快速迭代实验的过程，具体包含：产生实验想法、给想法按优先级排序、设计和上线实验、分析数据和应用结果几个步骤。我们曾在 1.2 节中介绍过这一增长流程（见 P9 的图 1-5）。

7.2.2　增长规划图：连接战略与执行的"活文档"

一般来说，增长战略和目标是宏观的增长计划，如果要具体执行，需要有一个较为翔实的计划来落到实处。这时候，一份增长规划图就有了用武之地。

增长规划图（Growth Roadmap）是一份连接战略与执行的工作文档。它和产品规划图（Product Roadmap）类似，是一份不断变化的"活文档"。相对固定的部分是增长指标、目标和战略，但它最主要的内容是详细地记录实现这些战略和目标的计划。增长规划图可以帮助增长团队清晰地记录增长战略和实验想法，同时也有利于和其他团队沟通和讨论。

需要注意的是，和产品功能开发相比，增长实验的迭代周期较短，需要根据实验结果及时调整方向。如果实验没能产生设想的结果则需要及时地分析原因，如证明这个假设错误，可能要干脆把相关的实验都取消；如果实验效果很好，证明假设正确，则需要加大对这个方向的投入，乘胜追击，持续优化。因此，增长规划图在具体内容上要保持一定的灵活性。

表 7-1 是一份增长规划图的样本，它包含：

1）战略部分：总增长目标、某细分增长团队的目标、关键子目标以及相应的战略、公司目前的聚焦领域；
2）战术部分：针对聚焦领域的实验假设和实验想法。

表 7 – 1　增长规划图举例

ABC 订房网增长规划图		
年度增长目标	2017 年订房数达到 1 500 万	
年度新用户增长团队目标	2017 年新用户首次订房数达到 500 万	
关键子目标		
子目标 1：提高新用户首次订房的成功率（聚焦领域）	子目标 2：提高老用户推荐新用户的比例（备选方向）	子目标 3：尝试新获取渠道以增加新用户数（备选方向）
增长战略		
优化新用户订房流程； 加入 Google 和 Facebook 一键登录	测试不同的推荐奖励； 开发移动推送向用户告知被推荐人状态	测试 Snapchat 广告； 测试苹果应用商店搜索广告
聚焦领域		
聚焦领域（1 月 1 日 ~ 3 月 31 日）	优化新用户订房流程	
实验假设		
假设 1：一些新用户觉得过几天可能会降价，觉得再等几天再做决定也不迟	假设 2：一些新用户在预订前看到需要先注册账户，觉得很麻烦就跑掉了	假设 3：一些新用户看到可以选择的房源太多了，选好了一间又回头去看别的，一纠结就搁置了
实验想法		
想法 1.1：写上"全网最低价"保证	想法 2.1：开发 Google、Facebook 一键注册功能	想法 3.1：给少数性价比高的房源加上"每日精选"标签
想法 1.2：写上"如发现其他低价，可以调整价格"	想法 2.2：开发免注册预订功能	想法 3.2：加入"按性价比排序"的功能
想法 1.3：显示"已售罄"酒店信息，给用户增加紧迫感	想法 2.3：……	想法 3.3：……
……		

接下来两节的内容我们会详细地讲解如何一步一步地完成一份增长规划图。

7.3　增长战略制定

7.3.1　设定增长目标

增长团队战略制定的第一步是需要找到正确的增长 KPI，并设定一个清晰明确的目标。

在本书第 2 章，我们已经讨论过如何找到公司的北极星指标。**一般来说，北极星指标就是公司的核心增长 KPI。这一步骤很重要，因为在错的指标上花力气，不仅有着巨大的机会成本，还可能会有负面的影响。**

有了正确的增长 KPI 后，还要设定一个清晰的目标。

比如，我们假设有一家在线酒店预订网站叫作 ABC 订房网，它的北极星指标是订房数，而增长团队的目标就是今年完成 1 500 万的订房数。这个目标有两个特点：第一，它是一个绝对值，不是一个百分比或比例；第二，它是一个非常清晰的数值，不是模糊地说"提高数量"。

一般来说，第一次制定增长目标时，增长团队并没有太多的历史数据可以依赖。所以，到底应该定 1 500 万还是 1 000 万，增长团队需要做一个判断，使得这个目标需要费点劲儿才能完成，但又不是完全没有希望。一旦设定了目标，增长团队内部以及领导层需要在全公司从上到下反复沟通这个目标，使得各个功能团队之间有一个共识，为增长团队的成功创造好的条件。

> Zillow 是一家美国线上房地产信息公司，它们内部每年都要制定一个增长目标，每年都有不同的侧重点和主题，比如搜索引擎优化（SEO）就是其中某一年的主题。这个目标一旦确定，Zillow 的 CEO 会在各个公司会议上不停地提到和重复这个目标，使得公司上下各层级员工对增长团队的目标都非常清楚，其他团队会把"给增长团队的项目提供支持"排在非常高的优先级，这就有力地保障了目标的达成。

有些增长团队在制定目标时，会考虑采用百分比。假如 ABC 订房网把增长目标定为"将新用户订房成功率提高 15%"的话，这个目标会受到分子"新用户订房成功数"和分母"新用户数"两部分影响。从理论上讲，如果增长团队控制新用户数量，并且只允许那些质量最高的用户注册，那就更容易达到这个目标，但是这却不能与公司的终极增长目标相一致。所以选取一个绝对值"新增订房数"作为目标，既好理解，又好沟通，也符合公司的最终利益。

7.3.2 指标分解：发现增长切入点的撒手锏

增长团队的核心原则之一，是在任何时候都要找到在当时的情况下，对增长潜在影响最大的领域，然后集中火力在那个领域进行实验，推动增长指标的实现，也就是所谓的"寻找增长杠杆"。

要做到这一点，首先必须学会"**指标分解**"这个技能，在这方面，2.3.1 小节讨论过的增长模型（见图 7 - 4）就发挥了作用。

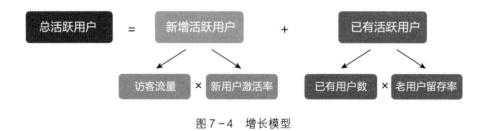

图 7 - 4　增长模型

根据这个增长模型，指标分解可以分为以下两步：

1）第一步是横向分解：按照用户的群组，按照"加法"的方式把大的增长指标拆分为小的指标。

比如 ABC 订房网的例子，它的增长指标可以很容易地拆分为如下结构：

2017 年订房数（1 500 万）＝新用户的首次订房数（500 万）＋已有用户的订房数（1 000 万）

很多时候，这种拆分也和增长团队的设置相一致。比如，Facebook 月活跃用户的指标可以分解为：

$$月活跃用户数 = 新增月活跃用户数 + 留存活跃用户数 + 流失活跃用户唤回数$$

正好对应它们增长团队内部新用户团队、用户留存团队和流失用户唤回团队的划分。这样每个小的增长团队都可以有自己的子目标，子目标加总就合成了总目标。

2）第二步是纵向分解：按照用户的生命旅程，通过"乘法"的方式将子目标进一步拆解为更细的漏斗步骤。

比如 ABC 订房网的例子，经过第一步，它的增长指标拆分如下：

2017 年订房数（1 500 万）= 新用户的首次订房数（500 万）+ 已有用户的订房数（1 000 万）

接下来，假设 ABC 订房网也有一个专门的新用户增长团队，他们负责完成 500 万的新用户首次订房数目标，这个小目标下一步应该如何拆分呢？

秘诀在于，通过绘制用户旅程找到能够影响这个小目标的关键输入变量。我们通过增长模型的思路，进一步对新用户首次订房的漏斗进行拆解：

$$新用户首次订房数 = 新增用户数 \times 新用户首次订房成功百分比 \times 每人平均订房数$$

所以要实现新用户首次订房数达到 500 万的目标，ABC 订房网的新用户增长团队可以考虑的方向是：①增加从各个渠道获取的新用户数量；②提高新用户首次订房成功的百分比；③提高每人平均订房数。

7.3.3 找到聚焦领域

经过横向和纵向两轮目标分解，ABC 订房网的新用户增长团队已经将新用户首次订房数 500 万的指标，分解到了三个可能的方向上。

如果 ABC 订房网的新用户增长团队足够大，这三个方向可以齐头并进。但在绝大多数情况下，资源是有限的，怎么办呢？

我们需要做的就是通过分析和研究，找到性价比最高的聚焦领域。

增长团队针对这三个方向进行了定量和定性研究。每个人的订房数显然更多地取决于用户的需要，比较难以改变。如何拉新用户有一些可能的思路：一是目前老用户推荐新用户的比例略低于行业参考值，这个比例应该有一定提升空间；二是有几个新的用户获取渠道，例如 Snapchat 社交平台广告和苹果应用商店搜索广告，虽然这两个渠道还比较新，但发展势头很好，值得尝试。

但是潜在影响最大的还是新用户首次订房的成功率，目前只有 9% 左右，还有较大的优化空间。同时，通过第 2 章对增长模型的讨论我们也知道，提高新用户激活率是一个半衰期更长的项目，可以放大所有新用户获取渠道的成果，同时改善用户留存曲线，因此对长期增长的影响更大。

因此经过分析，ABC 订房网的新用户增长团队决定把"提高新用户首次订房的成功率"作为接下来的聚焦领域，而把用户推荐和尝试新渠道作为备选方向。

- 子目标 1：提高新用户首次订房的成功率（聚焦领域）
- 子目标 2：提高老用户推荐新用户的比例（备选方向）
- 子目标 3：尝试新获取渠道以增加新用户数（备选方向）

对于经过分析思考得出的备选方向及相应战略，也可以记录在增长规划图上，但是可以较为简略。针对接下来的聚焦领域，则需要制定更为详尽的计划，来指导增长冲刺。

7.4　增长战术执行：增长冲刺

在有了清晰的增长目标和聚焦领域后，在接下来的 60～90 天内，增长团队就进入了具体的执行阶段，也就是 7.2.1 小节所介绍过的"增长冲刺"阶段。

在 ABC 订房网的例子中，新用户增长团队决定把提高新用户首次订房比例定为聚焦领域。这就意味着在接下来的 2～3 个月之内，增长团队要集中火力，针对这个领域进行实验。

接下来我们将按照产生实验→决定优先级排序→设计和开发实验→分析数据→

应用结果这一流程，具体介绍增长团队如何针对聚焦领域进行实验。

7.4.1 第一步，产生实验想法

针对聚焦领域，通过数据分析制定几个大的探索方向，然后针对每一个方向，产生出一系列的备选实验想法，记录在增长规划图中。

ABC订房网的新用户增长团队针对聚焦领域"提高新用户首次订房的成功率"，首先想尝试的方向就是优化新用户订房流程，因为经过数据分析，增长团队发现很多新用户填写了订房信息，但是在确认之前就流失了。

团队继续进行了问卷调查、用户调研和内部讨论，他们发现了一些线索，并形成了以下三个假设：

- 假设1：一些新用户觉得过几天可能会降价，觉得再等几天再做决定也不迟；
- 假设2：一些新用户在进入确认页时，看到需要先注册账户，觉得很麻烦就跑掉了；
- 假设3：一些新用户看到可以选择的房源太多了，选好了一间又回头去看别的，一纠结就搁置了。

针对每个假设，团队又产生了一系列的实验想法。比如针对假设1，可以做以下实验：

- 想法1.1：写上"全网最低价"保证；
- 想法1.2：写上"如发现其他低价，可以调整价格"；
- 想法1.3：显示"已售罄"酒店信息，给用户增加紧迫感。

针对假设2，可以做以下实验：

- 想法2.1：开发Google、Facebook一键注册功能；
- 想法2.2：开发免注册预订功能；
- 想法2.3：……

针对假设3，可以做以下实验：

■ 想法3.1：在明显处表明"每日精选"酒店；

■ 想法3.2：加入"按性价比排序"的功能；

■ 想法3.3：……

要保证备选方向清单上有足够多的高质量的想法，需要把收集实验想法作为增长流程的常规组成部分：

1）增长团队定期举办实验想法讨论会；

2）通过邮件或定期头脑风暴从全公司收集想法；

3）和客户服务团队或销售团队定期沟通；

4）监测应用商店评价、问卷用户评论、社交媒体评价；

5）定期进行用户电话、入户访谈或用户测试。

7.4.2 第二步，优先级排序

当产生了一些初始的实验想法之后，该从哪个实验入手呢？

增长专家们发明了很多优先级排序系统，比如 ICE（Impact = 影响力，Confidence = 成功率，Effort = 开发成本）。其核心思想就是根据想法的性价比进行排序，"性"就是指预期效果和成功率，"价"就是指开发成本，一般需要建议量化为对设计师和程序员的时间要求，以小时计较为客观。预期效果越大，成功概率越高，开发成本越小，优先级越靠前，反之则越靠后。

回到 ABC 订房网的例子，"想法2.1：开发 Google、Facebook 一键注册功能"和"想法2.2：开发免注册预订功能"都有较高的预期效果，但是开发成本也较高。"想法1.1：写上'全网最低价'保证"和"想法1.2：写上'如发现其他低价，可以调整价格'"的预期效果较高，而开发成本很低，这时候就应该先上线这两个测试。

下面一些详细的标准，可以帮助你判断哪些测试预期效果更好。

如果实验想法具有以下特征，预期效果更好：

1）改变位于网页靠上方的位置，用户无须滚动就可以看到；

2）5秒之内就能注意到的改变；

3）增加或去除某个元素的改变；

4）改变位于高流量页面或用户流程。

如果实验想法具有以下特征，成功概率更高：

1）改变能增加用户动力；

2）想法源于用户测试或定性研究（问卷、访谈、焦点小组）；

3）想法有数据支持；

4）想法有热图（Heat Map）等证据支持；

5）其他网站、产品验证过的最佳实践。

美国知名的酒店和机票预订网站 hotwire 曾自己发明了一套实验排序系统，如表 7 - 2所示，这对于 ABC 订房网来说就可以借鉴。

表 7 - 2　实验排序系统

规则	1 分	0 分
主要指标	支持公司的北极星指标：新订房数	支持二级指标，例如转化率或 NPS○
页面	测试位于付款页或搜索结果页	其他页面
位置	测试位于网页靠上方位置	位于滚动条之下
受众	测试影响 100% 的用户	某一部分用户 （新用户、老用户、前 50 个市场）
新信息	加入新信息、新元素或者去掉某个元素	改变已有元素（文本、颜色和用户体验）
行业参考	测试灵感源于其他成功的业内网站	不是来源于业内最佳实践
转化率	可以应用于 2 个以上的转化率优化路径	只能应用于 1 个或更少的转化率优化路径
战略目标	支持公司的战略目标	与战略目标无关
移动	影响移动网页的表现或促进用户下载应用	没有移动元素

○　NPS（Net Promoter Score，净推荐值）是一种计量某个客户将会向其他人推荐某个企业或服务可能性的指数。它是最流行的顾客忠诚度分析指标，是衡量产品给用户带来价值的一个很好的定性指标。

7.4.3　第三步，设计和开发实验

如果你是理科生，大学里应该写过实验报告。上线 A/B 测试之前，也需要写一份增长实验报告。在本章最后有一个增长实验报告的模板（见模板 2），其中，实验假设、实验设计、实验指标、实验打分四个部分是实验开发前要做的设计文档。实验结果、实验心得和后续计划三个部分在实验结束后填写。

针对 ABC 订房网的例子，实验指标就是每组新用户订房成功的百分比，而实验假设我们可以这样填写：

> 如果这个实验成功，我预测<u>新用户订房成功比例</u>可以提高<u>20%</u>，因为：
>
> ①我们认为很多新用户首次使用 ABC 订房网时，发现房源很多，觉得过几天可能会降价，觉得再等几天再做决定也不迟；
>
> ②如果在订房确认页加入"全网最低价"或者"可以调整价格"的文本，可以消除新用户的疑虑。这些政策 ABC 订房网本来就写明了，但是没有显示在新用户酒店预订确认页上。

注意这个假设遵照"如果成功，我预测（实验指标）可以提升（%），因为（原因）"的格式。它不仅谈到了受影响的指标，还包含了预期的提升数值，以及为什么我们觉得会是这样。在假设中包含以上三个要素，可以帮助增长团队深入地思考增长实验的目标、预期影响和背后的原因。

7.4.4　第四步，分析数据

在实验上线之后，增长团队需要监测数据。当实验结束时，增长团队需要分析结果。

如何确保实验结果的准确性呢？有下面几条注意事项。

首先，要确保实验结果具有统计显著性（Statistical Significance），如果结果没有达到统计显著性，说明实验组和对照组的不同可能是由随机误差引起的，可以认

为两组结果不相上下，不应该认为实验组是胜利组，在这种情况下，建议仍然认为对照组是最佳方案。

如果你想进行实验，但又不知道需要用多大的样本量才能达到统计显著性，才能让结果可信，那么可以考虑选择市面上一些现成的样本计算器，帮助你计算，如 https：//www. optimizely. com/resources/sample-size-calculator/。

你需要设置的参数是：

1）基本的转化率。比如你想改进产品的注册流程，这一步目前的转化率是 20%。

2）最小能监测到的改变幅度。比如你希望这个改进至少能提升 10% 的转化率。

3）统计显著值。一般来说我们建议至少要达到 90%，如果达到 95% 会更保险，这可以保证你的实验结果是可信的，而不是由于随机误差。

如果使用商用的 A/B 测试工具，如 Optimizely，它会自动为你计算实验结果是否达到了统计显著值。如图 7 - 5 所示，在 ABC 订房网的酒店预订页测试中，

图 7 - 5　ABC 订房网酒店预订页测试结果界面

在"订房成功比例"这个指标上，实验组 1 和实验组 2 的表现都超过了对照组，分别提高了 49.8% 和 122.5%，并且都达到了 90% 的统计显著值。

其次，尽量让测试运行完一个天然使用周期。有时候就算样本量很大，很快就有了统计显著的结果，但是在这种情况下还是建议让这个测试至少运行完一周到两周。为什么要这样？因为一两天的数据可能会有比较大的波动，另外，如果只运行了一两天，这个样本群可能刚好只包含了那些每天都来的高频用户，而遗漏了那些一周才来一次的低频用户。所以要想一想用户的天然使用周期是多少，如果是以周为单位，那么建议让测试至少运行一周，让高频用户和低频用户都有机会接触到实验。

最后，在分析实验数据时，要把微观的实验结果和宏观的增长指标联系起来。比如，在 ABC 订房网的例子里，实验组 2 将新用户预订成功率提高了 122%，那么回到我们之前的增长模型

新用户首次订房数 = 新增用户数 × 新用户首次订房成功百分比 × 每人平均订房数

2016 年数据为

$$180\ 万 = 1\ 000\ 万 \times 9\% \times 2$$

假设其他变量不变，变量 2 从 9% 提高到 20%，那么可以推算出仅仅这个实验就能够带来一年将近 220 万的新订房数。这就非常清晰地让人看到增长实验的价值了。

至此，ABC 订房网增长团队终于可以填写一份完整的增长实验报告了，如图 7 -6 所示。

实验 1 – ABC 订房网新用户酒店预订页测试
（实验记录模板—数据均为虚构）

实验假设

如果这个实验成功，我预测新用户订房成功比例可以提高 20%，因为：

- 我们认为很多新用户首次使用 ABC 订房网时，发现房源很多，觉得过几天可能会降价，觉得再等几天再做决定也不迟；
- 如果在订房确认页加入"全网最低价"或者"可以调整价格"的文本，可以消除新用户的疑虑。这些政策 ABC 订房网本来就写明了，但是没有显示在新用户酒店预订确认页上。

实验设计

1. 在用户酒店预订确认页上加入文本：

   a. 对照组：无其他文本

   b. 实验组 1：在明显处写上"全网最低价"保证

   c. 实验组 2：在明显处写上"如发现其他低价，可以调整价格"

2. 通过 A/B 测试工具，将新用户随机分为三组，比较结果

实验指标

每组新用户订房成功的百分比

实验打分

预期影响	所需资源 *	成功概率	综合打分
高	低	中	高

实验结果

测试组	访客	订房完成	订房成功率	提升	统计显著性
对照组	994	92	9.26%		
实验组 1	909	126	13.86%	+49.8%	Y
实验组 2	840	173	20.6%	+122.5%	Y

实验心得

1. "可以调整价格"和"全网最低价"都提高了新用户订房成功率，说明是否拿到最低价确实是顾客的担心之一

2. "可以调整价格"比"全网最低价"效果更好，推测因为"全网最低价"是一个比较虚的说法，而"可以调整价格"给了顾客实实在在的保障，让顾客订房更无后顾之忧

后续计划

1. 将实验组 2 应用到酒店预订页

2. 继续测试其他类似的文案

3. 考虑在着陆页和邮件中也测试类似的语言

图 7-6　增长实验报告

7.4.5 第五步，应用结果

根据实验结果，有几种不同的应用路径，和科学实验的方法几乎一模一样（见图 7-7）。

如果实验成功，那么将实验组发布给 100% 的用户。如果同一个产品有多个平台，如苹果、安卓、网页端，一般而言各个平台上的用户行为类似，实验结果页类似，建议同一个测试只选取一个平台进行。所以，实验成功后，需要在其他平台上开发同样的功能。

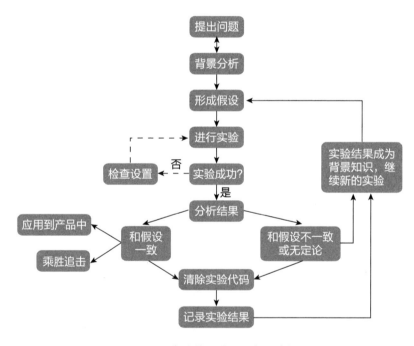

图 7-7 实验结果的不同应用路径

另外，如果初始实验效果不错，说明在这个点上是有优化空间的。一般初始实验以尽快上线为目标，设计会比较简单，建议针对这个点继续进行优化，从而最大化效果的提升。

如果实验失败，或者虽然有改善但没有达到统计显著，那么需要总结经验，看看下一步的实验有哪些可以改进的地方。失败是由于假设不对，还是实验设置有问题。

最后，不管实验成功或失败，都需要尽快将实验的代码清除，以保持代码的干净，为后续实验打好基础。

7.5 无所不在的 A/B 测试

上面的例子是产品内的 A/B 测试，事实上，A/B 测试作为一种方法论，在增长的方方面面都有所应用，如：①付费广告 A/B 测试；②应用商店 A/B 测试；③着陆页 A/B 测试；④新用户引导流程 A/B 测试；⑤产品功能 A/B 测试；⑥邮件 A/B 测试；⑦移动推送 A/B 测试；⑧应用内信息 A/B 测试。

A/B 测试的优势有如下几点：

1）量化结果：A/B 测试将实验组和对照组进行比较，所以你可以清晰地看到某个改变带来的影响是多少；

2）限制负面影响：你可以通过 A/B 测试来衡量一个简易的产品功能原型，如果它失败了，就避免了你投入大量的时间来开发这个功能；你也可以只把某个改动发布给一小部分用户观察结果，从而限制可能的负面影响；

3）学习：因为你每次只改变一个变量，所以你可以清晰地知道什么因素导致了结果变好或变差，从而加强你对产品、用户和渠道等的认识；

4）文化：A/B 测试可以帮助改善 HIPPO（Highest paid person opinion，最高工资人意见）问题，或者与产品或市场经理之间有分歧的情况，每个人的意见都只是意见，而通过测试可以实实在在地看到结果。

A/B 测试也有其不可避免的局限：

1）A/B 测试虽然可以帮助公司形成战略或愿景，但它本身并不是一个战略方向；

2）开发测试比直接上线功能或创意浪费人力和时间；

3）如果测试意在改善的指标是错误的，比如把利润放在用户参与度之上，可能反而损害了增长；

4）A/B 测试更适合优化设计，但是一般很难通过 A/B 测试开发出全新的设计，所以它会面临局部最大化的问题。

7.6　高效能增长团队的10个习惯

1. 追求影响胜过一切

增长团队不叫"A/B 测试团队"，是因为它的使命不是测试，而是"增长"。HubSpot 的增长负责人要求增长团队避免"从想法出发"，而要"从机会出发"。如果团队成员想优化某个页面，增长负责人会问"你为什么要优化这个页面？"如果得到的答案是"因为这个页面的现有设计看起来很糟糕"，那么增长负责人会反问他们：

"有多少人能看到这个页面？"

"如果我们成功，对增长有多大的潜在影响？"

"和其他问题相比，这是不是我们现在可以解决的最重要的问题？"

从机会出发，而不是从"好奇心"、"追求完美"或者"越多测试越好"的想法出发，这保证了增长团队的所有测试都是以结果导向的。

2. 让速度成为一种习惯

美国艺术内容变现平台 Patreon 的增长团队把追求速度作为核心目标之一。因为他们认为，增长团队要想有好的结果就需要敢于冒险，而团队运作越快，每次测试的成本就越低。根据统计显示，超过 60% 的增长实验是会失败的，所以追求速度和产出是产生好结果的必要条件。要想快，最关键的一点是要把实验做小，把大的改动分解为独立的元素，小才能快，快才能小，这两点是相辅相成的。

另外，以小团队的方式组织，沟通成本低，更容易加快速度。比如 Patreon 的增长团队由三个程序员、一个分析师和一个增长产品经理组成，每个程序员都有自主设计和完成实验的能力，他们在自己负责的实验上有自主决策权，无须等待审批反馈，这样就极大地提升了运作的速度。

3. 有所为有所不为

增长团队在追求增长 KPI 的同时，也需要给自己的实验设定边界，避免过分追求指标给用户体验和品牌带来负面影响。同时，那些涉及欺诈或违反规则的测试更是坚决不能做，因为即使一时有效果，效果也是无法持久的。

由于 Slack 是人们在工作时使用的软件，Slack 的增长团队在测试时就非常小心，因为已有用户的使用习惯已经形成了，他们不会在已有用户的产品界面上做太多的改动，一般会选择在新用户界面上做实验。

冥想应用 Headspace 的产品界面有着卡通风格，非常受用户的喜欢。所以增长团队在进行实验时宁可多花一些时间，也要确保实验版本的设计符合产品的整体风格。

送餐应用 DoorDash 的增长团队为了保证增长实验在改善核心指标的同时，不影响用户体验，会非常紧密地监测 NPS 和其他的"反向指标"，以确保不会为了短期的数据增长而牺牲长期的用户忠诚度。

4. 学会聚焦

做增长，可以做的事情太多了，因此一定要学会有效地聚焦。Canva 的增长团队就把聚焦作为增长团队成功的前提之一。成立初期，增长团队负责人就把搜索引擎优化（SEO）视为唯一的工作重点，花了 9 个月的时间来产生各种内容，优化 Canva 的所有页面，成功地把网站的访客数提高了 3 倍多。如果增长团队一上来什么都想做，可能反而什么都做不好。

5. 明确职责，争取领导层的支持

增长团队的运作模式打破了传统的公司部门结构，因此很多时候会遇到来自其他功能团队的阻力，会被认为入侵了别人的领地。这个时候，增长团队需要来自领导层的有力支持。Facebook 是最早成立增长团队的公司，其增长团队也是硅谷增长团队规模最大的之一。这个团队之所以能够发展成上百人的规模，并且从 2008 年以

来持续成功推动增长，就是因为 Facebook 领导层非常坚定地支持增长团队，增长团队负责人直接汇报给 CEO，并且清晰地界定了增长团队的职责。

Pinterest 前增长负责人也建议增长团队早期选择一个其他团队没有重点关注的领域以避免"领地之争"，能够专心出结果：比如未登录用户的用户体验、邮件和通知、新用户引导流程、分享流程等。

6. 倡导全公司的增长文化

因为增长这个概念相对而言还比较新，要想成功在公司内推进增长，增长团队需要主动承担起"布道师"和"宣传委员"的职责，让其他团队了解增长是怎么一回事，并且让他们看到增长对用户和公司实实在在的益处。这需要一种思维方式的转变。

早期增长团队有任何小胜利都应该积极宣传和庆祝，比如，火狐的增长团队会把所有增长实验都发布在公司维基上，供大家阅读；Patreon 的增长团队负责人每周会发一封增长实验邮件，和大家分享增长实验的结果。

最成功的增长团队不仅自己可以持续产出结果，还可以让数据"说话"、测试验证的思维方式，传播到各个部门，让增长成为公司 DNA 的一部分。

7. 投资基础设施

要想有效地进行增长实验，数据不是可有可无的，它是决定成败的关键。所以，增长团队需要投资足够的人力和资源，来完善数据和测试基础设施，而不是把这些看作业余项目，在开发实验之余做一下。大如 Facebook 的规模，也曾在发现基础设施的漏洞之后，一度停下所有的新产品开发项目，集中精力修补这些漏洞，为之后的高通量测试打下了基础。

对于小型的增长团队而言，你需要从第一天就开始花时间把所有的用户行为事件定义好，利用 Adjust 等工具把用户渠道追踪好。对于较大的增长团队而言，则意味着开发自己的数据和测试平台，如 Airbnb 和 Pinterest 都开发了自己的 A/B 测试平台。投资基础设施建设不是浪费时间，相反，前期花足这些时间，可以让增长实验事半功倍。

8. 第一性原理

Dropbox 的增长团队强调当把最初的那些显而易见的实验都做了之后，仅仅依靠参考行业内其他产品或者对照最佳实践按图索骥，是不可能产生最有影响力的想法的。相反，应该通过"第一性原理"的思考来不断创新。

你应该问自己，为什么这个改动会有帮助，并一直追问到不能继续下去为止，然后用最直白的语言回答这个问题。比如，Dropbox 的增长团队测试了一个功能，当一个公司付费计划内剩余的用户席位低于一定数值时，Dropbox 会给这个公司的管理员发送通知，这个功能就是受到当汽车油箱里的汽油量显示低时，汽车仪表盘会有灯亮起的启发。

"太阳底下无新事"，在产生实验想法的时候，不要把自己局限于高科技行业，去其他产品和事物上寻找灵感，反而会事半功倍。比如 Pinterest 团队在思考如何提高产品的病毒传播特性时，就后退一步，去思考历史上那些成功的病毒传播案例，如流行玩具悠悠球等有什么共性。

9. 敢于探索新方向、突破局部最大化

如果增长团队只在现有产品和渠道基础上做优化实验，很快就会面临"局部最大化"的问题，即在目前的设置下达到了最优解，无法继续突破。因此，增长团队需要敢于探索全新方向，比如尝试全新的用户获取渠道，或者设计全新的新用户引导流程。事实上，很多增长团队在运行比较成熟之后，会尽量安排一定比例的 big bet（大赌），留给那些一旦成功则预期效果很好，但是不确定性大，而且投入也高的增长实验。

10. "胜利或学习"的态度

很多增长实验专家都强调实验后进行心得总结的重要性，所谓的"Experiment for the learn，not for the win"（为了学习而不是为了胜利实验），这并不是一句空话。因为实验的妙处就在于可以告诉我们假设是对还是错，从中得到的洞见可以帮助我们设计下一个实验，从这个意义上说"There are no failed experiments，hypothesis proven wrong"（没有失败的实验，只有我们的假设被证明不正确而已）。用这样一种态度来对待 A/B 测试，有利于在接连遭遇失败时不气馁，因为实验本身成了最好的学习方式。

拿来就能用的模板

1. 模板1：增长规划图

_____公司增长规划图		
年度增长目标		
年度细分增长团队目标		
关键子目标		
子目标1： （聚焦领域）	子目标2： （备选方向）	子目标3： （备选方向）
增长战略		
聚焦领域		
聚焦领域（时间：　　　）		
实验假设		
假设1：	假设2：	假设3：
实验想法		
想法1.1	想法2.1	想法3.1
想法1.2	想法2.2	想法3.2
想法1.3	想法2.3	想法3.3
......		

2. 模板 2：增长实验报告

增长实验−实验名称

实验假设

实验设计

实验指标

实验打分

预期影响	所需资源	成功概率	综合打分

实验结果

测试组	访客数	完成数	转化率	提 升	统计显著性
对照组					
实验组1					
实验组2					

实验心得

后续计划

参考文献

［1］ Ty Magnin. How Canva's Growth Team Improves Activation ＋10％［Case Study］［EB/OL］. ［2017-07-20］. https：//www. appcues. com/blog/canva-growth-process/.

［2］ Peep Laja. PXL：A Better Way to Prioritize Your A/B Tests［EB/OL］. ［2017 － 08 － 11］. https：//conversionxl. com/blog/better-way-prioritize-ab-tests/.

［3］ Fireside Chat with Nate Moch. Defining True Growth-How do you find your North Star Metric：2016 Growthhackers Conference ［EB/OL］. ［2016-04-01］. https：//www. slideshare. net/growthhackers/growthhacker-conference-16-fireside-chat-with-nate-moch-vp-product-teams-at-zillow-and-morgan-brown-coo-at-inman-news-defining-rue-growth-how-do-you-find-your-north-star-metric.

［4］ Science Buddies. Steps of the Scientific Method［EB/OL］. ［2017-10-21］. https：//www. sciencebuddies. org/science- fair-projects/science-fair/steps-of-the-scientific-method.

［5］ Casey Winters. The Perils and Benefits of AB Testing ［EB/OL］. ［2015-04-29］. http：//caseyaccidental. com/perils-benefits-of-ab-testing/.

［6］ Tal Raviv. How the Patreon Growth Team Moves Fast as Hell ［EB/OL］. ［2016-12-14］. https：//patreonhq. com/how-the-patreon-growth-team-moves-fast-as-hell-9c5458b75bd6.

［7］ Brian Balfour. Growth Is Optional：10 Reasons Why Companies Fail At Growth ［EB/OL］. ［2015-02-10］. https：//brianbalfour. com/essays/growth-is-optional.

［8］ Brian Balfour. Learning and Impact, Over Ideas and Activity［EB/OL］. ［2016-02-25］. https：//brianbalfour. com/essays/learning-and-impact-over-ideas-and-activity.

第8章 专访：中美增长专家的增长经验谈

说明:本章的所有内容是笔者亲自采访嘉宾后整理的第一手材料,本章所有内容和观点仅代表嘉宾本人的想法和看法。

8.1 专访前 Pinterest 增长团队负责人、现 Greylock Partners 风投增长顾问——Casey Winters

独角兽的增长奥秘：新用户激活、产品内增长机制和增长团队

嘉宾介绍：Casey Winters, 现任风险投资公司 Greylock 的入驻增长顾问, 曾任 Pinterest 增长团队负责人、订餐网站 Grubhub 市场总监。Casey 是硅谷多家独角兽公司如 Airbnb、Reddit、Eventbrite 的增长顾问, 芝加哥大学 MBA 学位, 其博客 Casey Accidental 是增长从业者的必读博客。

1. 你是如何开始做增长的?

我最早是在美国的一家租房网站 Apartments.com 做线上营销实习生, 主要负责衡量各种线上渠道的效果：搜索引擎优化、谷歌关键词等。那时候还没有 "增长" 这个领域, 但是我发现这些渠道有几个共同点：易于衡量, 可以做 A/B 测试, 很容易规模化扩展到上百万用户, 后来我就慢慢走上了 "增长" 这条路。

2. 在 AARRR 海盗模型里, 你最喜欢的增长杠杆是什么?

增长的原则永远是哪里有机会就去哪里。但对我个人而言, 我最喜欢用户留存, 因为它给你足够的自由度, 让你去弄明白产品里存在哪些障碍阻止用户体会到产品价值, 然后想办法去解决它们。我其次喜欢的方向是转化率优化, 因为它需要你既有创造性又有很强的数据分析能力, 也可以利用定性研究产生各种疯狂的想法, 有很多方向可以尝试。在用户获取里面, 搜索引擎优化很有趣, 因为规则一直在变,

你要一直去琢磨那些算法，然后找到最优解。付费渠道对我来说不太有吸引力的一点是，它很快会达到效率瓶颈，然后这个"游戏"一定程度上就变成了不停地找到新的渠道来花钱。

3. 你在过去的几年里一直在 Pinterest 担任增长团队负责人，Pinterest 是如何理解增长的？你们的北极星指标是什么？

Pinterest 的北极星指标经历了几个转变，最开始就是月活跃用户（MAU），后来我们试图把定义往具体行为的方向转变，于是提出了这个问题"人们用 Pinterest 干什么，可以代表他们得到了价值？"因为 Pinterest 上面有各种内容，那么具体到哪个用户行为可以说明他喜欢这些内容呢？我们不确定是点击还是保存，所以我们定义了两个指标，一个是每周点击活跃用户（weekly active clicker），另一个是每周保存活跃用户（weekly active re-pinner）。后来我们发现，点击很容易改善，但保存很难改善，而且追踪了一段时间之后发现，点击和长期留存之间并没有相关性，点击率上升，不能直接改善留存率。于是，我们就把每周保存图片的用户作为北极星指标，用了很久。直到最近，Pinterest 北极星指标的定义又发生了一次转变，变成了周活跃用户（WAU）。原因是我们发现，当 Pinterest 的内容渐渐丰富起来后，有很多用户不会保存图片，但是这并不妨碍他们喜欢看到各种内容，并从中得到价值。

定义北极星指标的难易程度和商业模型有很大的关系。比如，我的上一个公司 Grubhub 是一个订餐网站，那对我们来说定义北极星指标就很简单：首先，当用户订餐时，就得到了价值；其次，人们天然的使用频率是一个月订餐一两次；所以，"月订餐用户"就是很好的北极星指标。但是对于 Pinterest 来说，用户有很多方式能得到价值：浏览、保存、点击。如果你试图把这些指标集合在一起，你反而失去了可见性，不知道到底该改善哪一个指标。所以你需要多测试几个指标，看看影响哪个指标时真正对留存起了作用。这也是 Pinterest 的北极星指标经历了变化的原因。

4. 有了北极星指标之后，如何保证团队在每天的工作中能做到实实在在地影响这些指标？

当你确定了北极星指标是周活跃用户后，那么接下来就是把团队按照漏斗的不同阶段来划分。在 Pinterest，我们有 5 个团队：

1）流量团队：负责增加头部流量；

2）转化团队：负责将流量转化为注册用户；

3）激活团队：负责将注册用户转化为留存的周活跃用户；

4）留存团队：让激活后的用户经常回来，每周都是活跃用户；

5）推荐团队：让活跃用户告诉他们的朋友，把朋友也变成周活跃用户。

具体到每一个团队，他们的指标不是周活跃用户，而是有自己的子指标，比如流量团队的指标就是流量。但是这些子指标最终都指向北极星指标。

5. 对于新用户而言，Pinterest 的 Aha 时刻是什么？

对于 Pinterest 来说，当新用户看到一系列图片之后发现了喜欢的内容，第一次保存了图片后，我们就认为他达到了 Aha 时刻。但是，有可能第一次保存了某个图片，但是后来不再继续了。所以 Pinterest 在 Aha 时刻之外，还会有一个"习惯时刻"：我们发现，当画出新用户的留存曲线时，从注册开始，如果第一次保存图片之后，之后的每周都保存，直到第四周，这时候留存曲线就变平了，说明用户群稳定下来了。所以 Pinterest 的"习惯时刻"就是用户在注册的前四周内形成了每周保存图片的习惯，这时候我们几乎可以保证用户以后会一直保存下去。Pinterest 衡量激活实验的时候，至少要等 28 天才能知道是否成功，就是因为我们要观察用户是否达到了"习惯时刻"。

6. 你曾经说过新用户激活是增长策略里最重要的组成部分，Pinterest 的激活实验里有哪些比较成功的吗？

Pinterest 做了很多激活实验，很多都不成功，但是有几个比较关键的胜利。

早期 Pinterest 的定位是一个社交产品，我们会让新用户注册，然后在新用户引导流程里，让用户关注他们的 Facebook 好友。最开始这样做的效果很好，因为最初使用 Pinterest 的用户是很小的一个群体，兴趣也都相似。等到这个人群慢慢变大了，不再只是中西部的女性，也包括她们的丈夫、她们在东西海岸的朋友时，品味和兴趣也开始变得更多样化。举例来说，如果因为我们是 Facebook 好友，我在 Pinterest 关注了你，但是我不一定和你一样对女性时尚产品感兴趣。所以，很重要的一个新用户引导流程的改变，就是当 Pinterest 从最初的同质化人群扩展到异质化人群时，我们从让用户"注册并关注你的好友"转变到了"注册并选择你感兴趣的话题"，然后我们在图片流中显示和这些话题相关的图片，这样就确保了你看到的是自己感兴趣的，而不是你朋友感兴趣的东西。

当 Pinterest 国际化之后，我们发现图片流很自然地偏向 Pinterest 用户更多的国家，比如美国。所以我们上线了"在你的区域流行的内容""在你的语言地区流行的内容"等功能，所以如果你用法语注册，你只会看到法国的内容。在国际化过程中，我们发现把"钉图片"改成"保存"，仅仅是一个语言变化，但对新用户的激活也有很大影响，最终我们回过头来把同样的改动也应用到了美国版本的产品中，也有了很不错的结果。

我们还发现用户的 Aha 时刻是在图片流里看到有趣的内容，那么让用户看到越多内容越好。如果你在浏览图片面板时，有一些文本显示"××钉了这个内容"，这些文本实际上没有什么用，所以最后我们去掉了新用户首页图片流里所有文本，以显示更多的图片。

7. 做 A/B 测试的时候，如果一次只测试一个变量，那么结果就很容易衡量，但是进度慢。如果你采用全新的设计，则风险比较大，同时不知道具体哪个变量起了作用，这种情况该怎么办呢？

开始实验之前，你首先需要判断这个实验的类型：如果这是个优化实验，那么你可以继续同样的策略独立测试所有的元素；如果这是个改变方向的实验，那么你需要尝试完全不同的策略。在这种情况下，我建议你直接开发想要的最终版本，等观察到它打败对照组之后，回过头来再做优化实验，把所有的元素分解出来，弄明白哪个元素影响更大。

有时候为了突破"局部最优"，探索全新的方向是有必要的。增长团队刚刚成立的时候，你能找到一些高影响力、高成功率、低资源需求的实验，但是很快你就会把这些"低垂的果实"都摘完了。接下来，你要主攻的方向是那些高影响力、高资源需求的实验，而不是低影响力、低资源需求的实验。比如在 Pinterest，我们开发不同的图片"话题"需要做很多的工作，但当时增长团队在小测试上已经达到了"局部最优"，所以我们必须开始做大的项目来突破现状。

8. 产品内增长机制被认为是最强大的增长杠杆之一，能谈谈都有哪些类型吗？

在任何一种商业模型中，最关键的是建立一些自我强化的行为闭环。以订餐软件 Grubhub 为例，我们有几个不同的闭环（见图 8 - 1）。一个是通过着陆页吸引用户，通过用户订单说服更多的饭店加入；另外一个是交叉网络效应，随着订餐选项增多，产品体验对于用户和餐馆两方面都变得越来越好。

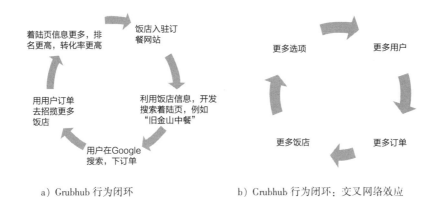

a) Grubhub 行为闭环　　　　　　　b) Grubhub 行为闭环：交叉网络效应

图 8 - 1　Grubhub 的行为闭环

Pinterest 的行为闭环则经历了从网络效应到用户产生内容（UGC）的转变；也就是用户上传图片，编辑成"图片板"，Pinterest 再进一步把精选图片做成"话题"。当人们搜索这些话题时，看到 Pinterest 上面的内容就来注册账号，以求看到更多的内容。随着新用户注册并关注话题、保存图片，他们的行为就成为帮助改善图片质量的信号，这就是 Pinterest 的行为闭环之一。

除了产品内的行为闭环，还有一些能够带来用户增长的增长闭环。注意闭环的循环时间越短，那么增长速度就越快。比如：

1）B2C 搜索引擎优化闭环：就是上面讲到的用户产生内容（UGC）；

2）B2B 内容闭环：公司主动生产内容，通过内容吸引用户，将用户的盈利继续投入生产更多内容；

3）病毒传播：新用户获取闭环，已有用户带来更多用户；

4）销售：销售可以获得客户，客户盈利可以帮助雇佣更多销售，以带来更多客户；

5）付费用户获取：通过付费广告获得用户，将从用户身上得到的盈利重新投入广告，获取更多用户。

9. Linkedin 在产品上市之前花了很长时间打磨"双重病毒循环"，所以你提到的这些行为或增长闭环是必须在前期就设计到产品里吗？还是可以后来再加入？

两种情况都有。比如 Pinterest 最开始并没有建立起一个成功的用户产生内容（UGC）闭环，所以增长团队做了很多工作，把它打磨好。也有一些公司最开始就有这些闭环，但是自己不知道，后来慢慢开始优化和调整。比如 Facebook 就是传统的网络效应：当你看到朋友分享的内容，你的转化率和使用频率都提高了。他们最开始就有这个闭环，但是可能并没有很清晰地认识到这一点，后来他们观察到新用户在注册时加很多好友是非常重要的事情，于是他们就花了很多时间去调整和优化这个闭环，比如首次开发"你可能认识的人"的功能，直到目前 Facebook 绝大多数增长团队成员都还是在继续打磨这个功能，这也成了所有社交产品的标配。

一般来说，公司在达到产品—市场契合（PMF）之后，才会开始想起加入这些闭环，而达到 PMF 本身就需要经过很多改动和迭代。所以，想要在产品上市的时候既达到 PMF 又要加入各种增长和行为闭环，不是不可能，但确实不容易做到。

10. 以你的经验来看，哪些增长实验的投资回报率最高呢？

我觉得增长团队最容易犯的错误是，围绕在产品的周围做工作，但是没有找出来产品里阻碍用户得到价值的东西是什么，然后想办法把它们除掉。比如 Pinterest 的增长团队通过定性研究就发现"钉"（pin）这个按钮，很多母语为非英语的人们压根儿不明白。试图在新用户看到好的内容之前，就先给他们介绍很多新概念，这可不是一个好主意。当我们了解到这一点并在产品中做了改进之后，新用户的激活率就有了很大的提升。很多增长团队忙着打广告、拉流量、发邮件，通过各种方式把用户引到产品中来，但是没有花时间把产品做好，用户不能找到价值。对很多公司来说，这是最大的机会所在。

但是我也理解，一上来就拿产品"开刀"，对于增长团队来说并不容易，因为你需要很多的信任，才可能被允许对产品做改动。但是当你争取到支持之后，一般来说，你可以在产品里找到很多机会。

11. 很多时候，新成立的增长团队面临两个挑战：一是证明自己，二是解决可能的和产品团队的冲突，你有什么建议给他们吗？

我建议增长团队的策略要分成不同的阶段。刚成立的时候，你应该找到一块可以带来增长但是没有其他团队在负责的领域，先集中精力做出一些结果，建立自己的名声：比如用户推荐、邮件/通知、未登录的页面等都是很好的选择。

接下来，经过一段时间的努力，你把负责的那个领域做得很好，让全公司看到你的能力，慢慢地就可以要求独立负责更多的部分，并且明确划分哪些是增长团队管理，哪些是产品团队管理。比如在 Pinterest，增长团队负责用户激活，如果产品团队想对新用户引导流程做改动，需要经过我们的审批。

这是一个长期的过程，你需要让大家接受这个思路：对于一个产品而言，有三种方式可以做增长，你可以创造新价值，改善已有价值，以及把已有价值传递给更多用户。前两个部分是由产品团队负责的，而最后一个是由增长团队负责的，所以增长团队应该被允许到产品里去除那些阻碍。产品团队应该视增长团队为伙伴，因为增长团队做的事情，可以让更多的用户认识到产品的价值，这和产品团队的长期利益是一致的。

12. 你现在经常给创业公司提供增长咨询，那么你建议一个公司什么时候可以考虑成立增长团队呢？

对于任何一个创业公司，首先需要达到的是产品—市场契合。当你发现每天担心的事情不再是开发一个真正有价值的东西，而是如何让更多人发现这个已经确认有价值的东西时，你就可以开始考虑成立增长团队了。

不用一上来就急着去找一个增长副总裁，我建议你先组织一个内部的增长团队：找出团队里，最有指标头脑的设计师、程序员，让他们组织一个小团队，找到漏斗的一部分然后开始工作，这个部分最好满足迭代速度快、反馈速度快两个特点，这样团队就能做很多实验。给他们 3~6 个月时间，然后给他们定一个目标，几乎所有成功的增长团队都是这么开始的。

有一点很重要，团队需要是"全栈"的。最开始是设计师，程序员，慢慢可以扩展加入产品经理、分析师，如果有付费获取渠道，再加一个市场营销人员。千万不要让增长团队去"借"资源，因为别的团队的优先级不同，不可能把增长实验当作主要目标来推进。

13. 对于刚刚开始做增长的新人，你的三条建议是什么？

第一是开始做实验。这是最好的学习方式。找准漏斗的一个部分开始着手去做，如果现在的团队不允许你做实验，加入一个有这个条件的团队。

第二是不必过分迷信经验。Pinterest 的增长团队成员除了我和几个工程经理之外，大部分人都没有所谓的"增长"经验。

第三是技能方面。增长最重要的技能是分析能力，学会写 SQL；还要会数据分析，了解基础数据，如何隔绝变量等，都很重要。

8.2 专访 Mobile Growth Stack 作者、前 SoundCloud 用户 留存负责人——Andy Carvell

"想要进入真正大规模的增长，必须要改善留存"

嘉宾介绍：Andy Carvell，咨询公司 Phiture 创始人，曾任 SoundCloud 用户留存负责人，帮助公司完成了从千万月活跃用户到上亿注册用户的飞速发展。Andy 也是著名的 Mobile Growth Stack（移动应用的增长框架图）的作者（见本书图 3-13），其思维框架被全球多个移动增长团队和营销团队采用。

1. 我知道你最早是学计算机的，后来怎么开始做增长了呢？

我大学毕业后的第一份工作是游戏开发。1999 年，我在 Nokia 开发的手机游戏 Space Impact 被内置到超过 1.5 亿部手机上。在接下来的十年中，我一直在做游戏，并且观察到休闲游戏公司其实是最早使用各种先进技术的，包括我们现在使用的病毒传播、行为闭环等增长手段。在商学院攻读市场营销 MBA 后，我选择了加入 SoundCloud 来充分发挥我的移动背景和市场策略知识。

2. 在 AARRR 海盗模型里，你最喜欢的增长杠杆是什么？

我最喜欢留存，因为留存能带来的影响是巨大的。一般来说，一个公司想要进入真正大规模的增长，必须要改善留存。但是市面上没有多少公司对自己的留存是满意的，尤其对于移动应用来说，用户选择太多了，放弃一个应用，或者换成一个新应用，机会成本几乎为零，所以把用户留在应用里是很难的事情。获取用户是一码事，但让用户能够撑过第一天、第二天，已经不容易了，更别说第一个月、第二个月。因此，留存是一个很有挑战性的方向，很复杂，指标很难移动。但是即使你只改善了留存率的几个百分点，对增长都会有非常显著的影响。

3. SoundCloud 应用一直在应用总榜上排名靠前，能不能谈谈你们的北极星指标是什么？

SoundCloud 的北极星指标是"收听时间"，整个公司的目标都是优化用户花在平台上收听音乐的时间。我们的商业模型是一个双边市场，创造者上传音乐，收听者听这些音乐，有点像"音频版"的 YouTube，所以"收听时间"是一个很好地反映用户参与度的指标。这个指标也可以很好地和变现联系起来，因为我们采用的是广告模式，用户收听的时间越长，听到广告的机会也就越多。

4. SoundCloud 的增长团队是如何设置的？

最主要的两个团队是用户获取和用户留存，还有两个比较小的团队是用户注册和国际化。我是留存团队的负责人，我们是一个跨功能的团队：有一个分析师、几个程序员、一个设计师、一个产品经理，大概由 7 ~ 8 个人组成。我们团队不大，因此可以采取每周增长冲刺的形式，力求在一周内快速地上线实验，然后看看从中可以学到什么。在每周的增长会议上，我们会深入讨论所有增长实验的结果，决定是要继续等待，还是要停止项目，还是要把结果应用到更多的地方。虽然我们的团队不大，但是因为不依赖于其他团队所以速度快、产出高。

5. 你在 SoundCloud 领导用户留存团队，那么你们是如何定义留存的呢？

我们有几种不同的方式来衡量留存，而且我觉得这点很重要，不要限制自己只能看一个留存指标，否则容易丢失大的蓝图。在 SoundCloud 我们有如下几种方式来看留存：

一是经典的用户留存，也就是看用户首次登录之后（D0），还有多少比例在一定时间内重新登录了应用，比如首日留存率（D1）、3 日留存率（D3）、首周留存率（W1）、首月留存率（M1），留存率是一个百分比，也就是流失率的反面。

二是任何时候在平台上的用户，我们都会把他们分成几个群组：新用户，流失后重新活跃的用户和重复访问用户，方便我们去了解用户在不同的群组中的分布和迁移，以及不同群组的留存情况，也很重要。

三是从北极星指标的角度，我们也会去看"收听者留存率"，因为仅仅让用户登录应用还不够，还需要用户收听内容，这样我们就把用户的参与度也放入了留存指标里，把留存团队努力的方向直接和北极星指标联系了起来。

6. 你在 SoundCloud 领导用户留存团队期间，最成功的实验是什么？你从中学到了什么呢？

我们最早开始成立留存团队的时候，需要找一个可以迅速出成果的方向，做出一些结果，证明自己。我们选择了移动推送，因为当时 SoundCloud 在苹果手机上基本没有成体系的移动推送，所以这对我们而言是一张白纸，有比较大的潜力，同时也很容易把成果归功到我们团队的工作上。

我们使用了 MVP 的方式，设置了对照组和实验组，几周之内就上线了 iOS 的实时移动推送系统。在最开始的测试中，我们只上线了 5 个移动推送。结果，这 5 个移动推送对于新用户留存、重复用户留存和流失用户回流都有很明显的作用，最终当我们上线给全部用户群体后，总留存率提升了绝对值 5%。

从我们做移动推送得到的经验里，我总结出了一个 RRF 模型：一个推送的影响力是由覆盖面（Reach）、相关性（Relevance）和频率（Frequency）这三个因素决定的（具体可参见本书第 5.6 节）。

这个模型可以帮助你在着手做移动推送之前，通过衡量它们的潜在影响来决定优先级。因为 SoundCloud 的经验教训是在我们做的 5 个移动推送里，其实只有 1 个是真正的影响力很大，因为它同时满足覆盖面广、相关性高、频率高的特点。其他几个对留存的影响都不大，因为它们只适合于某些超级用户，频率不高、覆盖面也不广。所以，虽然这些推送的点击率非常高，是第一个的好几倍，对部分用户来说也是很有价值的内容，但是最终对留存率的影响很小。

所以 RRF 模型里，覆盖面是第一位的，慢慢地你应该考虑提高这些推送的频率，当然前提是内容要达到一定的相关性，否则人们不会去点击，甚至可能会卸载你的应用。如果从头再来，我们会选择通过 RRF 模型先排列移动推送的可能影响，再决定上线的优先顺序。

7. 在提高用户留存的手段里，哪些是经常被忽略的呢？

新用户引导非常关键，但是也非常困难，一般是留存里最大的机会。我觉得一个潜力非常大的手段是通过"延迟的深度链接"（Deferred deep linking）完成用户基于上下文的引导流程（Contextual onboarding）。由于它在技术上比较复杂，只有非常少的公司能采用这个手段。

基本的想法就是你可以记录下来用户的来源，比如用户是从哪里看到你的广告的，是从市场着陆页，还是从邮件、活动、社交网站？然后一直保留这个信息，直到用户下载你的应用，打开应用看到第一页。当你对用户的了解更多之后，就可以根据他们的目标、兴趣订制个人化的新用户上手经验。Uber、Pinterest、Airbnb 都在新用户引导流程里采用了延迟的深度链接技术。

8. 对于刚刚开始做增长的新人，你的三条建议是什么？

第一，学习 SQL 和数据分析，学习编程，学习设计原则。不是因为你要成为一个分析师、程序员或者设计师，而是因为你要和这些专业人士合作，如果你对这些领域有深入的了解，你就可以更好地和他们交流，做出资源估算。

第二，别害怕问问题，主动去找师傅学习。

第三，读那些最经典的商业理论：客户满意度、忠诚度、概率分析如 RFM 模型。创业公司的人很容易觉得他们在发明新东西，或者在从头开始弄明白某些东西，但是其实你去找一本 20 世纪 70 年代的教科书，就会发现那里已经涵盖了科技创业公司面临的基本商业问题。很多人根本想不到去读经典，因为他总是自以为在做先驱者的工作。

8.3 专访前 Postmates 增长副总裁、两度创业者、天使投资人——陈思齐

社交游戏、病毒传播，以及增长团队的现状和未来

嘉宾介绍：陈思齐，现任 GloStation 首席产品官，曾任硅谷共享经济送餐应用 Postmates 增长副总裁，管理超过 50 人的增长团队。天使投资人，最早的社交游戏开发者之一，病毒传播高手，曾两度创业，两个公司分别被 Zynga 和 Postmates 所收购。

1. 你有着非常精彩的个人经历，能说说你是怎么开始做增长的吗？

我在大学学习的专业是计算机科学，在学校的时候曾经去美国宇航局 NASA 做机器人方向的实习项目。大学毕业后，我跑去一家搜索引擎公司做程序员。工作之余，开发了一个 Facebook 游戏，非常火，一度每天能赚 3 000 美元的广告费。自那之后，我就一直在自己做游戏，第一个公司被 Zynga 收购之后，我在他们的北京办公室工作了一段时间。后来我自己又成立了一个公司，以个人日记应用起家，然后又做了一度非常流行的社交游戏 Stolen。公司被 Postmates 收购之后，我和整个团队来到了 Postmates，我最初负责产品，后来转而负责增长。

2. 你自己曾经尝试过很多角色，关于做增长，你有什么喜欢和不喜欢的地方吗？

没有不喜欢的，如果非说有，唯一的点就是有时候做增长可能会让你想得比较短期，因为增长更关注指标，也会让你偏向那些容易衡量并且能很快衡量的东西。但是有时候那些最重要的事情，比如产品—市场契合、留存或者一个好的产品，反而并不是简单地用数字可以衡量的。我最喜欢增长的地方，是在于你能量化你的影响，能尝试很多东西，它是有规律可循的。当你实验做得很好，能够结合创造力和分析能力想出很好的办法，很快做出好的结果时，你会感觉像编程序一样：你做了某件事就会产生某个结果，这在一定程度上是可以控制的，这是一种让人上瘾的感觉，非常有趣。

3. 你自己做创始人的经验，对做增长有什么帮助吗？

在我的上一家公司，我们的增长流程和工具都做得非常好，但是没有市场—产品契合，所以那些体系都没什么用，最终还是失败了。当我来到 Postmates 后，我发现公司压根儿没有用过任何所谓的增长技巧，但这并不妨碍 Postmates 非常强的用户留存和天然传播，整个公司在以惊人的速度增长。这让我清晰地看到对于一家创业公司，市场—产品契合是真实存在的，这才是头等大事，而不是增长计划有多聪明。这让我变得很谦卑，对于增长团队能发挥的作用也看得更实际：我们不是来这里挡在谁的前面，或者显示我们有多厉害，而是 Postmates 已经建立了如此了不起的生意，我们只是帮助它增长得更快一点。

4. 在 AARRR 海盗模型里，你最喜欢的增长杠杆是什么？

我的想法一直在进化，如果 10 年前，你问我，我会说是用户推荐；5 年前，我会说是用户留存；现在，我会说是用户获取，因为没有比用户获取更统一适用的杠杆了。它是唯一在"大规模"的基础上还能继续增长的，只要你能找到大体量的渠道，想出很好的创意广告，你还是可能有十倍、百倍的增长。对于其他杠杆，比如用户推荐，除非是上亿用户的社交网络，几乎很难让 K 因子保持在大于 1 的水平。

5. 你谈到了 K 因子，你曾经打造的社交游戏 Stolen，其 K 因子有一段时间超过 7，也就是每个老用户能带来 7 个新用户。这种病毒传播是可持续的吗？

肯定是不可持续的，在任何增长模型里，随着你的用户规模越来越大，所有的增长驱动力都会减弱。你最早的那批用户肯定是最好的，他们自己找到你的产品，第一批尝试，也最愿意把你的产品推荐给别人。随着用户总数上升，用户质量肯定会下降，能给你带来的新用户也会越来越少。所以 K 因子大于 1 肯定是一个不可持续的情况，但是对于早期无成本增长而言是一个非常好的途径。退一步讲，即使 K 因子小于 1，那也是有价值的。假如你的 K 因子是 0.5，也就是说每两个老用户能带来一个新用户，这也是很好的，因为你的平均用户获取成本就降低了。你的期望值要合乎实际，对于非社交产品，让 K 因子大于 1 基本是不可能的。即使是社交产品，也需要花很多心思做一些"违反自然规律"的设计，才能让 K 因子大于 1。

6. 如果你再从头开始做一个游戏，你会使用哪些方式让这个游戏能够迅速病毒传播？

我觉得最终是关于供给和需求的。我的一个很有趣的体会是，稀缺性可以通过一种奇怪的方式让产品变得更流行。以我开发的游戏 Stolen 为例，因为你必须通过邀请才能加入，而我们每天只发送 500 个邀请码，但是有很多人都想加入，这恰恰创造了更多的需求，然后这种需求如同滚雪球一样越来越大，而供给增长仍然很缓慢。我觉得这是因为现在每个人的联系都如此紧密，如果有一个人去告诉全世界他有什么东西而你没有，你就很想要。在我以前的认知里，我们需要把所有东西最大化，让阻碍更低，供给更高，那么病毒传播就更顺畅。但是我从 Stolen 里面学到的是去限制供给，反而造成稀缺性，这时候那些心理因素就开始起作用了，比如害怕错过（FOMO）、社交地位（social status）等，这些反而是最强大的。

7. Postmates 如何衡量和优化用户推荐？

我们的北极星指标是有多少新用户完成了第一单，所以我们所有的用户获取渠道都用这个标准去衡量，包括用户推荐，最终是看完成首单的用户的成本。如果花

1 元钱的市场预算，我们可能选择给已有用户 1 元钱让他去完成首单，也可能选择去打广告招揽新用户，或者作为补贴吸引老用户推荐新用户，最终会看怎么花这 1 元钱使得到的用户生命价值提升得最高。我们会做各种各样的测试：文案、渠道、促销，比如是给你第一单免费还是送你一个免费的墨西哥卷。每次促销我们都当作一个单独的活动来做，通过邮件来通知大家，当促销要结束时，再发送一份邮件告诉大家活动快结束了，赶快行动。

8. Postmates 的增长团队有多大，组成是怎样的？

说实话，每个月都在变。一年前，我们成立增长团队的时候，只有 3 个人，我、一个产品经理和一个程序员。现在我们的增长团队超过 50 个人，大概分为 5 个团队：

1）增长产品团队：负责新手引导，改善转化率和病毒传播，涵盖用户和餐馆两方面。

2）增长营销：负责用户看到的所有通信和信息，不管是产品内、推送还是邮件。这个团队还会使用增长产品团队开发的产品，提高营销投资回报率。

3）用户获取：负责所有广告，包括户外广告牌、电视、广播和数字营销渠道。

4）增长平台：优化整个双边市场，平衡选择和利润，是支撑整个体系运转的后台系统。

5）本地市场：每个本地市场我们都有经理，比如洛杉矶的团队会对每个邮编研究有哪些具体的事情可以做，可以去获取新用户，取得本地市场的增长。

我们的增长团队之所以"增长"得很快，是因为 Postmates 的早期成功很大程度上是被其强劲的产品—市场契合所推动的，是比较粗放的，而增长团队带来了更加以数据和实验驱动的方法。说实话，当你很久没有优化过产品时，你会发现无数的"低垂的果实"：仅仅只是把按钮换成蓝色并移到屏幕上方，就可以把转化率加倍。当大家看到这样的结果时，就会觉得："哇，这个太有效了，我们应该把这个方法也用到其他地方。"于是增长团队慢慢被赋予的责任就越来越多。所以总结起来，就是增长团队在数据和实验上"赌"了一把，结果不错，当公司看到结果之后，觉得这是很好的投资回报，因此决定加大投资，所以我们的团队就越来越壮大了。

9. 在硅谷，每个创业公司都有增长团队吗？你觉得为什么会出现增长团队呢？

即使在硅谷，增长团队也是处于非常早期的概念，大家都还在探索什么样的结构最好，如何设定目标等。大概有超过一半的平台型公司和电商型公司设有增长团队，但规模都比较小。像 Uber、Airbnb、Pinterest、Postmates 这样规模大一点的增长团队其实不多，而且自身也处于经常变化的状态。也有很多大公司，如 Google，压根儿就没有增长团队。

我觉得增长团队的出现有几个原因：一个原因是 Facebook 最早成立了增长团队，训练了一大批增长人才，后来这些人才遍布硅谷各个公司，很多都成为增长负责人；另一个原因是社交网络的出现又给所谓的社交游戏、病毒传播提供了平台；还有一个原因其实是"品牌"。其实增长团队做的事情并不新奇，很大一部分是市场营销工作，在增长团队之前也一直有人在做 A/B 测试、转化率优化、邀请朋友等。但是当所有的这一切被放在"增长黑客"和"增长团队"这个品牌之下的时候，人们觉得这听起来比市场营销酷多了。对我而言，增长就是技术驱动的易于衡量的市场营销。很多创始人有技术背景，所以通过编程开发功能来驱动增长，他们听着也觉得更靠谱。

10. 你觉得增长团队的未来是怎样的？会独立存在、合并到产品团队下，还是会有其他的演化？

很难说有一个统一的标准，因为我自己的想法也在发生变化。在加入 Postmates 之前，我不觉得需要有一个增长团队，因为我认为产品团队在测量和优化上会做得越来越好，所以最终就不需要一个专门的增长团队了。加入 Postmates 之后，我的想法变了。因为我们的增长团队里有产品经理、分析师、设计师和工程师；同时我们也有一个核心产品团队负责基础架构、用户核心产品体验，以及支撑这一切的后台技术。简而言之，产品团队负责搭建骨骼，然后增长团队负责填充内容和优化。这个工作模型对我们而言非常有效。

我觉得增长团队更像是升级版的市场团队，有了程序员的支持，我们可以把推荐系统做成一个产品让市场团队使用，我们可以把邮件的定位做得十分精准，从而最大化投资回报，这点在传统的产品—市场团队的设置里几乎是不可能做到的。所以，我觉得未来的方向是市场团队会和增长团队合在一起，而不是产品团队。

11. 我们听到在有些公司里增长团队和产品团队会有冲突，因为工作难免会有重合，Postmates 存在这个问题吗？

有冲突很正常，但是最终看团队的个性和合作模式。在 Postmates，增长团队的定位是不去阻止别人，说你那个主意不好，或者你不能做这个。我们不想当守门员，我们希望给别的团队带来价值。如果有人想做某一个功能，我们会说太赞了，也会帮他设置好测量。我们也划分了非常清晰的"泳道"，在增长负责的"泳道"内做到最好。我们会和大家沟通，只要我们用少于 10% 的流量，我们可以做想做的任何测试。所以在 Postmates，两个团队之间合作得非常好。

12. 对于刚刚开始做增长的新人，你的三条建议是什么？

第一是沟通能力的重要性被低估了，它甚至比数据分析能力更重要。因为人们对增长还是不够了解，如果你不能很有效地告诉大家你做出了什么结果，打算做什么，那你很难取得成功。

第二是平衡短期的胜利和长期的投资，这是一件很难的事情。因为你是"增长黑客"，人们的预期是你要一直产出结果，但是同时你要花时间去做那些帮助你取得长期胜利的事情，比如基础设施、工具等。

第三是增长黑客就是要找到投资回报率最高的事情。因为任何团队能做的都是有限的，你是否能找到现在该做的最重要的事情，直接决定了团队的产出和影响力。当你排列优先级到了"出神入化"的境界后，在一定程度上，目标就变得没有意义了，因为你永远在做当下你能做的潜在影响力最大的事情。

8.4 专访前 SoFi Finance 市场副总裁、增长团队 专家—— Steven Dupree

硅谷增长团队的现状、成功和挑战

嘉宾介绍：Steven Dupree，现任 Growthstructures. com 的合伙人，曾任硅谷热门互联网金融公司 SoFi Finance 的市场副总裁，上市公司 LogMeIn 的市场副总裁，Trinity Ventures 风投入驻企业家，对于创业公司如何组建有效的跨功能增长团队有着深入研究。

1. 你的本科其实是数学系，怎么就开始做增长了呢？关于增长，你最喜欢的一点是什么？

我其实是稀里糊涂地撞上了"增长"。我的专业是应用数学，也一直比较喜欢数学里和实际应用联系比较紧密的那一部分。当我毕业之后，我的第一个经理，也就是当时的市场部副总裁，坚信数字营销需要的是懂数据的人，而不是学心理学或是有商业背景的人，所以从那时开始，我就试着把数学、科学、分析的方法论应用到用户旅程上。

我最喜欢增长的一点是，和其他团队相比，增长团队涵盖的范围足够大。如果你对策略感兴趣，想要去改善用户体验和业务指标，那么增长团队的工作会允许你找到在任何一个时间点，在整个用户旅程里，潜在回报最大的机会。这个影响力和结果让我每天早晨起来非常有动力开始工作。

2. 在 AARRR 海盗模型里，你最喜欢的增长杠杆是什么？

在任何时候，我最喜欢的增长杠杆是当时对业务影响最大的环节。从经验角度，我做用户获取比较多。

3. 一个初创公司要从头开始建立一个新用户获取策略，应该考虑去哪些渠道花最初的市场预算呢？

用户获取策略肯定和产品有关，企业级产品、消费者产品和中小企业产品会有不同的策略，但是有一些原则对所有公司都适用。

首先，找到那些积极在寻找解决方案的用户，也就是那些自己已经举起手来表示对你的产品感兴趣的人。所以，我认为付费搜索广告是一个好的开始，因为你不需要教育市场，但是坏处是这个群体可能很小。

其次，你可以考虑先复制竞争对手或互补产品的策略，因为既然他们已经做了一段时间，你可以假设他们一定已经犯了一些错误，进行了一些改善。所以从那里开始，比完全从空白开始要好。

最后，试着找到一些渠道，这些渠道本身能够帮用户克服某些障碍。以 SoFi Finance 为例，我们最开始主要的产品是用学生贷款重新融资。而用户要使用我们的产品有三个主要的障碍，一是信任，这一点对所有金融产品都很重要；二是惰性，一般来说，人们想不起来去重新申请学生贷款，嫌麻烦；三是即使用户想要重新申请贷款，我们要审核用户的资格，因为不是所有人都满足条件。

所以如果某个渠道能够帮我们去除一些阻碍是最好的。SoFi Finance 的三个主要渠道，用户推荐、付费搜索和邮寄广告，每一个刚好帮我们去除了一个障碍。用户推荐对我们来说是很成功的渠道，因为它帮我们去除了"不信任"这个障碍，当学生和他的朋友分享"我刚刚使用这个产品完成了学生贷款重贷，很不错，你可以试试"，这些被推荐人对产品的信任度会天然提高；付费搜索也很成功，因为它天然克服了"惰性"这个障碍，那些主动去搜索学生贷款的人，都是已经想要做这件事的人，我们不需要多费口舌去说服用户；而邮寄广告，虽然单位成本较高，在学生群体里，也没有那么多人愿意打开纸质信件，但是其背后完备的数据库，可以让我们非常准确地只定向那些满足资格的人群，所以即使打开率不是很高，收回成本也不是一件很困难的事情。

4. 你曾经负责过市场团队，也负责过增长团队，增长团队和市场团队的不同在哪里？

最好的增长团队一般是关注用户生命周期的整个漏斗，尤其是有多条产品线的公司，增长团队可以同时负责多条产品线，对某个渠道也没有特别的忠诚度，他们是从更宏观的角度去解决问题。

传统的市场团队分为两部分，一部分不直接产生盈利，主要包括品牌、公关、营销传播、设计等，一部分直接和盈利挂钩，有时候也叫作"效果营销""用户获取"。

由于效果营销和增长团队的工作方法非常类似，很多硅谷公司会让效果营销从市场团队里拆分出来，直接划在增长团队里面，他们通过渠道知识来获取用户，而其他增长团队成员则更侧重于用产品驱动增长。这样做还有一个原因，这两个功能需要的资源是类似的，设计师可以做用户界面设计也可以做着陆页和广告设计，分析师可以分析实验结果也可以分析渠道投放效率，在这个团队里工作的人需要可以"戴很多种帽子"，而不是试图保护自己的领域。

增长团队出现的最根本原因是技术能力的提高使得两件事情变成了可能，一是很快地做出改变，二是追踪和了解哪些改变有用，哪些没用。这些条件在以前是不存在的。

5. 在你的观察里，硅谷增长团队的现状是怎样的？增长团队是必需的吗？

一般公司应该在 A 轮融资有了上百万美元的资金之后，再考虑设置增长团队。我认为增长团队是必需的，倒不是所有公司都需要一个独立的增长团队，但是一定要有一个增长功能或者是增长的思维模式。如果产品很简单，可能有一个增长负责人就够了；如果产品比较复杂，或者有多条产品线，那么对增长团队的需要就要增加。像 Uber、Facebook 的增长团队发展到非常大的规模，并且细分为更小的团队，其实并不常见。

增长团队的组织架构一般有三种：我个人最推荐的是独立的增长团队，也就是增长负责人汇报给公司 CEO。因为增长团队关注全漏斗的属性，很可能会出现和产品或市场团队工作有交集的情况，如果增长团队在某个地方看到了机会，但是产品团队不愿意增长团队改动自己设计的功能，或者市场团队觉得这个改动不符合品牌形象而有各种顾虑，这个时候增长团队负责人如果能够直接向 CEO 汇报，CEO 就可以站出来倾听双方的见解，然后帮助组织一个建设性的讨论；如果产品比较简单、顾客群也很单一，由增长负责人作为产品负责人的左右手也是很好的选择，前提是产品负责人需要理解和认同增长的重要性；比较少见的是增长团队归在市场部门下面，一般当用户推荐和病毒传播这两个渠道对用户增长很重要的时候，会比较倾向于采取这种选择。

6. 一个增长团队能否成功，会受到哪些因素的影响呢？

增长团队能否成功受到内部和外部两类因素的影响。内部因素包括能够找到合适的高质量的人才，设计、产品、分析、工程人员需要坐在一起，团队需要有清晰的目标，并且能够向整个公司宣传增长团队的重要性。我有一个朋友，是他所在公司的增长负责人，他就经常主动去全公司例会上做报告，还特意选一些比较违反直觉的有趣的实验结果让大家猜哪个版本胜出，这样大家对增长团队做什么、有什么用就有了更加直观的认识。还有一点是增长团队需要把风险高、收益高的大改变和风险低、成功概率高的小实验混合起来。如果一直做大项目，可能风险太大，没有产生足够的胜利，但是如果只做小实验，也会被认为"职能范围"很小，没有足够的影响力。

外部因素包括来自 CEO 和管理层的大力支持和其他功能团队（如市场、产品、分析）负责人的建设性对话，以及是否在人力资源那里获得足够的支持，帮助寻找到合适的人才，让你能够发展、壮大增长团队。

7. 增长还是一个很新的领域，新成立的增长团队可能面临哪些挑战，又该如何解决呢？

如果你的公司稍微有了一点规模，最大的挑战其实是来自公司内部的压力。因为在很多情况下，增长团队是公司里唯一的跨部门团队，市场营销和市场营销坐在一起，程序员和程序员坐在一起，分析师和分析师坐在一起，这些团队会形成某些共同的看法，公司里过去二三十年都是这样运作的。但是增长团队是新的，所以你不仅需要证明自己存在的价值，还需要一直让其他人看到你的产出是对公司总体有好处的。同时你也需要理解产品团队或市场团队的某些决定是有其背后原因的。这一点其实是绝大多数增长团队所面临的最大的外部挑战。

其他的外部挑战还包括增长团队被认为关注点"太窄",没有足够的影响。因为增长团队一般比较小,比较难建立"同盟",有点像在自己的岛屿上孤军奋战。很多人听到"增长黑客"的第一反应,可能觉得是通过一些不好的手段给别的团队搞破坏的,你需要通过沟通和宣传打破这种误解。另外,有时候,某些增长团队是围绕着一个核心人物建立起来的,也就是所谓的"增长冠军",当这个关键人物离开之后,公司的增长团队也就不复存在了。

从增长团队内部来说,第一个问题是,雇人是一件很困难的事情,因为找到对的 DNA 并不容易,你希望找到那些充满好奇心的人,而不是那些害怕写错代码、弄砸设计的人;第二个问题是,做了一段时间之后,好的实验想法似乎都想完了,实验变得重复,这可以通过一些系统性的方法解决,比如我在 SoFi Finance 的第一个月,每周五都会组织一个"午餐头脑风暴会",邀请全公司的人自愿参加,收集很多好主意;第三个问题是没有记录实验的结果和心得,因为当你做了实验后,即使是失败了也是很有价值的,你现在知道了一些事情,但在你做实验之前是不知道的,这可以帮你制定未来的策略。如果增长团队没有及时把这些记录下来并和别人交流,是很可惜的。

8. 对于刚刚开始做增长的新人,你的三条建议是什么?

第一,因为增长这个领域变化太快了,我不推荐读书,但大家可以去看看增长黑客网(growthhackers. com)。

第二,最简单的就是从今天开始做实验吧,你并不需要高级的工具或模型才能开始。

第三,如果考虑系统地学习并且有这个预算,可以考虑参加一个课程,Brian Balfour 创立的 Reforge 就是一个很好的深入学习增长和建立人脉的线上学习项目。

8.5 专访移动应用用户获取专家、增长咨询公司 创始人——Sami Khan

"广告狂人的时代已经过去了，计算器和 Excel 工作表才是你的好朋友"

嘉宾介绍：Sami Khan，移动应用用户获取专家，现任增长咨询公司和游戏开发公司创始人，前 Acorns 高级用户获取总监，曾被广告周刊、Facebook、Snapchat 等多个媒体报道，他曾帮助设立增长策略的创业公司的市值累积达 7 亿美元。

1. 你是如何开始做增长的？关于增长你最喜欢的一点是什么？

我刚从大学毕业时，曾经做了一个照片分享的应用，那时我更偏重于产品开发，结果就是我们的产品很好，但是没有任何顾客，所以最终这个产品失败了，因为没有用户就没有生意可言。从那之后，我决定开始更多地了解市场营销，而我本身在大学里学的也是营销。我希望通过学习及运用增长策略，在我做下一个应用的时候，能够帮助我很好地增长我的用户群。这也是我最喜欢增长的一点：如果你不懂增长，你就无法控制产品的命运。

2. 作为一个移动应用增长专家，你每天都做什么？

目前我帮助很多不同的应用增长，我每天做的第一件事就是登录所有的广告平台，查看我当天的广告花费是多少，比如 Facebook、Snapchat、Pinterest 等，记录我的花费总数，确保我没有超出预算；第二件事是找到对每个产品最关键的那个指标，可能是应用安装，或者是漏斗下游的一个事件，比如用户注册成功或完成某个行为，然后检查哪个渠道表现最好，也就是哪个渠道获取满足关键指标用户的平均成本最低，这是在渠道之间的比较，这会决定我如何调整在渠道上的花费；第三件事是在某个渠道内部如在 Facebook，我一般从前一天开始观察连续 7 天或 14 天的趋势，看哪个广告表现最好，对那些表现好的广告加大投入，然后关掉那些表现不好的广告。

3. 应用商店已经如此拥挤，如果一个产品想从头开始建立增长策略，你有什么建议？

第一是了解你的产品，这个产品给用户提供怎么样的服务，是面向消费者还是面向企业。我们假设这个应用是一个面向消费者的应用，可服务的市场也很大，对于这样的产品来说，Facebook 就是一个最好的选择，因为有数据显示 89% 的线上美国用户每个月至少登录 Facebook 一次，这基本上是你能覆盖到所有美国人的最好渠道。

第二是首先在一个渠道上做少量测试。在上面的例子里，Facebook 是首选的渠道，所以我们就在 Facebook 上做分组测试。等到你的广告策略在 Facebook 上表现得很好了，再把这一套广告策略复制到其他渠道上，例如 Twitter、Snapchat、YouTube 等。

很多人会犯的错误是，一上来就试图在很多不同的渠道上花钱买用户，我的建议是先从在一个渠道花少量的钱开始，因为你肯定会犯错误，你从中会学到很多事情，比如，如何介绍你的产品以及哪些用户喜欢你的产品，在你学到这些之前，没有必要在其他渠道上花很多钱。

第三就是确保你的追踪（tracking）设置好了。没有追踪，就没有数据，你就只是一个花钱打水漂的广告客户，而不是一个合格的数字营销专业人士。对于移动应用来说，Adjust 是一个很好的应用测量工具。很多人觉得，我已经花钱做了应用，也花钱买了广告，为什么还要花钱追踪渠道。实际上，如果你不把追踪做好，你会浪费更多的钱，因为只有有了追踪，你才能知道哪个渠道表现更好，才能从中学到心得。如果没有追踪，"测试—学习"这样一个反馈循环就不存在，从长远来看，你的用户获取效率就不可能提高，很多市场预算都会被浪费掉。

4. 手机游戏是应用里竞争非常激烈但又十分诱人的一个类别，对于游戏增长，你有什么心得吗？

在苹果应用商店里每天新增 1 000 个应用，而 70% 的应用是游戏，也就是每天有 700 个新游戏上市，同时游戏代表了 85% 的应用收入，所以游戏是一个巨大的赚钱机器，这也是这个市场竞争如此激烈的原因。对于移动应用来说，用户获取其实更多的是通过一套基础的方法，与产品种类的关系并没有那么大，不管是你推广一个金融应用还是游戏，最基本的东西都是一样的：设置好下载追踪，选择获取渠道，分组测试广告。

其实让人们下载游戏并不难。当然，不要有错误的期望值，认为只要做出了游戏，人们就会来免费下载，或游戏自己会病毒传播。你还是要做好要花 10 倍于开发的投入来推广游戏的心理准备。

但是对于游戏来说，我最大的建议是，不要担心用户获取，先把用户留存弄明白。因为人人都想玩游戏，游戏的可服务市场是巨大的，你总是能找到来玩你游戏的人，一般游戏的用户获取成本也低于其他应用。但是如果他们不喜欢这个游戏，那他们只玩一次就走了。因为坦白地讲，仅仅在那一天他们就有 699 个其他的选择。

在游戏里，最好的成功指标是 30 日留存。你需要做小规模的用户获取，一小批一小批地获取新用户，比如花两三百美元拉到一两千个新用户，然后关闭所有市场渠道，监测这些用户的留存率，看看他们怎么表现，做产品测试和改进。然后再打开渠道，获取新用户，看看留存是否有改善。在产品中测试"参与循环"是最好的改善游戏留存的方式。

5. 测试在用户获取中扮演的角色是怎样的？你曾在测试中见过让你很惊奇的结果吗？

测试是最重要的事情。以 Facebook 为例，你可以测试广告针对的用户群和广告的创意，所以用户获取说白了就是通过测试找到最好的用户群，并且找到在这个用户群上表现最好的创意广告。

其实我在测试广告时，已经不会觉得惊奇了。因为我见多了各种情况，没有任何的期望值。这也是我建议大家采取的态度，不要有预先期望，一切让测试结果说话。有一点有意思的观察是，一般来说，对于这些社交平台，广告做得越丑，结果越好。因为，我们都习惯了看电视，看电视时我们最讨厌的就是广告，而电视广告都是高成本制作，画质非常精良，所以我们都已经很擅长找出并屏蔽那些画面精美但是和你正在看的东西无关的广告。所以当你在 Facebook 上测试一个非常精美的广告时，很可能被用户下意识地就跳过了或者取消了。但是当一个广告看起来很丑，感觉很原始时，用户反而可能觉得这就是他朋友分享的东西。我刚开始做这一行的时候，看到我花 5 分钟用 Photoshop 做出的广告比我花 10 天完善后的广告效果还要好时，确实是很吃惊的。

6. 对于刚刚开始做用户获取和增长的新人，你的三条建议是什么？

第一是注重数据，电视剧《广告狂人》（*Mad Men*）里所描绘的，你坐在会议室里对着白板想各种创意的时代已经过去了，现在的用户获取负责人更经常的状态是每天对着 Excel 工作表，琢磨各种数据。

第二是不要带着自己的想法，吞下你的骄傲，你需要测试所有事。虽然各种广告平台和渠道层出不穷，但是 85% 的基础是不变的。只要你掌握了下载追踪、科学方法和分组测试，就可以帮助你应对那剩余的 15% 的变化。

第三是学会管理你周围的人，你需要说服别人"任何事情都应该经过测试来决定"。如果你作为一个用户获取负责人，与一个创始人一起工作，你会发现他是有很多骄傲的，你需要学会说服他"你美丽的品牌需要在 Facebook 上投放一个丑陋的广告"，而这很难做到。

8.6 专访 Camera360 大数据和增长业务副总裁——陈思多

"做增长的过程，让我有掌握了魔法的愉悦感"

嘉宾介绍：陈思多，成都品果科技（Camera360）大数据与增长业务副总裁。于 2012 年早期加入 Camera360 团队，见证并参与了 Camera360 全球用户从 1 亿人到 8 亿人的增长过程。于 2016 年开始在公司内部正式组建并带领数据增长团队，推动并践行数据驱动增长。此前曾就职于盛大游戏，任网络游戏项目产品经理。

1. 你的本科是化学系，怎么开始做增长了呢？关于增长，你最喜欢的一点是什么？

从正式工作开始，我就对数据非常感兴趣，理工科的背景也让我具备了一些基础的数据敏锐度和分析能力。加入 Camera360 之前，我的上一份工作是在盛大游戏做 PC 网络游戏的产品经理，在这期间我发现并且从实践中得知通过数据洞察可以带来业务增长。加入 Camera360 之后，我开始更加有主动意识地去通过数据洞察驱动增长，对此的理解也变得越来越多。在 2015 年的时候，我通过《增长黑客》一书正式接触了这个概念，此后也更加体系化地投入到增长工作中。做增长，最让我兴奋的有两个地方，同时它们也相辅相成：其一就是能够通过数据找出关键业务问题的答案和增长点（有一种掌握了真理的成就感）；其二就是在分析、假设、实验、测量这一套完全科学的方法体系内能够非常有序地实现一次又一次的增长成果（有一种掌握了魔法的愉悦感）。

2. 在 AARRR 海盗模型里，你最喜欢的增长杠杆是哪一块呢？为什么？

严格地讲，我并没有最喜欢的，因为我会认为真正的增长黑客一定会去追求 AARRR 全链条的增长。不过在目前的业务实践中，我在激活和留存的环节做得更多。

3. 你现在担任 Camera360 大数据和增长团队负责人，可以分享一下，你们公司内部是如何理解和定义用户增长的吗？比如你们内部有北极星指标吗？

因为 Camera360 的历史原因，我们随着整个移动市场红利获取了大量的天然新增流量，其中也难免会有价值不是完全匹配的情况。所以我们更多地会从核心价值出发，去定义核心用户，然后关注核心用户的增长，我们也是以同样的思路去制定北极星指标的。

4. Camera360 的大数据和增长团队主要负责哪些方向？与产品和市场团队的关系是怎样的呢？

如前面所提及的，我们目前更多关注的是激活和留存两个领域。因此，我们跟产品团队的关系是非常密切的，可以理解为我们的增长团队是产品团队的一个重要组成部分。也因此，对于市场团队而言，相对独立一点。但是我们会非常关注新用户的来源和特征，针对不同特征的新增用户群体制定更适合他们的激活和留存策略，这样能实现更加有效的增长。

5. 你曾经说过，增长的本质是一个效率问题。准确的数据、合理的实验设计、快速地执行，这些都对增长很重要。为什么这么说呢？在具体工作中，一个团队或公司应该如何提高增长的"效率"呢？

在我的理解中，真正科学有效的增长，就是在做一件提高命中率、少走弯路的事情。让我们的每一分投入都能够有更大的概率产出更多的价值。所以我会说它其实是一个效率问题。我之前也经历过很多，在没有科学的方法论和数据的支撑下去做业务，迭代产品，更改功能，常常会事倍功半，甚至还会导致数据下滑。而对于一个公司或团队而言，要提升增长这件事的效率，我认为最关键的一点就是一定要确保主导增长业务的人是真正懂这件事的，而不是空有表面功夫，一知半解往往是最耽误事的。

6. 对于用户分析，你曾在分享时说过"漏斗的无限解构"是一种比较好的分析用户的框架，能给我们举个例子吗？

我认为漏斗的正确打开方式就是要尽可能地拆得足够细，所以提出了"无限解构"这样的说法。因为漏斗其实是一种对于流程和路径的分析，目的是要定位出问题的关键症结所在，这样才能够对症下药、精确打击，从而实现效率最大化。所以当你把它拆解到最细的颗粒度后，在这个环节可能就只有 1 ~ 2 个因素影响它的转化，这时候命中率就非常高了。我们前段时间刚做了一个通过推送提高留存的项目，起初效果平平，而我们第一阶段的分析结果是定位到用户的消息展示率很低；然后我们进一步定位到：展示率低主要源于从选出目标用户群到消息成功下发到手机这个环节；第三步拆解后，定位出消息成功下发率低源于新用户推送权限开启就很少。所以我们有针对性地优化了权限开启问题，此后实现了对于次日留存接近5%的增长。

7. 越来越多的公司开始做 A/B 测试，能谈谈你做 A/B 测试的一些经验吗？有哪些常见的"坑"需要避免？

1）数据的有效性和样本的可靠性是第一要务，也是所有实验的根本。所以在实验开始的时候一定要反复核对这件事。

2）实验设计得不要过于复杂，不要妄想通过一个实验一次性解决很多问题。越单纯的实验，效率越高。

3）对于实验结果的解读一定要科学，判断一定要全面。要衡量是否排除了各种干扰因素，以及观测周期是否达到稳定。

以上这几个都是我们曾经踩过的坑。

8. 增长团队在做 A/B 测试的过程中，如果一直做小改动，结果会非常清晰，但效果可能小，而且过一段时间会被认为是"只能做小的优化实验"；如果做大改动，或者一起做多个改动，结果的可预测性低，风险大，而且难以分析单个因素的效果，你们怎么解决这个问题？

我认为这是一个无解的问题，与此同时我也认为这是一个不需要去解决的问题。"大实验"和"小实验"一定是并存的，而且它们之间的关系并不是独立的，很多时候或者说在健康的增长模式下，它们应该是相辅相成、相互连接的一套实验组合。一个大的增长实验目标，我们可以将它们拆分成一个个有逻辑关系的小实验并分别快速验证，最终找出最优解。

9. Camera360 在全球 200 个国家/地区有用户，这些市场的用户需求不同，市场渠道不同，怎么样高效地针对这么多个不同的市场做增长、做功能呢？

坦白说这一点非常难，目前为止我们也没法完全做到。而且确实也没有这么多资源能够覆盖这么全面的维度。所以本质还是要从核心价值和核心用户出发去思考，我们会对所有的增长假设和增长项目进行价值评估。结合其所需资源和投入评估出ROI，找出对于核心人群 ROI 最优的增长项目去落地执行，这样才能实现在有限的时间和资源的前提下，价值最大化。因此，在满足一些不同国家/地区市场用户个性化需求这个层面，我们很多时候会关注怎么找到一些更加轻巧和高效的实施方案。例如 Camera360 是做拍照和照片美化相关的产品，那么很大程度上不同用户的个性化需求会反映在素材上，我们就会通过运营去进行精准化的素材设计和投放来满足这一点。

10. Camera360 是国内比较早成立增长团队的公司。能谈谈你们为什么决定设立增长团队吗？

坦白地说就是因为我们在增长上遇到了问题，那段时间行业的人口红利逐渐消退，数据停滞甚至下滑。之前，我虽然有意识在做些类似的事情，但是缺乏完整科学的方法论和思维方式指导，那时刚好读到了《增长黑客》这本书，随后又在这个领域接触到了非常厉害的几位大师，包括 GrowingIO 的张溪梦、增长黑客网的 Sean Ellis，以及向曲卉学习了非常多，所以我们也就开始有明确的目标和有体系地建设增长团队了。

11. 你的增长团队的组成是什么样的？从哪里雇的人呢？有什么心得？

我们的增长团队主要由数据分析师、产品经理、研发工程师、运营人员这 4 种角色构成。就中国目前的人才环境而言，要从外部雇到增长领域的优秀人才确实非常难。我们团队中 80% 的成员还是来自于公司内部。我们会挑选有一定数据基础和强烈增长意识的同事来一起尝试和运作这件事。如果对外招聘的话，我会关注有强烈业务意识的数据人才和有强烈数据意识的业务人才这两个方面。

12. 在国内做增长或者组建增长团队，你觉得最大的障碍在哪里？如果国内其他公司考虑设立增长团队的话，你有什么建议给他们？

我觉得障碍有两点：一是 CEO 的意识和支持度。因为增长这件事，要么是本身会需要用到很多资源，要么是会影响到很多资源（多数时候还是二者兼备）。所以没有公司最高领导层的支持是不太可能落地贯彻下去的。二是增长团队的核心成员一定要足够专业，如果专业度有所欠缺，那就一定要充分尊重客观事实，脚踏实地、步步为营，千万不要浮躁地激进，前面也提到过"一知半解""半懂半不懂"是最危险的状态。

13. 数据分析在增长里扮演的角色是怎样的？能分享一些你做过的最疯狂或有趣的数据分析案例吗？

数据分析是增长的核心。因为通过数据分析能够最有效地洞察到问题的本质，但同时我必须要强调的是一个充分理解业务的分析师才是真正优秀的数据分析师。所以数据分析也一定是建立在对业务的理解之上的。

分享一个我们团队的很有趣的分析案例。我们有一个实验型的产品投放到美国市场，我们通过一定的广告投放采购用户来测试不同用户群对于产品的接受程度和核心价值。在测试过程中，我们逐渐发现 40 岁以上的女性非常喜欢这个产品，于是我们开始进行一些有针对性的素材设计去吸引这一类用户，比如我们会在广告图中展示产品功能的同时让一些很可爱的孩子作为模特儿，尝试通过激发母爱来命中这群用户。这样做了之后转化效果非常好，获客成本直接降低了33%。

14. 对于刚开始做增长或者打算转行做增长的新人，尤其是有数据分析背景的人，你能给三条建议吗？

第一精通业务；第二不要着迷于一些小的增长套路，把焦点放在核心价值、核心用户、核心功能这些真正重要的问题上；第三用数据但是不要迷信数据。尊重科学精神和客观事实，不要为了证明观点而片面地取用数据。

8.7 专访 Square 增长研发经理——罗阳

增长的本质是用技术方法改进市场营销，以及如何和"薅羊毛者"斗智斗勇

嘉宾介绍：罗阳（James Luo）现在美国中小商户支付服务提供商 Square 担任支付产品的研发经理，曾领导并参与了多个用户推荐项目的设计与优化。在此之前，罗阳是 Facebook 的早期华人员工之一，也是性能优化团队的核心成员。清华大学计算机学士，香港大学计算机硕士。

1. 你是科班出身，清华大学计算机专业毕业之后一直在微软、Facebook 工作，怎么开始做增长了呢？

其实说到底，还是因为对数据分析感兴趣。我原来在 Facebook 从事系统性能分析方面的工作，其中很大一部分是从后端系统中收集各种性能指标数据，找到系统的瓶颈和低效的地方并加以改进。到 Square 之后，我最早从事的是大数据平台方面的工作，而大数据平台的一个重要应用就是帮助增长团队理解用户行为。于是大概一年后，我加入了增长团队，同时从事数据分析和工程开发的工作。

2. 能谈谈你对增长的理解吗？关于做增长这件事，你最喜欢的一点是什么？

"增长的本质是用技术方法改进市场营销"。这句话的原作者我想不起来了，但是一直觉得很有道理。一方面，增长黑客的很多概念与市场营销是非常相似的；另一方面，随着很多产品的营销逐渐由线下转到线上，各种基于大数据的技术分析手段从此就大有用武之地了。线上营销和传统的线下营销相比，有太多的方便之处。比如我们在线上很容易把注册用户分成两组进行 A/B 测试，甚至可以根据用户的特征（如年龄、性别、使用移动设备与否）切分出更细致的用户群体分别测试。对于一个技术背景的人，看到技术手段能对市场营销产生正面影响，是相当让人开心的。

3. 在 AARRR 模型里，你最喜欢的增长杠杆是哪一块呢？为什么？

那必然是第一个 R（Retention），也就是用户留存。一方面，一个产品如果留存不尽如人意，那么获取到的用户很大程度上会白白浪费了，LTV 也不会非常理想；另一方面，如果成功留住了用户，之后的两个 R（Revenue 收入和 Referral 用户推荐）也都会变得更容易解决。如果增长团队打算接手一个产品的增长任务，我的建议是马上分析用户的留存指标，然后考虑其他步骤的优化。

留存的好坏主要是由产品本身决定的，但是增长团队很多时候也能起到相当大的作用，特别是早期留存（前 14 天到 90 天，具体的时间段取决于产品本身的使用频率）。很多时候，只要通过各种渠道，如邮件、短信，甚至是重新定位广告，去提醒一下早期流失的用户，就可能会对早期留存产生明显的正面影响。

4. 你谈到在 Square 你做得比较多的一块是用户推荐，我们都知道做增长之前，很重要的一点是定义成功指标，你们是如何找到衡量用户推荐的指标的呢？

用户推荐本质上是市场营销的渠道之一，因此最基本的指标也就是衡量一个营销渠道成功与否的指标。如果公司已经建立了比较完整的市场营销大数据团队，通常会追踪的指标包括：

1）各个渠道的归因（attribution），也就是弄明白每个用户是从哪个渠道来的。如果每个用户可以来自多个渠道，那么往往需要通过建模来把这些渠道以不同的比例分配到每一个用户身上。为了有效地建立一个归因的大数据模型，市场营销团队往往需要和产品工程团队紧密合作，保证各种渠道的追踪途径正确无误。

2）每个渠道、每个用户的全周期价值（LTV）、获客成本（CPA）以及投资回报率（ROI）。这其中，LTV 往往是最难建模分析的，而且 LTV 的计算结果往往很依赖某些重要的假设（比如长期留存率、资本折现率）。

3）除此之外，不同渠道的转化率、早期留存率和其他用户行为可能也会有较大的差别。如果公司有比较好的大数据平台，这些指标往往是很值得注意的。

和其他营销渠道相比，用户推荐最大的特点在于，它兼具了有机渠道和付费渠道两种属性。一方面，如果一个用户不够喜欢你的产品，很难想象他会向别人推荐。这里经常通过用户净推荐值（NPS）来衡量用户满意度和忠诚度。另一方面，用户推荐的一大动力来自于公司提供的奖励，包括给推荐人及被推荐人的奖励。奖励的方式多种多样，可以是现金、代用券、免手续费……甚至是实物礼品。但是不管是哪种奖励，公司都会有成本支出，这一点和其他付费渠道是相似的。

5. 如果一个产品要从头开始搭建用户推荐系统，你建议考虑哪些方面？

如果要搭建一个用户推荐系统，我们在实践中提出了一套思维框架，分成三大部分：

1）奖励的设计，也就是奖励的类型、数额以及获取方式；
2）推荐项目的曝光度，也就是告知并时常提醒推荐人有通过推荐获取奖励的机会；
3）被推荐人的转化率，主要是指和普通用户获取渠道有区别的部分，比如被推荐人会看到推荐人的名字，以及自己能获得的奖励。

另外，还有一个贯穿每一部分的主题，就是大数据。如果在设计和开发推荐系统的时候，注意记录一切用户和推荐系统的互动（浏览和点击），之后优化推荐系统的时候便可以在此基础上进行大量的用户行为分析。

6. 在这个用户推荐系统里，你谈到了三个部分，奖励、曝光率和转化率，能分别用一些例子说明在每个部分，有哪些可能的思路去做优化和实验吗？

首先，奖励的设计。最好的奖励往往是和产品本身紧密相连的，并不是简单粗暴的现金补贴。比如 Square 给商户设计的奖励就是免除 1 000 美元的收单手续费。

这种奖励能把用户留在自己的产品平台内，在一定程度上避免了某些人过度"薅羊毛"的行为。

通常来说，在设计一个用户推荐系统时，第一个要解决的问题就是找到最适合自己产品的奖励方式。这里的思路五花八门，下面是一些实例：

1）奖励额度：比如，Square 现在的奖励是免 1 000 美元手续费，那么改成 500 美元会怎样？改成 2 000 美元又会怎样？更大的奖励会产生更大的支出，提高获客成本，但是到一定程度之后可能就没有边际效益了。再比如，一个在美国旧金山市的送餐服务，如果给新用户 20 美元的补贴，会让人感觉是"天上掉馅饼"，因为 20 美元足够一个人吃一顿饭了。这时候额外吸引来的"薅羊毛者"可能会让推荐营销变得得不偿失。小技巧：奖励额度是否有效，有时候取决于能否在营销文案上给用户一定的"震撼"。比如 500 改为 1 000，由三位数变成了四位数，对用户心理的冲击是可想而知的。

2）限制条件：比如有效期、最低消费额度等。限制条件的主要作用是防止过多的薅羊毛者参与进来，并且保护公司不会无限期地承担奖励的负担。回到上面那个 20 美元的例子，如果把最低消费额度设为 50 美元（使用奖励前），那么用户还需要自付至少 30 美元，薅羊毛的可能性就大大降低了。

3）培养使用习惯：如果产品本身是高频应用，比如打车、送餐，那么把奖励拆成很多小份，每次只允许使用一份，可以帮助培养新用户的使用习惯。再回到上面那个 20 美元的例子，如果把奖励变成每次最多只能减 10 美元，那用户至少要订餐两次才能享受到全部 20 美元的优惠，这本身已经足以让"薅羊毛者"退出了。拆分奖励还有一个好处，就是可以去掉一些限制条件，同时并不会吸引更多的"薅羊毛者"。

前面提到的很多限制条件对于善意的用户是很不友好的，比如"单身狗"哪里会需要 50 美元的食物呢……可以考虑下面的方式：

1）累进式奖励：例如，在推荐 10 名、20 名新用户后，提供双倍甚至三倍的奖励，甚至是特殊大奖，比如 Tesla 会直接奖励一辆新车。这里需要考虑大多数用户可能推荐的人数，避免累进的门槛过低。

2）奖励是否对称：用户推荐行为本身是有两面性的——一方面利己（推荐人奖励），另一方面利他（被推荐人的奖励，以及推荐优秀的产品本身）。很多奖励的设计中，推荐人与被推荐人的奖励是同等的，比如 Square 会给双方各提供 1 000 美元的免手续费额度。对称的奖励通常更容易理解，也更容易宣传（例如"送 $×× ，得 $×× "）但并不一定总是最佳的选择。例如，如果某产品有很多狂热用户，即使推荐人奖励变少甚至消失，也不一定会影响他们的推荐行为。在这种情况下，较少的推荐人奖励不仅能节省营销成本，还能降低对"薅羊毛者"的吸引力。

其次，推荐项目的曝光率。很多时候，即使是非常忠诚的用户，也未必会时刻牢记推荐项目的存在。这时候，如果能够尽一切可能提高推荐项目的曝光度，往往会收到非常不错的效果。在直接面向用户的产品中，可以用来展示推荐项目的地方通常是有很多的，以 Square 为例：

1）初始登录：在完成新用户的基本设置后，系统会建议用户推荐其他人以获取一定的免手续费额度。

2）重要时刻：在新用户经历的每一个重要里程碑，比如成功完成注册、第一次成功刷卡后，会有相应的邮件提供下一个里程碑需要的帮助信息，同时也包括了推荐项目的链接。

3）每日通信：Square 平台上的活跃用户每天都会收到当日的销售状况总结邮件，这往往是打开率最高的邮件之一。在这里提醒用户推荐他人，曝光度自然是不成问题的。

4）智能发票：Square 的用户本身是卖家。在一笔交易完成后，他们的买家会收到 Square 发出的智能发票，其中包括了推荐项目的链接，这些买家如果也想使用 Square，可以通过点击来获取推荐奖励。在 Square 平台上，智能发票的使用非常频繁，即使转化率不是很高，总曝光度也是相当可观的。

5）专门提醒：每隔一段时间（比如 3 个月），系统可以考虑给所有活跃用户专门发邮件，详细介绍推荐项目的具体内容和好处。

大家可能注意到，由于商户会经常接收 Square 的邮件，但并不一定总需要访问网站，所以邮件在 Square 推荐项目中扮演了很重要的角色。如果一个产品和用户接触的方式主要来自于短信、微信或者网页访问等渠道，则应该考虑集中在这些渠道中提高推荐项目的曝光度。

最后，假如有一大波被推荐人正在接近……不对，正在注册新用户领取奖励，我们应该好好考虑一下如何尽可能多地提高这些人的转化率。增长黑客本身最重要的关注点之一就是新用户的转化流程，而如果有奖励计划的存在，转化流程往往可以进一步地优化，例如：

1）提供推荐人的公开信息：比如推荐人的姓名、头像或者其他平台允许展示的公开资料。如果在新用户注册页面上展示这些信息，不仅能给新用户一种"个性化"的感觉，而且也是在提醒用户"我确实获得了某人的推荐"。

2）展示奖励的额度及其他重要细节：正如展示推荐人的公开信息一样，展示奖励的额度及细节也在不断提醒新用户"我确实获得了奖励"，以减轻他们的焦虑。

3）提醒用户使用奖励，完成后续转化步骤：如果新用户没有尽快使用奖励，这时候平台可以通过各种方法提醒他们体验产品并享用奖励。更进一步，如果推荐人需要等到被推荐人使用奖励才能获取推荐人奖励，那我们甚至可以去鼓励推荐人主动联系被推荐人，帮助他们开始使用产品。

正如大多数增长黑客的工作一样，一个成功的推荐项目往往需要长期不断地做实验与数据分析，才能优化到一个比较理想的状态。在这个过程中，大家要牢记推荐项目的目标：推荐项目是一种有机与付费属性兼备的市场营销渠道，其根本目标是用较小的代价（CPA）尽可能获取高价值（LTV）的长期留存用户。

7. 能谈谈 Square 的增长团队经过了哪些阶段吗？你觉得增长团队在未来会怎么演变？

在很长一段时间内，Square 是有独立的增长团队的，后来慢慢演变成了各种自带增长属性的产品团队。随着 Square 产品线的扩张，在支付产品之外的很多产品团队都开始有自己的增长优化项目。在全公司范围内，我们的大数据团队会负责开发维护各种增长黑客需要的数据平台和 A/B 测试工具，帮助大家少走弯路。至于增长团队在未来会如何演变，我个人的观点是：增长是一种思维方式及相关方法论的集合，而并不一定是某个团队的专门职能。在很多产品或公司的早期阶段，产品往往会经历大幅度的快速迭代，而增长思维在产品迭代中会起到相当正面的作用。

8. 对于刚开始做增长或者打算转行做增长的新人，尤其是有程序员背景的人，你能给三条建议吗？

首先，我认为一个好的增长工程师，首先应该是一个好的产品工程师，能深入理解产品经理的思路，帮助他们理解可用的技术手段，甚至是提供一些产品上的建议。

然后，对产品数据的理解和分析能力是相当重要的基石。虽然产品经理和数据科学家是接触数据最多的人，但是如果工程师能够理解并参与其中，不仅能加深团队的合作，甚至还可以分担一部分简单的数据分析工作，提高整个团队的执行效率。

最后，增长工程师如果能学习并参与一些市场营销、商业推广方面的工作，会更深入地理解商业模式的本质，并把自己的工作与之联系起来。用通俗的话讲，就是更"接地气"。

8.8 专访探探用户增长总监——韩知白

增长黑客不是"黑魔法"，要注重基本功和基础设施

嘉宾介绍：韩知白，现任探探用户增长总监，前美图国际化负责人。清华大学工学学士，美国伯克利大学工程硕士，《精益数据分析》一书的译者，国内互联网公司增长团队搭建的早期探索者。

1. 你的本科是电子系，怎么开始做增长了呢？关于增长，你最喜欢的一点是什么？

我本科毕业论文做的是一个微电子实验过程中的多变量实验设计问题，硕士学

的是运筹学，基本就是教人怎么科学优化。毕业后的第一份工作是在旧金山的一家数据驱动的创业公司做产品经理。后来加入美图负责国际化，抓的最多的业务是渠道投放。总体来讲，毕业前后的几段经历都是和增长相关的，在增长这个工种成气候以后就把自己自封在这个领域了。

2. 在 AARRR 海盗模型里，你最喜欢的增长杠杆是哪一块呢？为什么？

我最喜欢留存，因为这代表用户真正喜欢你的产品，也会让其他增长工作更轻松。

3. 你在清华大学毕业，在硅谷留学，然后又回到中国做增长，对中美两地的创业公司和运作实践都有不少了解。在你眼里，中国式"增长黑客"、"增长团队"和美国的有什么不同吗？

中国式的"增长黑客"有点太强调"黑客"（大多时候指病毒营销），弱化了转化率优化、留存优化等增长基本功。宣传的更多的是一些一招鲜、一网打尽用户的黑魔法，比如微信 2013 年推出的红包。吹捧爆款，却又教不出怎么复制。中国式的增长团队大多是团队自封的，或是公司管理层为了鼓励团队，把这个好听的名字封给一个只负责增长某一个或几个杠杆的团队，实际上 AAARR 都会负责的增长团队不多。

国内成功的增长经理一般也是优秀的职业经理人，有着很强的业务把控、目标拆解和团队管理能力，完成增长 KPI 有许多靠的是付费增长或者"赌"爆款。西方的增长团队，其与增长相关的产品方法论、数据分析能力比中国领先很多，团队也更民主，强调自下而上的创新，但普遍狼性不及中国的增长团队，鲜有不完成 KPI 就辞退的职业经理人角色。

4. 你之前在美图负责增长，现在担任探探增长团队的负责人，可以分享一下，你对用户增长的理解是什么吗？这些公司内部有北极星指标吗？

我对用户增长的理解就是，在资源受限的情况下，想尽一切方法提高公司的用户量核心指标，比如在美图我们会看月活跃用户（MAU），在探探我们会看日活跃用户（DAU）。

美图在用户获取方面的北极星指标就是有多少新用户在整个生命周期里保存了 N 张照片。设计保存了 N 张照片这个指标，是出于渠道管理的需要。在有这个指标之前，美图的渠道团队只能通过监测留存来管理渠道质量，但留存有两个问题，一是数据的反馈存在延迟，二是容易被渠道作假。所以我们找到了保存了 N 张照片这个北极星指标，作为比留存反馈更及时、更难作假的一个用户质量的指示剂，渠道管理效率明显提升。

5. 探探的增长团队主要负责哪些方向？与产品和市场团队的关系是怎样的呢？

探探的增长团队主要负责数据分析、带一些提高 DAU 的产品项目、国际化业务开荒。增长团队内外都有产品经理，增长产品经理负责一些离 DAU 比较近的项目。增长团队和市场团队的分工是市场部负责花钱，增长部不负责花钱。

6. 探探是国内比较早成立增长团队的公司，能谈谈你们为什么决定设立增长团队吗？国内做增长，或者组建增长团队，你觉得最大的挑战在哪里？

有各种原因，最主要的是因为探探创始人的数据分析能力非常强，非常熟悉也相信增长的那套思路。国内成立增长团队的挑战在于听说过增长的 CEO 有很多，但真正理解增长的 CEO 太少。很多 CEO 把增长理解为一个扛用户增长 KPI 的销售部门，使用预算加 KPI 管理的方法，忽视增长的基础设施（如行为数据后台、A/B 测试框架）的搭建。我建议国内其他公司的 CEO 在考虑设立增长团队之前，先读一读《精益数据分析》和肖恩·埃利斯的新书 *Hacking Growth：How Today's Fastest-Growing Companies Drive Breakout Success*。

7. 你对"数据分析"和"增长黑客"的关系怎么看？

中国自改革开放以来不乏营销大师，如背背佳、脑白金、OPPO、vivo，他们驱动了公司业绩增长，但不能算是增长黑客。增长黑客不需要是营销大师，但需要通过看数据、做迭代、优化驱动业务增长。

8. 越来越多的公司开始做 A/B 测试，能谈谈你做 A/B 测试的一些经验吗？有哪些常见的"坑"需要避免？

第一是避免局部优化，要做充分的头脑风暴，在测试数据量允许的情况下尽量扩大所测变量所代表的可能性空间。比如应用商店页优化（ASO）有很多维度，有的增长经理会过深地钻到描述文案或者截图（包括截图顺序）的优化里，但实际上改名字和产品图标可能是最有效提升商店页转化率的途径。这就要求增长经理不仅具有在"盒子"内优化的能力，也需要有跳出"盒子"的能力。

第二是迭代速度压倒一切，勤能补拙。比如一位产品大师做增长实验的胜率是60%，而你只有20%，那么你只需要让实验的迭代速度是他的三倍，理论上就可以用和他一样的速度输出成功的增长实验结果了。

刚开始做 A/B 测试可能会犯的错误是想到一个主意就测试一下，虽然测试成本通常不高，但如果所有主意都不分优先级地去测，很有可能会推迟测出真正有效的那个实验的时间，对团队士气也会有负面影响。这里推荐肖恩·埃利斯发明的 ICE 打分法，用于为主意排优先级。

9. 对于刚开始做增长或者打算转行做增长的新人，尤其是有数据分析背景的人，你能给三条建议吗？

第一是忘记乔布斯、张小龙，他们更多是靠直觉，说一不二，也很少看数据。绝大多数人可能不是这样的产品天才，这个时候就非常需要靠数据来提高做产品方案的能力，有数据及时反馈，勤能补拙；第二是训练产品迭代过程中的指标定义、实验设计、打点设计；第三是找一家 CEO 比较懂数据的公司（工程师出身加分）。

8.9 专访 Keep 数据和增长负责人——张弦

不会打比方的数学系毕业生不是好增长负责人

嘉宾介绍：张弦，曾任 Keep 数据和增长负责人，曾任豆瓣数据部门负责人。见证了 Web 2.0 时代到移动互联网时代的数据分析，在用户增长上做过很多尝试。目前在探索用户定量和定性分析的融合，按场景和用户行为细分做精细化运营，以及偏用户留存的增长策略管理。

1. 你的本科和硕士是数学系，怎么开始做增长了呢？

学了几年数学之后，我毕业后很自然地就开始做数据分析了。但是做了一段时间之后发现，做数据分析，问题可能不是我自己提的，然后结论究竟怎么用我也难以控制，所以价值的实现不在我自己手里。当时增长的概念逐渐火起来了，我们做了一些初步的尝试和探索，发现把数据用于增长，从采集、分析、得出结论到应用一条龙就打通了，感觉更有价值。

做过数据的人做增长有一个好处：因为增长是以目标导向的，而做数据分析的人可以认为是"自带尺子和圆规"的。其中，圆规用来做角度，代表怎么找到增长的方向，而尺子用来画线，可以度量增长的效果，找增长方向和看增长效果这两点其实都需要通过数据分析来完成。增长的目标是用户量或收益的增长，而做数据分析的人对于这种目标导向的思维也是非常适应的。

2. 在 AARRR 模型里，你最喜欢的增长杠杆是哪一块呢？

我最喜欢的是用户推荐，因为产品的很多改进都是来自内部的，用户推荐则是利用现有的用户去拉外面的用户，如果每个老用户都能拉来两三个新用户，这就是一个成倍的增长，而且这些用户的留存率天生就会比别的渠道高。所以如果能做好的话，是"躺着"就能增长的。具体来说，如果产品有商业化的出口，可以使用有补贴的增长，做起来就比较容易；如果没有补贴的话，就要从人性的角度去考虑，我为什么要分享，有什么好处？被分享的人看到之后，为什么要接受，有很多可以尝试的方向和角度。

3. 能谈谈你对于用户增长的理解吗？

对于增长，很多人有成熟的理论和书籍，在这里我想谈谈自己的一些不一样的理解：

第一是做增长之后,我更加深入理解了加法和乘法的关系。因为做增长有很多方法,可以去找很多不一样的渠道去拉新,每找到一个新渠道,对于增长是加法的贡献;也可以去做各种转化率优化,比如某一步转化率提升 10%,对于增长是乘法的贡献。一般来说,乘法的好处会更大一些,但这也是基于加法积累的初始规模才能做到的,所以这两个策略是需要互相配合的,只做加法,不做乘法,效率低,效果不能放大;只做乘法,不做加法,如果本身盘子太小,也没有意义。

第二是我们做增长尝试时,很多时候结果不是正向的,但是我们当中所做的努力,以及从中学到的东西,其实是提升了最终的成功率的,所以这是一个结果和概率的关系。有点像质变和量变的关系,量变到一定程度,可能会发生质变,也有可能不会,做增长不是每次做实验都能有好的结果,但是通过尝试不断提升成功率,胜利总会来到的。

第三是每个产品所处的时期不一样,增长的策略也不一样。在起步的时候,产品就像一艘小船,容易掉头,当用户做到一定规模后,产品就像一艘大船,体量比较大,开得比较平稳了。对于开船,两件事最重要:动力和方向。对于小产品来说,动力更重要,没有动力,方向再对也没用,因此做增长要着重于让用户迅速上量;而对于大产品来说,动力已经比较足了,接下来控制去哪个方向就比较重要。

根据市场所处的不同时期,增长的策略也不一样。现在国内渠道的成本上升很快,我们需要不停地去找新的渠道,红利期越来越短,以前可以用 3 ~ 6 个月,现在可能只能用 1 ~ 2 个月。所以需要我们保持敏锐的判断,迅速行动,把红利拿到手。如果太慢,成本可能很快就上去了,红利也就没了。

4. 我知道你曾把用户的生命周期比喻成一个"水池",为什么你会有这样一个想法呢?

这个想法的产生是因为很多公司喜欢将"活跃用户数"作为公司的指标。我个人觉得用户的活跃是一个概率事件,是动态的,有进入和流失,所以和水在一个蓄水池里的积累过程很像。比如用户在这个蓄水池里,如果不下沉,就会上升,最后蒸发掉,就代表用户流失了;如果蒸发后,又通过成云下雨的方式落下来,就代表这些流失用户成功被召回了。最后，这个蓄水池里面整体的水量就代表了全部活跃用户现在的规模。

这个用户蓄水池被分成多层，每层里面存在着很多用户，一个用户只能存在其中一层。每天都来的用户一直在底层活动，较活跃的用户会在下面几层来回翻滚，流失的用户会一直上浮直到蒸发，流失被召回的用户会从体系外"空降"到底层。

5. 越来越多的公司开始做 A/B 测试，能谈谈你做 A/B 测试的一些经验吗？有哪些常见的"坑"需要避免？

第一是必须明确要提升哪个指标：A/B 测试必须要聚焦，不要想着一下子改善很多指标。有些指标可以去观察监测，保证它不降，但是设计 A/B 测试时应该着眼于一两个关键指标。

第二是从上游优化到下游：如果要优化的指标是一个连续漏斗里的一环，通过 A/B 测试优化到一定程度后，如果上游情况有变化，那么这个指标可能要重新优化，因为进来的用户可能不一样了。因此从上游优化到下游才是最高效的。

第三是小步快跑，在主路径上值得做多次 A/B 测试，从上游到下游优化每一个步骤的转化率，效果是叠加的。主路径根据产品的不同而不同，比如对于电商，就是浏览、加购物车和支付；对于社区，就是内容消费、内容生产和互动。也可以从流量角度看，找到那些用户量最大的路径，在这些路径上做多次 A/B 测试。

6. 对于用户分析，你曾经讲过"全景漏斗"是比较好的一种分析用户的框架，能举个例子给我们分享一下吗？

漏斗这个思维工具已经很成熟了，就是看一个路径上每一步转化的情况，一般是用数值百分比来表达的。"全景漏斗"就是把很多路径漏斗横向串联起来，成为一个体系。纵向计算单个漏斗各个步骤的转化率，可以明确优化的重点；横向则可以观察和控制用户在不同漏斗之间的分布，实现产品的商业目的。举例来说，一个产品有工具用法、社交用法和内容用法，每个用法都有自己的纵向转化率。但是从产品角度看，我们需要让用户在哪个阶段用哪个功能对产品价值比较大呢？比如工具的好处是用户想到就会进来用，所以作为引流手段很好，但是很难仅仅因为工具功能留下用户。所以产品可能就会加入内容和社交的用法，帮助提升用户留存和参与度。

有些公司会把不同功能分给不同的团队，每个团队都想局部地增加使用自己的功能的用户，那么可以从外部拉新，或从其他功能那里导流，如果想要最大化增长的效果和商业价值，是要从总体上做一些协调和计划的。这时候，一个"全景漏斗"的指标体系就派上了用场。因为，它可以让你看到用户在不同功能间的分布和流动。通过"交集占比"这样的指标，可以明确不同用法之间的交集有多大，以及随时间是怎么变化的。比如功能 A 的用户和功能 B 用户的交集占功能 A 的比例是多少，如果它提升了，说明更多的用户是往功能 A 的方向去迁移了，有可能是用户自发完成了转移，也可能是用户引导模块产生了作用。"全景漏斗"可以让我们非常全面地掌握用户在产品里的动向。

7. 你觉得国内和国外的增长黑客有什么区别吗？

最大的不同是美国那边的增长是因为有这个需求而慢慢地衍生出来的，而国内则是因为更多地看到国外有这个东西，于是抱着学习的态度去尝试。其实国内外的游戏规则是不一样的，国外规则相对透明，做增长可以做的乘法比较多；而国内市场的各种限制多，竞争非常激烈，所以更多的是去做加法。

8. 在国内，想要组建增长团队，可能面临哪些挑战？应该如何克服？

增长团队在国内也是一个慢慢被接受的过程，运营和产品团队的效果都很明确了，在增长团队设立之前，到底效果怎么样不知道；同时，增长团队需要投入的资源也挺多的，不仅是数据，还有开发、设计等，所以对于一个效果不明确、资源消耗又很大的团队，需要领导层有很大的决心和智慧去推进。

从增长团队的角度来说，刚开始必然会受到很大压力，比如其他团队可能对增长有错误的理解和预期。有几点可以帮助解决这个问题：第一是找共赢点，和其他团队一起找到那些可以帮助提高其他团队产出的点，从这些点开始，持续给各个团队带来价值；第二是短时间内产出比较多的胜利，可以帮助建立团队的口碑；第三是定期拉着各个团队的核心决策人一起列计划，做复盘，这也是在向大家传播增长团队的成果，从上到下为增长团队争取支持。

9. 你觉得增长、运营、市场、产品这些功能在未来会怎么演变？

我觉得增长最初是由一小群人提出的概念，慢慢地会被更多的人接受，最终这个思维会扩散到各个部门里去，渗入到每个人的工作思想中去，由各个团队自己去做自己的增长。当具体的执行都分散在各部门里了，这时候还需要一个增长策略的制定者，站在更宏观的角度思考，通过我们之前谈到的"全景漏斗"之类的工具，从全局去把握，哪个功能应该有更多用户、哪个方向的迁移对产品发展更有利。未来，增长的执行会分得更细，目标更明确，比如有专门做拉新的优化、专门做转化率的优化、专门做流失用户唤回的优化，每一个方向都是已经被策略制定者拆解过的指标了，分配给专门的团队来负责，最终整体的增长效率也更高，所以我觉得未来产品、运营和技术都有很大的概率要参与到整个增长的过程中来。

10. 数据分析在增长里扮演的角色是怎样的？从一个做数据分析的人员背景出发做增长，你觉得你的优势在哪里？

第一，我们一直在说"数据驱动"，但我觉得数据本身不是驱动力，但可以优化机会成本，就是很多时候我可以做很多事情，数据可以帮你决定哪些事情先做，哪些事情后做。所以数据扮演的角色更多是帮你找方向的，并不能直接给你带来动力。第二，增长越往后深入越离不开数据分析，因为优化到一定程度，遇到瓶颈了，接下来该怎么办？回答这个问题的过程就是一个数据分析的过程。第三，我们应该从流量思维转向用户思维，因为在网页时代有很多大的流量入口，只要把流量引过来，有一定的转化率，就能保证有商业收益；而在移动互联网时代，用户更多元，线上行为也更多样，数据的维度会快速上升，用户属性、行为属性、画像、聚合群组的维度等，如何把这些复杂的数据应用好，也是很大的挑战。所以，从数据分析的背景来做增长，有着天然的优势。

11. 你在做增长的过程中走过什么弯路吗？

我以前犯过的一个错误是只看数据，觉得数据能给我一切答案。所以也走了一些弯路，比如数据能够告诉我 A 和 B 有相关性，但是我却不知道其实还有一个 C，同时影响了 A 和 B。后来我发现，只看定量数据是缺了一条腿的，必须要定性和定量两条腿走路。现在我们会在产品的关键节点里随机弹出一些用户研究问卷，问卷非常短，就三个问题，同时控制它出现的概率，尽量把对用户体验的影响降到最低，这样我们可以拿到一些非常直接的答案，用户为什么没有完成某个动作，这些洞察是不可能只依赖数据分析发现的。

12. 当产品内部的优化做到一定程度之后，如何突破瓶颈，继续增长？

我觉得用户和平台之间的关系，可以用三种连接来总结。一是用户和平台的连接，就是用户打开产品使用，用户用得越多，连接就越强；二是用户和用户的连接，当用户间产生足够多的互动后，可以创造情感依赖，提高用户黏性；三是平台和场景的连接，就是用户在哪些场景里会想到使用你的产品，拓展第三类连接是突破后期增长瓶颈的关键。

对于偏工具类的产品，必须是用户想到你，才会打开来用。如果一周想到你一次，那么一周就只会来一天。对于这样的产品，需要让用户建立起更多生活场景和产品的连接，才能增加用户的使用频次。以 Keep 为例，之前是用户有点碎片时间要锻炼，才会想到打开产品，当我们把这一系列体验优化得很好之后，在这条路径上的提升就很有限了。这时候，我们可以尝试让用户在其他场景也想到 Keep，比如等车时，做个放松；睡觉前，练个瑜伽；出门看到天气好，就去跑个步。当我们在这些场景里提醒用户使用 Keep，并且用户体验也很好的话，以后再有类似的场景，用户就有一定可能性会打开 Keep。建立场景和平台的连接是增长里最难的地方，也是增长做到后期主要的发力点，因为产品内部已经优化得很好了，这时就需要从外部拓展用户打开产品的机会。

13. 对于刚开始做增长，或者打算转行做增长的新人，尤其是有数据分析背景的人，你能给三条建议吗？

第一是增长这一行的变化非常快，需要大家保持开放的心态去学习；第二是找各种机会磨炼自己的判断力，不仅仅是与增长相关的；第三是功利的心态并不可耻，做增长就是以结果为导向的，不用非要抱着找意义的心态去做增长。

附录 A　你想成为增长黑客吗？
先掌握增长技能金字塔

了解了"增长黑客"的前世今生后，你是不是觉得原先一个听起来很神秘、遥远的名词，其实并不是那么遥不可及。别高兴得太早，虽然说"增长黑客"并不是无所不能的魔术师，但由于它天生的跨界属性，对个人素质的要求还是很高的。

A.1　增长黑客的技能金字塔

我把增长黑客的硬性能力归纳为三个层次的技能金字塔。

第一层，基础层：包含对增长基础理论框架的了解和基本的数据分析能力。这一层是做增长必不可少的基本功。

1. 增长基础理论

下面提到的几个最经典的思维框架在本书中都已经介绍过了。

1）**海盗指标**（Pirate Metrics）：见本书第 1.2 节（第 5 页）。

2）**北极星指标**（North Star Metric）：见本书第 2.2 节（第 27 页）。

3）**增长模型**（Growth Model）：见本书第 2.3 节（第 31 页）。

4）**用户心理学**（User Psychology）：见本书第 2.5 节（第 44 页）。

5）**增长实验**（Growth Experiment）：见本书第 1.2 节（第 7 页）。

6）**增长流程**（Growth Process）：见本书第 1.2 节（第 9 页）和第 7.4 节（第 182 页）。

2. 数据分析能力

增长黑客天然对数据的依赖性很高，因为定北极星指标、构建增长模型、分析用户数据、寻找增长机会，这一系列增长黑客每天都要进行的任务里几乎每一条都离不开数据。它的独特之处就是创造了"开发—测量—学习"的反馈闭环，从数据开始产生洞察，形成假设，上线测试，分析结果，再把经验直接反馈到下一轮的数据分析和测试中（见图 A-1）。

图 A-1　数据反馈闭环

这里先简单列出几个增长入门的数据分析方法，供大家参考。

1）**漏斗分析**（funnel）：简单地说，告诉你用户完成一个多步流程时，有多少人能够"陪你到最后"，大家都是在哪一站下车的。每一步有多少用户能够前进到下一步就叫作那个步骤的**转化率**。对于分析用户注册、激活、留存来说，漏斗是一个非常好的思维工具。

2）**用户分群**（cohort）：最常见的应用是把同一时间段内注册的用户叫作用户同期群，追踪他们在注册一个月后、三个月后、半年后的活跃程度；同时纵向比较，今年某月注册的用户群，其留存率有没有比去年同月注册的用户群有所改善。

3）**用户分组**（segmentation）：用户可以根据不同特性分组，比如按性别、年龄、地理位置这些人口学信息；按注册来源如自然注册、付费推广用户、老用户推荐的用户等；按注册时间如新用户、老用户、流失后召回用户等。分组可以帮助你不仅看到平均值，还能看到分布图，从比较不同中发现机会和漏洞。

4）**趋势分析**（trend）：追踪关键指标的发展趋势是上升了还是下降了？一般来说，我非常建议做一个数据面板，把 AARRR 各个海盗指标以及一些重点流程的转化率指标都列出来，实时监测，观察趋势。

5）**定性数据分析**（Qualitative research）：很多人刚入门做数据分析时，会容易什么问题都想从数据里找答案。其实如果用户调研和定性数据分析运用得当的话，是性价比非常高的研究手段。很多时候，数据只能告诉你是什么，不能告诉你为什么，这时候通过调查问卷、访谈、用户调查等模式，收集定性数据，往往能起到意想不到的结果。

第二层，专长层：这一层特指每个人的专业所长，比如编程、用户体验和设计、高级数据分析、文案写作、渠道运营等。这一层是你安身立命的根本，也是你做增长时区别于别人的"特长"。

很多人一心想要做增长，却忘了把自己的专长打磨好。其实，如上所述，增长本身是一个跨部门的职能，不同背景的人，无论是产品经理，还是市场营销/运营、程序员、分析师、设计师，都能从自己身上找到"可转移的能力"，有效地应用到增长中去。比如，以前是做内容运营的，锻炼出强大的文案写作、产品定位和讲故事的能力，这个能力在你做社交媒体广告、着陆页、产品 A/B 测试、邮件等的时候全都用得上。再比如，以前是数据分析出身，在分析用户行为数据和实验结果时，你的天然优势就发挥了用处，你就可能比一般的增长黑客对问题理解得更深、更透。

另一方面，在找增长职位时也应该结合自己的专长，找到合适的产品和公司。比如，如果你有程序员或大数据的背景，找增长职位时就应该衡量是否能够用上这些能力，比如用户数据量大的产品、平台类产品，有机会通过 API（应用编程接口）/整合等工程驱动的方式增长的，就应该是优先考虑的对象。再比如，如果你在 2C 领域做交互设计师多年，到一个消费者产品增长团队利用 A/B 测试进行用户体验优化而驱动增长，就是能够最大化专长的选择。如果你跑到一个企业级 2B 软件公司做增长，固然可以体验新的行业，但你的许多面向用户的设计经验可能就不那么适用了。

第三层，渠道层：这一层包含了你在做增长时对所能利用到的渠道的具体实战经验。渠道层的特点是更迭变化很快，搜索引擎的规则经常变，社交平台常换常新，去年的热点渠道今年可能就少人问津，这些都是常态。

一般说到渠道，大家可能都会想到传统的外部分发渠道，比如社交网络、广告、邮件等。我个人的看法是，从增长的角度，外部的分发渠道和产品内部的增长机制同样重要。我把它们想象成两个战场：增长黑客首先需要通过外部渠道，从泛滥的信息和无数的竞品那里抢夺访客的注意力，将其吸引到产品上来；当访客转化为用户之后，又通过产品内部的设计和机制让用户迅速体验到产品的核心价值，鼓励他们对外分享，通过各种留存机制提醒用户常回来看看。

所以对于增长黑客来说，你所掌握的渠道越多，你的武器库就越全，你就越可以针对产品和市场特点，以及公司所处的阶段，有选择性地使用武器。主要的渠道分类如下：

1）**用户获取渠道**：主要指可追踪量化的线上获客渠道，比如社交平台、线上付费广告、搜索引擎、内容运营、病毒传播、互推合作等；

2）**用户留存渠道**：主要指当访客转化为用户后，你可以联系他们的渠道，比如邮件、移动推送、产品内信息、短信、消息等；

3）**产品渠道**：产品除了核心功能的部分，比如 Google 的搜索、微信的朋友圈和短消息，也包含了所谓的"增长和留存功能"的部分，比如着陆页、注册和激活流程、通知/消息、游戏化激励、SEO、产品内病毒机制等，对这些领域的深入了解，有助于增长黑客通过产品这一介质有效地和用户进行互动；

4）**传统渠道**：这属于加分渠道，虽然传统媒体不在增长黑客的主要工具箱里，但是如果你恰巧对这些渠道有所了解，在公司做大之后也会派上用场，比如媒体（电视/电台/印刷）、公关、品牌、销售、合作等。

在增长黑客的技能金字塔（见图 A-2）里，基础层在最下方，它是你入门增长黑客的基础，是可以通过短期的学习和练习掌握的；专长层在中间，它是你安身立

图 A-2　技能金字塔

命的根本，这一层技能需要经过长时间的打磨，形成自己独特的"卖点"；渠道层在最上方，它是你做增长时和用户及竞品正面交锋的战场，但是渠道层的变化也是三层里面最快的。所以从个人发展角度来看，最好是专精几个主流渠道，对其他渠道多有涉猎，并积极尝试新渠道，形成既有深度又有广度的 T 型技能布局。

A.2 增长黑客的专业背景

通过前面的介绍，大家已经了解到随着"增长黑客"向"增长团队"的转变，以及增长技能要求的多样化，不同背景的专业人士都有可能转行成为"增长黑客"。

如今市场上增长黑客的背景，主要分为三个派系：

1）**"市场系"增长黑客**：这类增长黑客偏重于用户生命周期的早中期：用户获取，兼顾用户激活和病毒传播，通过各种渠道运营和转化率优化及 A/B 测试，达到用户数最大化的效果。

2）**"产品系"增长黑客**：这类增长黑客偏重于用户生命周期的中后期：激活和留存，通过产品内嵌入增长和病毒传播机制，A/B 测试来优化关键路径，提高功能的使用率，从而达到活跃用户的最大化。

3）**"工程系"增长黑客**：和"产品系"类似，但这类增长黑客由于自身的工程师背景，对技术手段的了解更加深入，用起来也更为便捷：SEO、API、集合、UGC、大数据、病毒传播，A/B 测试等，规模化地推动增长的边界。

对应起来，你就可以看到几个不同的增长类职位：增长营销师（Growth Marketer）、增长产品经理（Product Manager，Growth）、增长工程师（Growth Engineer）、增长数据分析师（Growth Analyst）和设计师（Designer）。

这些职位都是做什么的呢？为了给大家一个直观的感受，我特意上 Linkedin 找到在几个增长做得比较好的中美公司里，比较有代表性的例子。

案例 1："增长营销师"@某培训网站

1）负责线上渠道的选择和优化，包括付费用户获取、用户推荐、邮件营销等；
2）通过数据分析、用户研究、A/B 测试，实现高效率、大规模增长。

点评：可以看到，增长营销师是增长团队中的外部渠道专家，和国内的运营比较接近。但是从方法论的角度看，定量和定性数据分析、A/B 测试一个都不少，也是通过一种数据和实验驱动的方式来不断提高渠道的运营效率。对于增长营销师来说，需要持续监测和优化各个渠道的投资回报率和获客成本，并不断开发战略性的新渠道。

案例 2："高级增长产品经理"@ 某著名移动应用

1）负责移动应用的用户增长、参与和变现；

2）零成本提高应用安装的增长率；

3）设计优化新用户体验，提高用户首日留存率；

4）通过定性研究和用户界面测试，显著提高付费用户数。

点评：在这个例子里，可以看到这位增长产品经理的职责比较广泛，涵盖整个用户生命周期，但是主要侧重于产品内的改进和测试。每一个负责的项目都有明确的指标导向，这也是我个人觉得做增长非常重要的一点：时刻寻找性价比最高的增长杠杆，然后针对这个点，快速进行实验，解决问题，改善指标。而解决问题的方法和渠道可以是多种多样的：比如，这个案例里的增长产品经理就分享了一个很好的例子，她被要求提高付费用户收益，一般人的思路可能是去开发一些新的付费功能或者提价，她做了一个用户调查，发现很多免费用户没有升级，并不是因为不愿意，而是压根不知道有付费版，所以这个时候把付费功能和升级路径更好地呈现给广大的免费用户，性价比显然要比贸然去开发新付费功能要高得多，同时也取得了很好的结果。

案例 3："增长工程师"@ 某著名团队合作 SaaS 产品

1）全栈工程师：致力于提高用户体验和产品功能的使用度。

2）搭建系统，通过实时产品数据分析对用户进行分群，并触发有针对性的信息框及支持 A/B 测试的统计分析。

3）完成网站与第三方数据分析、测试和自动化营销软件的整合。

点评：这位增长工程师的职责明显是比较偏后端的，搭建了一个系统来实现一个"个人化"的关键产品功能，并且植入了 A/B 测试体系来对这个功能进行监测和改善。显然，这样的任务是一个产品经理或者营销师无法独立完成的，这也正是程序员转行做"增长黑客"的优势所在：有了想法，马上可以付诸行动。

A.3　增长黑客的职业发展路径

　　增长黑客的职业发展路径是怎样的呢？目前来看，主要有三种：独立的增长总监/领袖/副总裁，兼管增长和产品的副总裁，以及兼管增长和营销的副总裁。三种职位的同时存在，也说明了增长这个职能本身很新，增长团队在公司内的存在形式也五花八门：到底是独立存在，直接汇报给 CEO，还是划归到产品部门，或者营销部门的下面，都是视公司具体情况、个人特长、发展阶段而定的。比如 Facebook 的增长团队就是直接汇报给 CEO，Airbnb 的增长团队就是在产品团队底下，还有的公司像 Pinterest 经历了增长团队隶属市场团队然后独立运营，最后又划归产品团队的过程。

　　总结起来，增长黑客由于天生的跨界属性，转行的切入口还是很多样的，日后的职业发展也是有各种可能的。另外，由于增长这个概念很新，绝大多数公司都没有增长团队，即使有，增长团队在公司内的组织结构和运作流程也都在不断变化中，和其他传统部门的关系也可能会出现一些紧张，这些都是常态。对于有志于成为增长黑客的朋友们，这是挑战，也是机遇。一个增长黑客，除了要掌握金字塔的硬性技能外，在向增长团队领袖进阶的道路上，还要有意识地学会宣传结果，协调团队，争取支持，这些"软技能"才会真正决定你个人增长职业生涯的上限。

A.4　增长黑客的入行、面试、精通全指南

　　说了这么多，你可能对于应该如何转行成为增长黑客有了一定的认识。那么，**该如何开始这条转行之路呢？**其实，我最建议感兴趣的朋友从现在开始，在现有的工作岗位上，尝试采用增长黑客的思路去解决问题，同时练习自己的"增长肌肉"（Growth Muscle）。

　　为什么这么说呢？因为虽然国内一些领先的公司如陌陌、今日头条等纷纷成立了自己的增长团队，增长黑客和增长团队这样的职位在绝大多数公司里还是不存在的。但是随着人口资本红利的退去，有很多公司都感受到压力，希望从过去的粗放化运营转型到精细化运营。而增长黑客就是一套精细化、结果导向、数字导向的思

维模式，所以是未来发展的方向。

如果你是产品经理，不要为了开发功能而开发，行动之前，把想要改善的关键指标想清楚；如果你是运营或市场人，在关注创意的同时，让自己的活动、内容、渠道都变得更加可追踪和量化。在每天的日常项目中，尝试用 A/B 测试的方式去影响指标，这都是增长思维的具体应用。

大家还关心的一个问题是，增长黑客的面试都会问哪些问题，该如何准备呢？ 下面，我从我自己的经历以及在网上收集的一些有代表性的问题出发，给大家分享一下。

1）"请给我一个例子，你分析数据，形成假设，通过实验的方式解决了哪一个问题？"

这个问题是为了了解面试者有没有科学实验的基本素养。你的例子不必是一个增长实验，可以是各种类型的项目，甚至是解决生活中的问题。

2）"我们公司的应用，你能在 3 分钟内想出 5 个可以测试的地方吗？"

这个问题是为了测试面试者的创造性，能不能迅速产生测试想法，对好产品、好设计、好营销是不是有自己的想法。在平常工作和生活中，大家可以有意识地积累好的设计、UI、创意等，并且训练自己多思考，多比较。我个人很喜欢的一个方法是把不同行业看起来无关的东西放在一起对比，比如瑜伽馆的用户留存体系和金融应用的用户留存体系。

3）"这是我们公司产品从用户生命周期上游到下游的一些基本数据，你会最先选哪个部分开始工作？"

我在多个公司的面试中都碰到了类似的问题，这也是 Sean Ellis 面试时喜欢问的一个问题。这个问题可以了解面试者对数据的敏感性以及有没有全局观和基本的增长思维框架。你应该在数据中找到最大的瓶颈，提出一些问题和假设，在和面试官的互动中发现增长最有效的切入点。

4）"你最大的人生挫折是什么？"

这是现任 Uber 增长副总裁安德鲁·陈（Andrew Chen）在面试中常用的问题。他解释道，做增长是一件很难的事，因为你需要对一个指标直接负责，实验十有八九不成功，失败在某种意义上是常态。这个问题可以帮助面试官了解面试人是否经历过真正意义上的挫折，并且他是如何打起精神继续前进的。

另外，一个好的增长黑客候选人，在面试时也应该非常积极地提出自己的问题。由于增长这个职位如此之新，很多雇人的公司自己可能都不见得有正确的认识。对个人而言，在一定意义上，面试"公司"可以帮助你避免一些"坑"。建议你可以考虑问以下的问题：

1）"公司的增长指标有哪些，都是多少？"

这是前 HubSpot 增长副总裁 Brian Balfour 提到他期待面试者提出的第一个问题。这个问题可以帮助面试者了解该公司有多么的"数据驱动"。另一方面，详细地了解公司的各个指标：短期用户留存率怎么样？长期呢？用户生命价值？获客成本？这些答案可以让你对公司的增长现状有一个清晰的认识。有些公司可能不能分享太多具体的数据，但你应该尽可能有礼貌地询问直到他们不愿意再回答为止。

2）"增长团队是独立设的，还是设在其他部门下面？汇报给 CEO，还是产品或市场副总裁？公司各部门之间合作的文化是怎样的？"

做增长，领导层的大力支持必不可少。一般来说 CEO 或创始人的支持是必需的，如果需要汇报给产品或市场副总裁，要了解这样的一个结构对增长团队的限制。如果在面试过程中感觉到公司的各部门之间隔阂严重，尤其是市场、运营部门和产品部门互相之间合作的氛围很差，要尤其注意权衡。

3）"您对增长的理解是怎样的？对增长团队的期望是什么？我会有自己的工程师和设计师资源吗？"

因为增长是一个新的职能，很多时候，需要有工程师的资源，以实验的模式去推动，如果领导层只是想要结果，而不给资源，或者不理解实验的方法论，有着

"只许成功，不许失败"的期望值。那么这个增长团队，几乎注定是失败的。

4）"公司之前做过测试吗？在哪些方面？如果我加入的话，接下来3个月增长的重点和路线图是怎样的？"

如果公司已经做过一些测试，至少说明基本的数据和测试的工具箱应该是有的。了解公司做过哪些领域的测试和接下来的测试路线图，可以帮助你衡量公司看重的领域，和你自己的专长或兴趣是否匹配。

对于个人而言，如果已经入行，选择加入哪家公司做增长其实是很关键的。我给大家的建议是，要找"**已经发车的火车**"。就如上面的例子谈到的，做增长，一个好产品太重要了。因为增长本质上是锦上添花，而不是雪中送炭。如果一个产品本身还没打磨好，还没建立起核心价值，增长黑客是无力回天的，即使能把用户招揽来，他们最终还是会流失掉。所以应该优先选择已经有一定用户群的产品，同时有明显的自然增长的迹象，这样才能提高成功的概率。

相关阅读推荐

《首席增长官：如何用数据驱动增长》这本系统讲述首席增长官方法论的书，在写作时也曾向我约稿，并收录了文章，我推荐对增长感兴趣的读者参考阅读。

书　名：《首席增长官：如何用数据驱动增长》

ISBN：978 - 7 - 111 - 58190 - 1

定　价：69.90 元

首席增长官是以不断变化的顾客需求为核心，将市场、产品、运营和客户服务通过一体化战略的方式来推动公司增长的核心管理职位。

——张溪梦，GrowingIO 创始人 &CEO

本书内容包括首席增长官的崛起及向首席增长官进阶的三个阶段（第 1 ~ 2章）、增长框架的学习引擎模型和用户增长模型（第 3 ~ 4 章）、不同岗位和不同行业做增长的方案（第 5 ~ 6 章），帮助读者搭建一个完整的增长知识体系。

本书适合企业的管理者、市场营销、互联网运营、产品经理、客户服务、分析师、工程研发等读者阅读，无论是一线员工还是中、高层管理者，都可以从本书找到感兴趣的内容。传统行业的读者，更能通过本书迅速了解互联网工作的全貌，掌握必备的实战技能。